KB019592

집은 넘쳐나는데 내 집은 어디 있나요?

부동산, 내 집 마련을 위한 2030의 힙한 선택
집은 넘쳐나는데 내 집은 어디 있나요?

초판 1쇄 발행 2020년 5월 11일
초판 2쇄 발행 2020년 5월 18일

지은이 부동탁

발행인 백유미 조영석
발행처 (주)라온아시아
주소 서울특별시 서초구 효령로 34길 4, 프린스효령빌딩 5F

등록 2016년 7월 5일 제 2016-000141호
전화 070-7600-8230 **팩스** 070-4754-2473

값 16,000**원**
ISBN 979-11-90233-76-7 (03320)

부동산, 내 집 마련을 위한
2030의 힙한 선택

집은 넘쳐나는데 내 집은 어디 있나요?

부동탁 지음

위기에도 흔들리지 않는 부동산으로 경제적 자유를 누려라!

RAON
BOOK

| 추천의 글 |

21년간 부동산 투자와 강의를 해 왔다. 그동안 수많은 서적 중에서 몇 개의 책을 제외하고 주택에 대한 속 시원하게 풀어주는 책을 최근 몇 년간 본 적이 없었다. 문제를 말만 할 뿐 해결하지 못한다면 더 큰 '문제'다. 부동산 투자의 문제는 해결할 수 있는 키는 반드시 있다. 이 책은 대한민국에서 내 집 마련이 문제인 사람에게 그 문제를 해결하기 위한 방법을 제시하고 있다. 아직까지 한 번도 내 집을 마련하지 못한 초보자라면 반드시 읽어보기를 권한다.

고상철 | 미스터홈즈 FC 대표, 인하대학교 부동산학과 겸임교수

내 집 마련, 단언컨대 쉽지 않다. 멋진 타이밍이라고 생각한 투자가 손실이라는 나쁜 결과를 낳기도 하고 실수로 청약한 투자가 차익실현이라는 좋은 결과가 되기도 한다. 절대적인 정답도 치명적인 오답도 없는 것이 부동산 투자이다.

남이 짜 놓은 부동산 판에서 허우적대지 않으려면 내 투자 기준부터 다잡는 것이 먼저다. 내 투자 스타일을 알고, 현재 시장 상황을 읽고 이겨내는 지식을 키워야 하고, 적절한 시기에 과감하게 투자하는 용기도 필요하다. 내게는 그런 지식과 용기를 심어주는 사람이 부동탁 멘토였고, 지금 수많은 젊은이들 또한 그의 멘토링에 열렬이 호응하고, 실제 부를 이루고 있다.

내 집 마련에 지치고 각종 정보에 치이는 당신을 위한 부동산 멘토링이 왔다. 2030 젊은 세대들의 투자의 멘토 부동탁의 선전을 계속 기대해본다. 건설업에서 16년 이상 근무한 본인이 부끄러울 만큼 부동탁 멘토의 부동산(아파트) 지식과 그 전달 방법에 압도된 적이 있다. 이번 출간된 이 책을 통해 내가 느꼈던 그 압도감을 독자들 또한 느낄 수 있을 것이다.

공현식 | 삼성물산 건설부문(인사) 책임

2030세대들이 성공적으로 나아가야 할 왕도를 제시하고 있는 책이 아닌가라고 감히 말하고 싶다. 부동탁 멘토의 첫 번째 책. 성공만을 내세우기 급급한 여느 매체들과 달리 성공이 있기까지의 실패와 좌절, 성공의 이면을 드러내며 '나여서가 아니다. 모두가 가능하다'고 이 책을 읽는 모든 이에게 울림 있게 전달하고 있다.

김민기 | 닥터홈즈 부동산 공인중개사

저자의 수업을 처음 들었을 때의 가슴이 뛰던 울림을 아직도 생생하게 기억하고 있다. 그때 다 못 들은 얘기들을 이렇게 책을 통해 만나게 되니 더 반갑고 설렌다. 부동산은 어려운 것이라는 막연한 선입견과 경계의 벽을 허물어주며, 자연스럽게 접근할 수 있게 해주는 책이다. 책을 통해서도 부(富)에 대한 긍정적인 마인드와 주변에 선한 영향력을 가질 수 있게 도와주신 저자에게 감사드린다.

김우영 | 세무회계 비전택스 대표 세무사

내 집 마련을 어떻게 시작해야 할지 엄두를 못내는 수많은 분들을 위해 너무나 쉽고 명료하게 정리해 준 부동탁 대표의 심혈을 기울인 역작이라고 볼 수 있다. 바로 이 책이 내 집 마련을 위한 최고의 지침서가 될 것임을 믿어 의심치 않으며 강력하게 추천하고 싶다. 부동산 세금 강의를 20여 년 가까이 해오고 있다. 그중에서 가장 많이 물어보는 질문이 주택 투자 방법과 그에 따른 부동산 세금 문제이다. 바로 이 책은 내 집 마련을 소망하는 이들을 위해 초보 투자자가 꼭 알아야 할 유의점과 투자전략을 아주 쉽게 풀어놓은 책이기에 부동산 투자를 시작하는 초보자라면 반드시 읽어볼 것을 추천한다.

김윤석 | 《부동산 절세 모르면 부동산 투자 절대로 하지 마라》 저자,
신구대학교 세무회계학과, 사우스웨스턴캘리포니아 대학원 부동산 경영학과 교수

똑똑하고 돈이 많다고 부동산 투자를 잘하는 것이 아니다. 부동산 투자 전 간과할 수 있는 마인드를 제대로 갖추고, 곧 나를 믿고 목표를 실현하게 해주는 나침반 같은 지침서!

김진아 | 법무법인 성진 변호사

이 책은 단순히 부동산 지식을 넓히는 책이 아니다. 이제 막 재테크에 눈을 뜬 2030 청년들이 '부'와 '스스로의 삶'에 대해 생각해보고 '왜?'라는 질문에 스스로 답할 수 있는 삶의 가이드북과 같다. 길을 잃고 헤매고 있는 2030 청년들이여, 모두 부동탁 멘토가 다져놓은 길 위에서 각자의 미래를 찾길 바란다. 믿고 따라가면 우리를 따뜻한 봄기운이 있는 곳으로 데려갈 것이다.

류정연 | 시스멕스 코리아 대리

'선(善)한 부자', 내가 부동탁 멘토를 처음 만나고 들었던 생각이다. 그를 만나고 일반적인 부동산 책이나 강의와는 다르게 우리가 왜 부자가 되어야 하는지, 그럼 왜 부동산을 알아야 하는지, 어떻게 투자를 해야 하는지 알게 됐다. 짧은 시간이지만 많은 감명을 받았고 지금까지 연을 이어오고 있다. 혼자만 달리는 고독한 싸움이 아니라 다 같이 함께 손잡고 멀리 가고자 하는 저자의 마음을 응원한다. 이 책 한 권을 통해 선한 영향력으로 많은 사람이 선한 부자가 되기를 바란다.

서원채 | 타임플란트 치과 대표원장

'내 집 마련' 못해서 결혼까지 포기한다는 20~30대가 반드시 읽어야 할 필독서다. 경제가 출렁일 때 마음이 함께 출렁이면 진짜 위기가 시작된다. 이 책는 What과 How에 매몰되어 있는 '생각의 틀'을 변화시키고, 부동산 투자를 바라보는 시각과 인생을 바꿔주는 나침반이다. 마지막 책장을 덮으면 누구든 흙 속의 진주 같은 집을 살 수 있을 것이라 확신한다.

윤누리 | 패스트파이브 커뮤니티 파트장

부동탁 멘토의 유쾌하지만 진솔한 이야기를 들으며 많은 위안을 받았고, 그 위안은 자신감과 희망으로, 그 희망은 곧 결실이 되었다. 또한 여기서 그치지 않고 계속 꿈을 꾸고 그 꿈을 공유하고 성취하며 살도록 이끌어줬다. 방향을 잃고 바쁘게 살아가기 쉬운 2030 청년들에게 부동탁 멘토의 이야기는 분명 각자의 삶에서 큰 의미와 희망을 꿈꾸는 계기가 될 것이다.

이민구 | IBK기업은행 과장

저자는 지난 20여 년간 나와 더불어 소소한 고민과 인생 가치관을 나누며 살아온 내 인생의 동반자다. 그는 처음 '내 집 마련'에 두려움이 가득한 내게 부동산의 매력과 가치를 동시에 알게 해준 부동산 전도사이며, 부의 축적을 통한 나눔 가치를 몸소 실천하는 행복한 자선가다. 이 책을 통해 보금자리를 마련하는 Road Map 설정은 물론, 인생의 비전과 가치를 창출하는 Life Plan도 갖기를 적극 권한다.

정충균 | HDC아이파크몰(주) 총무팀장

부동탁 대표가 매경교육센터에서 내 집 마련 성공전략 강의를 할 때, 수강생들의 반응이 뜨거워 더 많은 사람들한테 알리면 어떨까 하면서 출간을 권유했는데 이렇게 활자로 만나니 반가움이 크다. 누구나 진입할 수 있는 정보는 통행량이 많다. 분별력 있는 안목으로 지금보다 다르게 살길 원하는 이들에게 이 책을 권한다.

추수권 | 매일경제 부동산 아카데미 부장

내 인생 첫 직장, 가장 떨렸던 LG전자 최종면접장에서 만났던 그의 목소리를 아직도 기억한다. 당시 1번이었던 그의 당당하고 자신감 넘치던 목소리는 아직까지 긴 여운이 남는다. 직관적이고 시야가 넓은 그를 보며 동기로서도 정말 많이 본받고 싶던 게 많았다. 늘 남보다 한발 앞서고 몇 수를 내다볼 정도로 자신의 계발을 끊이지 않는 그를 잘 알기에 이 책이 나온다는 얘기를 들었을 때 독자들에게 미칠 영향력은 이미 겪어본 나로서는 추천을 마다할 리 없다. 이 남자의 이야기에 귀 기울이며 변하게 될 당신에게 미리 박수를 보낸다.

홍성우 | 회사원

빨간불일 때 잠시 기다려라. 그러면 건널 수 있는 초록불이다. 쉽게 하는 말이지만 살면서 멈춰야 할 때와 건너야 할 때를 쉽게 구분하기란 매 순간이 고민이다. 이 책은 살면서 생기는 이런 고민의 순간에 함께 행복한 나누는 부자가 되자는 신념으로 답을 정해주는 저자의 깊이와 넓이를 들여다볼 수 있는 책이다.

황의숙 | 학원 원장

| 프롤로그 |

'생각의 틀'을 바꾸면 부는 저절로 따라온다

경제가 매우 혼란스럽다. 1998년 외환위기, 2008년 금융위기에 이어 2020년 코로나 팬데믹(pandemic, 세계적 대유행)으로 실물경제 위기가 온 세계를 뒤덮고 있다. 코로나는 수요와 공급 모두에 타격을 준 초유의 위기다. 수요 부진이면 금리인하와 양적완화로 돈을 시중에 풀어 경기부양을 하면 되지만 지금은 공급에도 강력한 타격을 입었기 때문에 이러한 처방이 먹히지 않는다. 바야흐로 전 세계가 한 번도 경험하지 못한 미증유(未曾有)의 경제위기가 온 것이다.

실물경제가 이러한데 부동산 시장이 나 홀로 뜨거울 수만은 없다. 지금은 한 치 앞을 내다보지 못하는 상황이다. 6년간 내리 상승한 서울 부동산 가격의 불패 신화가 이어져 앞으로 더 오를 것이냐, 이제는 막을 내릴 것이냐의 기로에 접어들었다. 그간 시중의 막대한 유동성의 힘이 안전자산으로 여겼던 서울의 아파트로 몰려 발생한 에셋파킹(Asset parking) 현상이 이제는 종지부를 찍고 본격적인 부동산 가격 하락세로 접어들 것인지에 이목이 쏠려 있다.

나는 현재 부동산 멘토라는 직분으로 강의를 통해 많은 수강생들과 만나고 있다. 2030세대, 사회초년생, 신혼부부, 무주택자들을 대상으로 강의를 하면서 늘 바라는 것이 있다. 어디에 사고, 언제 사야 하며, 어떻게 사는 것에 집중하지 말고, 먼저 부동산이라는 도구를 다루기 위해 필요한 사유, 부를 바라보는 태도와 마인드, 전체적인 흐름을 보는 안목, 같은 것을 다르게 보는 통찰의 힘에 대해 전달하고 싶었다.

이 책에는 독자들이 경제위기가 오더라도 흔들리지 않는 내 집 마련과 부동산 투자 마인드를 갖췄으면 하는 바람을 담았다. 부동산 시장의 큰 흐름을 보는 안목을 갖추길 바라는 마음으로 일천한 경험과 지식을 실었다.

내겐 신념이 있다. 나이가 어릴수록, 돈이 없을수록 더 부동산에 관심을 가지고 투자하면 여유 있는 삶을 살 수 있다는 믿음이다. 20대 후반 사리사욕에 눈이 멀어 시행착오를 겪고 수억 원의 빚을 졌다. 정신을 차리고 우여곡절 끝에 LG전자에 입사했다. 당시 많은 빚을 졌기 때문에 월 250만 원을 벌어 200만 원은 빚을 갚는 데 쓰고, 남은 50만 원으로 한 달 한 달을 버티면서 살았다.

하지만 절망 속에서도 삶의 의미와 희망을 찾으려고 했다. 변화하려고 몸부림을 쳤다. 무엇이 잘못되었는지 독서와 배움으로 돌아봤고, 부동산 투자를 통해 나의 조각난 삶에서 가느다란 희망의 실오라기를 엮었다. 자초한 절망과 시련 속에서 얻은 깨달음의 요지는 '생각의 틀'을 바꿔야 한다는 것이다. 생각의 틀을 바꾸지 않고 어느 지역에 어떻게 사야 한다는 현란한 기술에 집착하면 오히려 독이 된다는 것을 깨달았다. 토양을 옥토로 바꾸지 않으면 나무가 잘 자라지 못하고 풍성한 과일이 열리지 않는다.

한때 투자를 하면서 어디에 사야 하고(What), 어떻게 사야 하는지에만(How) 열중했다. 하지만 그것보다 더 중요한 왜 투자를 하는지에(Why) 대해 더 깊이 고민하고 생각하는 것이 조금 돌아가더라도 더 빠른 길임을 알았다. 이 책을 통해 내 집 마련과 부동산 투자를 바라보는 시각이 조금이라도 변화되었다면 그것으로 충분한 역할을 했다고 생각한다. 생각을 바꾼다는 것이 결코 쉬운 일이 아니다. 그런데 생각을 바꾸면 행동이 바뀌고, 행동이 바뀌면 습관이 바뀐다. 습관이 바뀌면 나의 인격이 바뀌고, 인격이 바뀌면 운명까지 바뀐다.

생각이 변화된 상태에서 부동산 투자를 한다면 시작은 미약할지라도 그 끝은 반드시 창대하리라는 희망과 확신, 믿음을 꼭 붙잡길 바란다. 열심히 일하는 당신은 충분히 여유 있는 삶을 살 수 있다. 늘 꿈꾸고 도전하는 당신에게 더 멋진 미래가 펼쳐지길 소망한다.

박동탁

| 차 례 |

| 추천의 글 | • 4

| 프롤로그 | '생각의 틀'을 바꾸면 부는 저절로 따라온다 • 8

1장

꼭 집을 사라

쉬지 않고 일하는데 왜 살기 힘든 걸까? • 19

내가 아직 집이 없는 이유 • 26

그래도 내 집 하나는 있어야 한다 • 33

포기하기에는 아직 이르다 • 40

부동산 이전에 내 삶을 가치경영해야 한다 • 46

부동산 투자는 재테크가 아니라 사업이다 • 54

미션, 비전, 목표, 전략, 프로세스 세우기 • 63

내 집 마련 노트1 내 꿈을 마련하기 위한 목표 설정하기 • 72

2장

지금 바로 내 집 마련 플랜을 세워라

왜 지금 사야 할까? • 81

먼저 목적을 분명히 하자 • 87

내 집 마련 플랜을 세우자 • 95

돈이 없다면 먼저 종잣돈 준비부터 • 100

어디에 사야 잘 산 걸까? • 109

내 집 마련 노트2 자본주의도 모르면서 내 집 마련을 한다고? • 118

3장

남들과 다르게 생각하자

남들이 안 살 때 사야 한다 • 127

흙 속의 진주를 볼 줄 알아야 한다 • 134

전세금은 세입자가 2년간 빌려준 무이자 차입금이다 • 140

부동산 트렌드를 볼 줄 알아야 한다 • 147

프리미엄 5요소, 마이너스 1~2개면 바로 투자하자 • 151

나 홀로 아파트, 아파트 저층, 브랜드가 아닌데 괜찮을까? • 157

필수 요소를 충족하면 오피스텔 투자도 좋다 • 162

내 집 마련 노트3 왜 부동산 가격은 등락을 반복할까? • 171

4장

내 집 마련을 위한 필수 매뉴얼

내 집 마련 뽀개기 1 – 실거주와 투자를 동시에 하자 • 179

내 집 마련 뽀개기 2 – 실거주와 투자를 분리하자 • 188

내 집 마련 뽀개기 3 – 청약에도 노하우가 있다 • 198

미래가치가 높은 수도권 유망 지역과 교통축 • 216

똘똘한 대출 활용법 • 230

내 집 마련 노트4 정부별 부동산 시장의 흐름을 파악하자 • 239

5장

아직도 망설이는 당신을 위하여

당신은 어떤 삶을 살고 싶은가? • 247
부동산 투자에서 가장 중요한 것은 자금력이 아니다 • 256
부동산 투자를 잘하려면 의식을 바꿔야 한다 • 265
재미있게 오래 꾸준히 공부하자 • 271
여유 있는 인생, 나누고 기여하는 삶 • 278
내 집 마련 노트5 생각의 지도를 그리자 – 마인드맵, 에버노트 활용법 • 290

| 에필로그 | 의미 있게 산다는 것, 존재만으로도 빛나는 당신 • 294
| 부 록 | 행복한 나를 위한 도서 리스트 80 • 303

1장

꼭 집을 사라

쉬지 않고 일하는데
왜 살기 힘든 걸까?

사회초년생 월급으로 내 집을 마련하려면

2019년 대기업 대졸 신입사원의 초임 평균이 4,100만 원, 중소기업의 초임 평균은 2,870만 원으로 집계됐다. 매출액 상위 500대 기업 가운데 대기업 129곳과 직원 수 300명 미만의 중소기업 중 144개사를 대상으로 대졸 신입사원 평균 연봉을 조사한 수치다. 신입사원의 초임은 '기본 상여금 포함·인센티브 비포함' 기준이다.

요즘같이 경제가 안 좋은 시기에 대기업에 입사해서 상여금 포함 연봉 4,100만 원(세후 월 300만 원 정도, 연봉계산기 참조)을 받는다면 꽤 높은 급여 소득자다. 또래들 사이에서는 나름 성공한 케이스에 속한다고도 볼 수 있다. 그런데 문제는 가난하진 않지만 그렇다고 부유하지도 않다는 것이다.

연봉계산기 | 4,100만 원

출처 : 사람인 연봉계산기 화면

부모님의 도움 없이는 서울에 나의 보금자리 하나 마련하기가 하늘의 별 따기보다 어렵기 때문이다. 서울 아파트 가격은 '억억' 소리가 난다. 10억, 20억, 30억…… 끝도 없이 오르는 아파트. 서울 강남에 위치한 신축 아파트의 호가가 30억 원이라는 뉴스는 가히 절망스럽다. 30억 원짜리 아파트는 언감생심, 10억 원이라는 게 사회에 첫발을 내디딘 직장인에겐 사치스럽다. 비단 이것이 신입사원에게만 해당되는 일일까?

그래도 내 집 마련의 희망을 품고 네이버 부동산에 들어가 출퇴근하기 괜찮은 6억 원짜리 아파트 한 채를 겨우 찾아낸다. 허리띠를 졸라매서 실수령액의 50%를 저축한다고 했을 때 6개월이면 900만 원을 저축한다. 상당한 금액이다. 현재의 만족과 즐거움을 담보한 채 1년을 꼬박 모으면 1,800만 원이다. 저축만으로 꿈의 종잣돈 1억 원을 모으는 데 66.6개월(5.5년)이 소요된다.

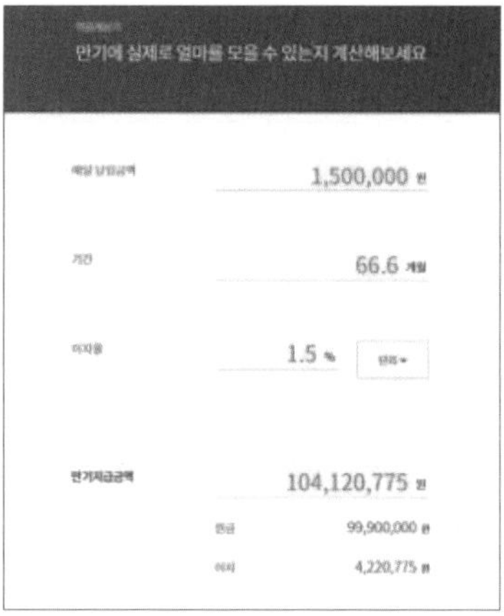

만기에 실제로 얼마를 모을 수 있는지 계산해보세요

1,500,000 원

66.6 개월

1.5 %

104,120,775 원

99,900,000 원

4,220,775 원

출처 : 뱅크샐러드 적금이자 계산기 화면

하지만 내 월급의 50%를 저축하기란 여간 쉽지만은 않다. 유혹이 범람하고 있는 현대사회에서 인생의 수많은 것들을 포기해야 하기 때문이다. 그렇게 5년 6개월을 통째로 갈아 넣어야 나의 땀과 노력의 결정체인 1억 원을 모을 수 있는 것이다.

서울의 6억 원짜리 아파트를 사려면 현재 주택담보대출 가능 범위인 40%를 제외한 60%인 3억 6,000만 원을 온전히 모아야 한다. 그러기 위해서는 내 인생의 약 20년이라는 시간을 통째로 바쳐야 하는데 어디 쉬운 일인가? 체감 소비자물가 상승률을 약 연 3%로 가정했을 경우 6억 원이라는 집은 물가 상승률보다 더 가파르게 올라있다. 콩나물시루에서 콩나물이 자라 있듯 자본주의라는 물을 먹고 자라는 부동산은 범접할 수 없을 정도로 쑥 커져 있다.

밀레니얼 세대가 살기 힘들어진 이유

급여 상승률과 주택가격 상승률의 간극은 해가 갈수록 심해지고 그 간극만큼이나 우울감은 커져만 간다. 야근에 밤낮없이 누구보다 열심히 일하고 있지만 20년을 일해도 서울의 아파트 하나 마련하기가 녹록지 않은 그런 시대에 살고 있다. 150만 원 하는 발렌시아가 신발을 사고, 3만~4만 원 하는 망고빙수 디저트를 먹고, 해외여행을 가는 행동이 기성세대 입장에서는 몰상식하게 보일지 모르지만 어느 정도 이해는 간다.

"나 오늘 신발 플렉스(flex)해버렸지 뭐야?"

소소하고 확실한 행복을 추구할 수 있는 권리가 지금 내가 누릴 수 있는 행복이기 때문이다. 1981년 이후부터 1996년 사이에 태어난 사람들을 통상 '밀레니얼 세대'라고 일컫는다. 이들은 풍요 속의 빈곤을 누리는 세대, 역사상 가장 똑똑한 세대이면서 부모보다 가난한 세대다. 대학 진학률은 그 어느 세대보다 높고, 해외 경험도 많으며 부모 세대가 일군 경제적인 부를 바탕으로 풍족한 환경에서 자랐다. 그런데 역설적으로 밀레니얼 세대는 역사상 최초로 부모보다 가난한 세대로 남을 위기에 처해 있다. 이 시대를 살고 있는 밀레니얼 세대들이 쉬지 않고 일하는데도 점점 살기 힘들어진 이유는 무엇일까?

한국 경제가 저성장, 디플레이션 시대로 접어들었다

과거 한강의 기적으로 잘살아 보자고 외친 고성장 시대를 살았던 베이비부머 부모 세대와 달리 우리는 저성장 시대, 디플레이션 체제에서 살아가고 있다. 이는 기성세대가 누렸던 수많은 기회가 급격히 소멸되었다는 뜻이다. 정부는 청년들에게 취업보다 창업, 스타트업을 장려하지만 이미 모든 사회 시스템은 자본력이 막강한 대기업 중심으로 돌아가고 있다. 소자본을 가진 내가 마땅히 비집고 들어갈 틈을 찾기란 굉장히 어렵다.

정년이 연장되고 있다

늘어난 평균수명으로 미처 노후 준비를 하지 못한 기성세대는 법과 제도까지 바꾸어가며 정년을 연장하고 있다. 그 결과 노동시장의 세대 교체가 지연되면서 밀레니얼 세대의 취업난은 더욱 가중되고 있다. 청년과 장년, 노년 간의 직업 쟁탈이 시작되었다.

4차 산업혁명으로 일자리가 급속도로 줄고 있다

정보통신 혁명으로 생산성은 크게 높아졌지만 그만큼 사무직 노동자의 일자리는 크게 줄어들었다. 역설적으로 4차 산업혁명이 밀레니얼 세대를 가난의 늪에 빠뜨린 하나의 요인이 된 셈이다.

저성장 시대에 장기 저금리 상황이 지속되고 있다

고도의 경제성장기였던 1970년대 정기예금 금리는 연 20%대였고

1980년대는 연 10% 수준이었다. 그 시절에는 정기예금이나 적금만 넣어도 돈을 굴릴 고민을 할 필요가 없었다. 하지만 밀레니얼 세대는 더 이상 은행 저축으로는 돈을 불릴 수가 없다. 생존 재테크, 소위 '짠테크'가 삶의 필수가 되었다.

기업의 상황이 갈수록 어려워지고 주가에 고스란히 반영된다

2000년대 초반까지는 대학마다 주식 동아리가 열풍일 정도로 시장이 뜨거웠다. 그러나 최근 저성장 시대, 코로나19 바이러스 같은 예측 불가능한 변수로 인해 기업의 상황이 좋을 리 만무하다. 정말 뛰어난 고수가 아닌 이상 변동성이 큰 투자 상품인 주식으로 목돈 만들기는 하늘의 별 따기다.

저성장 시대에 부동산 가격은 하늘 높은 줄 모르고 치솟고 있다

이미 기성세대가 축적한 막대한 부의 흐름이 '한국 사회에서는 부동산만 한 것이 없다'는 종교화된 신념으로 이어진 부동산 시장의 호황은 현재 지역 간, 세대 간 양극화를 초래했다. 시중에 넘치는 풍부한 유동성으로 인해 희소성이 무엇보다도 큰 서울 강남 아파트의 가격은 가파르게 치솟았다. 정부의 강력한 부동산 정책이 연이어 발표되었지만 상승 추세를 꺾기엔 역부족이다. 생각지도 못했던 코로나19 바이러스로 매수 심리가 주춤하지만, 조정되더라도 평범한 직장인이 서울에 내 집 마련을 하기가 너무 힘든 세상이 되었다. 물려받을 재산이 전무하다면 대부분의 평범한 사회초년생, 2030세대에게는 목돈을 만들기가 갈수록 힘들다. 이런 절망감에 밀레니얼 세대 사이에는 오늘이라도 행복하게 살자는 극단적인 소비 패턴이 삶의 트렌드로 자리 잡아가고 있다.

쉬지 않고 열심히 일해도 힘든 이 시대에 열심히 일하는 것이 정답일까? 열심히 일하고 저축이라도 하면 서울, 아니 수도권에 내 집이라도 한 칸 마련할 수 있는 걸까? 이제 결혼은 아예 모르겠고 내 집이나 마련할 수 있을까?

내가 아직 집이 없는 이유

소소하더라도 확실하게 행복할 수 있어

부모 세대는 참고 꿈꾸고 미래를 위해 희생하면 내 집 하나는 마련할 수 있다는 희망이 있었다. 그런 믿음으로 수많은 경쟁 속에서 대학에 진학하고, 취업을 하고, 열심히 돈을 벌었다.

그러나 지금은 기성세대가 처한 경제 상황과 180도 바뀌었다. 시간이 가도 월급은 제자리걸음이다. 그나마 돈이라도 꾸준히 벌 수 있다면 다행이다. 이제는 공무원이 아닌 이상 정년까지 일할 수 있다고 그 누구도 장담할 수 없는, GDP 경제성장률 1%대 저성장의 대한민국이 우리가 직면한 현실이다.

나의 현실은 이렇게나 힘든데 뉴스를 통해 보여지는 정치권의 도덕적 해이, 재벌가의 갑질 만행, 금수저의 이야기는 대다수 젊은 세대의 분노를 이끌어내기에 충분했다. 이제는 '사회정의'라는 시대정신으로 국가 통수권자도 바꾸는 시대가 되었다. 우리가 살아가는 사회에서 '정의란 무엇인가?'라는 화두로 촉발된 촛불시민혁명은 매주 광화문광장에 많은 사람들이 모여 평화집회를 하는 저력을 보여주었다. 젊은 세대들이 그러하듯 당당하게 세상을 향해 더 높은 수준의 도덕적 올바름, 갈등 해결 과정의 사회정의를 요구한다. 결국 사회정의, 적폐 청산은 모든 것을 해결해주는 것만 같았고, 그들에게 다시 희망찬 미래를 되돌려주리라 여겼다.

그러나 지금 대한민국의 젊은 세대는 처음으로 부모 세대보다 못 사는 최초의 세대가 될 것이라는 공포를 느끼고 있다. 내 월급으로 집값은 꿈도 꿀 수 없을 만큼 올라버렸고, 미래가 없는 생존의 위기는 역대 최저 출생률을 기록하고 있으며, 이제는 노력해도 올라갈 수 없고 계층 간의 사다리는 끊겼다고 푸념하기에 이르렀다. 이번 생은 망했다는 '이생망', 지옥 같다고 붙여진 '헬(hell)조선'을 여기저기서 외치고 있다.

저성장의 늪에 빠진 대한민국을 살아가는 밀레니얼 세대들은 앞이 보이지 않는 미래를 위해 고통을 감내하는 투자보다는 현재의 만족과 행복에 타협한다. 소소하더라도 확실하게 지금 얻을 수 있는 행복에 집중한다. 암울한 미래를 걱정하지 않았더니 즐길 거리가 이렇게나 많다. 그들은 나름 '우아한 가난' 속에서 포기가 아닌 수용을 한다. 소소하지만 여전히 확실하게 행복할 수 있다는 욜로(YOLO, You Only Live Once, 한 번 사는 인생, 자신을 소중히 여기며 즐겁게 살자)를 선택한다.

집만 포기하면 할 수 있는 게 많아

연애·결혼·출산 세 가지를 포기하면 삼포, 연애·결혼·출산·취업·내 집 마련을 포기하면 오포, 오포에 꿈과 희망을 포기하면 칠포, '모든 것'을 포기하면 N포라고 한다. 출산을 포기하면 아이를 양육할 돈을 나에게 투자할 수 있고, 명품도 살 수 있고, 해외여행도 다닐 수 있으며, 그 밖에 좋아하는 것들을 누릴 수 있다고 생각한다. 포기하는 대상 중에서 가장 많은 자본이 투입되는 것이 단연 부동산, 내 집 마련이다. 결혼도 안 하고 아이도 안 낳는데 무슨 내 집이냐고 생각한다.

밀레니얼 세대의 이런 생각을 잘 묘사한 영화가 있다. 2017년 개봉한 〈소공녀〉다. 이 영화를 관통하는 메시지는 여주인공이 외친 바로 이 대사다.

"집은 없어도, 생각과 취향은 여전히 남아 있어."

집이 없는 게 아니라 여행 중이라고 스스로를 위로하며 현실과 타협하지 않고 자신의 길을 걸어간다. 집을 마련하려면 실로 많은 돈이 들어간다. 인간 생활의 기본 요소인 의식주 중 가장 많은 돈을 투입해야 하는 것이 주(住), 즉 집이다. 집을 얻기 위해서는 많은 것들을 희생해야 하고 지금 누릴 수 있는 행복을 저당 잡혀야 한다. 불확실한 미래를 살아가는 밀레니얼 세대에게는 가장 많은 돈이 들어가는 내 집 마련은 당연히 포기해야 할 우선순위다. 치솟은 미친 집값, 지금 내 집 마련을 포기하면 당장 많은 행복을 누릴 수 있기 때문이다.

출처 : 영화 〈소공녀〉 포스터

적당히 벌어 아주 잘살자

전주 풍남문 밖 남부시장 한복판에 뉴타운이 들어섰다. 전주 남부시장 2층 청년몰 '레알뉴타운'은 오래된 전통시장과 재기발랄한 청년들의 조합만으로도 관심을 끌어 전주 한옥마을과 함께 전주 여행의 대표적인 랜드마크가 되었다. 레알뉴타운으로 오르는 계단에서 '적당히 벌고 아주 잘살자'라는 슬로건을 만나게 되는데, 이 문구에서 중요한 것은 '돈을 버는 것'이 아니라 '잘사는 것'이다. 돈이 많지 않아도 잘살 수 있기 때문이다. 돈을 벌기는 하겠지만, 일의 노예가 되지는 않겠다고 선언하는 것이다.

저널리스트 데브라 올리비에는 《프렌치 시크》에서 이렇게 이야기했다.

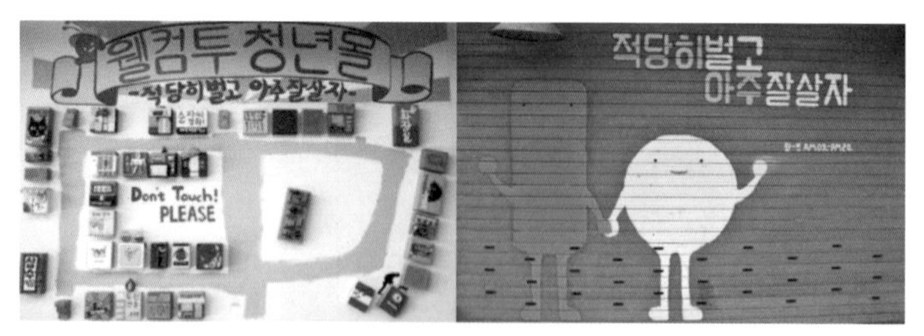

출처 : 대한민국 청소년 기자단 / 청년몰 '레알뉴타운'의 약도와 모토

"'잘사는 것'을 '남들보다 앞서 나가는 것'으로 착각하면 안 될 일이다. 그리고 물질적으로 풍요로운 것을 훌륭한 인생이라고 착각해서도 안 될 일이다."

물질적 풍요보다 정서적 풍요를 중시하는 밀레니얼 세대들의 사고방식을 고스란히 반영하고 있다.

욜로가 아닌 '욘스'를 선택하자

이생망, 헬조선을 외치지만 여러분은 망하지 않았다. 우리가 살고 있는 이 나라도 망하지 않는다. 코로노미(코로나19+이코노미) 쇼크로 경제가 신음하고 있지만 대한민국은 쉽게 무너질 수 없는 나라다. 세계은행(WB)에 따르면 우리나라 2019년 국내총생산(GDP) 규모는 1조 6,194억 달러로 전 세계 205개국 중 12위를 차지했다. 한국전쟁 이후 아무것도 없는 척박한 땅에서 이만큼 성장했다.

반만년의 한반도 역사에서 지금처럼 국력이 강했던 시절이 없었다. 세계 경제 규모 12위를 일군 아성은 쉽게 무너지지 않는다. 저성장이지만 마이너스 성장은 단 한 번도 없었고, 서울과 강남의 집값이 터무니없이 치솟았지만 내 자본과 레버리지(leverage, 지렛대)를 활용해서 살 수 있는 서울 주택들은 여전히 남아 있다.

서울 강남처럼 뉴욕의 맨해튼 거리, 런던의 트라팔가 광장, 일본의 긴자와 같은 고급 주택이 밀집한 곳의 집값 역시 연소득이 높은 선진국의 청년이라도 쉽게 살 수 없다. 오히려 더 어렵다. 우리나라에는 2년 동안의 임대료를 전액 돌려주는 전세라는 제도가 있기에 적은 비용으로 세를 구할 수도 있고(정부에서 전세보증금의 80~90%까지 대출해주는 제도를 이용하면 된다), 전세보증금을 이용해 내가 가진 돈보다 더 비싼 집을 살 수도 있다.

2018년 기준 가임 여성(15~49세) 1명이 평생 동안 낳을 것으로 예상되는 평균 출생아 수를 나타내는 합계출산율(total fertility rate)은 1.0에도 못 미치는 0.98명을 기록했다. 인구가 줄어들어 미래에는 집을 아무도 사지 않을 것 같다. 하지만 절대 인구는 2040년까지 늘어난다. 또한 집은 절대 인구가 사는 것이 아니고 날로 늘어나는 가구 수와 세대 수에 따라 주택 수요는 역설적으로 더 늘어난다.

'다이아몬드 수저, 금수저, 은수저, 흙수저, 흙수저조차 아예 없다'고 사회계급을 구분 지으며 처지를 한탄하고 있는가? 계층 간의 이동은 불가능하다고 포기하고 있는가? 하지만 선택은 본인의 몫이다. 스스로 알을 깨고 나와 한 마리의 생명력 있는 병아리에서 닭으로 성장하든가, 아니면 남이 깨주어 일회용 달걀 프라이가 되든가, 내 삶은 그 누구도 아닌 내가 선택하는 것이다.

의식의 전환이 중요하다. 되는 사람은 1%의 가능성이 있어도 되는 이유를 찾고, 안 되는 사람은 99%의 가능성이 있어도 1%의 안 되는 이유에 매달린다.

지금 당장 힘들더라도 더 나은 미래를 상상하고, 욜로가 아닌 욘스(YAWNS)를 꿈꾸자. 욘스란 'Young And Wealthy but Normal'의 머리글자에 무리를 뜻하는 's'를 결합한 말이다. 엄청난 재산을 가진 사람들이 아니라 평범해 보이는 젊은 부자. 자수성가해서 큰 부자가 되었으나 자신의 부와 성공을 자랑하지 않으며 감사와 사랑의 마음으로 배려와 베풂과 자선사업과 선행을 실천하는 행복한 부자들, 21세기 부의 트렌드를 이끌어가는 창조적인 부자들을 뜻한다.

우리는 하루살이가 아니다. 미래를 위해 오늘을 포기하는 것이 아니다. 미래를 위해 투자하는 것이 행복이고, 목표가 있는 삶이 행복한 삶이다. 지금 당장 불투명한 미래라고 할지라도 확실한 미래를 꿈꾸고 그려나가는 것이 여유 있는 삶의 길로 안내한다. '적당히'는 타협이다. '적당히'의 타협과 수용은 더 나은 삶으로 이끌 수 없다. 지금 상황에서 더 만족스러운 길을 걷고자 한다면 자기 통제, 만족 지연(delayed gratification)을 고통이 아닌 나를 행복으로 이끄는 가치관으로 받아들여야 한다. 인생은 선택의 연속이다. 내 인생은 그 누구도 아닌 나의 선택에 의해 이루어진다. 이 책이 여러분을 내 집 마련의 고민을 해결하고 더 나아가 부의 트렌드를 이끌어가는 창조적인 부자의 길로 들어서도록 도와줄 것이다.

그래도 내 집 하나는 있어야 한다

먼저 돈에 대한 생각부터 바꾸자

부동산 투자, 내 집 마련을 이야기하기에 앞서 우리가 살고 있는 자본주의 사회에서 여유 있는 삶, 더 나은 인생을 살려면 무엇을 해야 할지 고민해야 한다. 무엇보다도 시간적, 경제적인 자유를 달성하려면 돈을 지배해야 한다. 돈이 나를 위해 일할 수 있도록 하면 된다.

그러기 위해 반드시 해야 할 것이 있다. 바로 정기적으로 투자를 하는 것이다. 자본주의 사회에서 투자를 하지 않으면 여유 있는 삶을 포기하는 것과 같다. 노동소득에만 의존한다면 죽을 때까지 일만 해야 한다. 잠자는 동안에도 돈이 들어오는 방법을 찾으려면 필연적으로 노동소득 이외에 자본소득 시스템을 구축하는 방법을 연구해야 한다. 자본소득 시스템 구축은 빠르면 빠를수록 좋다.

우리가 얻는 돈에는 사연(story)이 들어 있다. 사연에는 사람, 사건, 배경, 시간, 공간이라는 다섯 가지 필요조건이 있는데 돈에는 인간 행위와 관련되는 일련의 사건들이 녹아 있다. 즉 돈에는 삶의 희로애락이 담겨 있어야 한다. 돈에 삶의 사연이 없으면 맹목적인 수단이 된다. 부모에게 물려받은 돈은 자신의 피와 땀과 노력으로 일군 것이 아니기 때문에 반드시 인간의 탐욕이 들어간다. 막대한 부모 유산을 물려받은 사람들의 말로는 대개 처참하다. 사기꾼이 꼬이거나 잘못된 투자로 십중팔구 돈을 날린다. 거액의 로또에 당첨된 사람들 역시 마찬가지다. 대다수가 가정불화, 도박, 마약 중독, 쇼핑 중독 등에서 헤어나지 못한다. 그들의 인생이 해피엔딩으로 끝나지 않는 이유도 이와 같다. 자본주의 사회에서 우리를 지배하는 돈은 무조건 증식하는 특성 때문에 맹목적인 탐욕이 파국을 이끌게 된다.

화폐는 매개(媒介), 즉 둘 사이에서 양편의 관계를 맺어주거나 교환가치를 지닐 때 비로소 그 존재를 인정받는다. 돈이 수단이 아니라고 생각하는 순간, 돈은 목적이 되고 나를 지배한다. 그렇게 되려면 돈에 우리의 피와 땀과 눈물이 들어가야 한다. 이것들이 결여되어 있다면 내게 주어진 부는 복이 아니라 독이다. 그런 돈은 나를 갉아먹고 병들게 한다.

돈의 속성은 도는 것이다. 그래서 '돈'이라는 이름이 붙여졌다. 돈은 세상에 순환시켜야 한다. 돈의 특성상 고여 있으면 죽는다. 돈은 축적하는 것이 아니라 움직이게 하는 것이다. 돈을 지배하는 사람은 돈의 운동성을 자각하고 능동적으로 잘 사용한다.

부자를 꿈꾼다면 돈을 잘 쓰고 사회적 약자를 위해 기부도 많이 해야 한다. 무엇보다 내 곳간이 풍요로울 때 인심이 있는 법이다. 투자를 통해 돈이 나오는 머니 파이프라인을 지속적으로 늘리고, 어느 정도 시간적·재정적 자유를 달성했다면 세상에 나의 피와 땀과 눈물이 담긴 돈을 순환시키자.

돈을 벌려면 위험 회피 본능을 잘 파악해야 한다

투자 대상으로는 부동산을 비롯해 주식, 채권, 예금, 금 등이 있다. 이 중에서 직장인들이 가장 많은 관심을 갖고 있는 것은 단연코 부동산과 주식일 것이다(예금은 화폐가치가 하락하는 자본주의 시스템에서 투자라고 보기 어렵다).

부동산과 주식의 누적수익률을 비교해보면 놀라운 깨달음을 얻게 된다. 아파트 하면 비싸기로 소문난 강남의 재건축 아파트인 대치동 은마아파트를 꼽는다. 1979년에 4,424세대로 지어진 42년 차 은마아파트의 30평 분양가는 평당 68만 원으로, 30평이 약 1,800만 원이었는데 미분양이 발생했다. 1990년 당시 시세는 2억 1,000만 원이었고, 2020년 1월 기준 실거래가는 20억 5,500만 원이었다. 30년간 누적수익률은 약 878%로 어마어마하다. 하지만 놀라긴 이르다. IT 블루칩 종목 중 하나인 SK텔레콤의 1990년 1월 3일 주가는 1주당 3,900원이었으나, 2020년 1월 3일 종가는 23만 4,000원을 기록해 30년간 누적수익률이 무려 5,900%에 달한다. 1990년에 2억 원으로 은마아파트를 사서 지금까지 갖고 있다면 현재 20억 원이 된 것이고, 당시 SK텔레콤 주식 2억 원 어치를 사서 지금까지 보유하고 있다면 123억 9,000만 원이라는 뜻이다.

부동산 투자를 주식 투자와 비교해보면 주식 투자의 수익률이 압도적으로 높다. 그리고 열심히 급여 생활을 하고 있는 직장인들이 가장 많이 하는 투자가 다름 아닌 주식 투자다. 이 시장에 들어오면 나도 상승 기류를 타고 돈을 벌 수 있을 거라는 착각에 빠진다. 실시간으로 사고팔 수 있어 위험을 관리할 수 있을 것만 같고, 적은 돈으로 부담 없이 할 수도 있다.

그런데 한번 생각해보자. 압도적인 수익률을 자랑하는 주식시장에서 개미들이 과연 수익을 누렸을까? 주식 투자의 높은 누적수익률이 온전히 내 자산 증식에 반영되었을까? 대답은 단연코 '아니요'다. 개미들이 주식으로 돈을 벌기 힘든 근본적인 이유는 비싸게 사서 싸게 팔기 때문이다.

주식으로 돈을 벌려면 공포에 매수하고 확신에 팔아야 하는데, 의식적으로 노력해도 심리적 장벽을 넘지 못한다. 대부분은 공포에 팔고, 너도나도 상승을 외칠 때 우르르 달려들어 매수한다. 주식으로 돈을 벌지 못하는 이유는 바로 여기에 있다. 떨어지는 칼날을 잡지 못하는 것은 인간의 본성이다. 주식은 위험 회피 본능을 가진 인간의 본성을 거스를 때 비로소 좋은 결과를 낳는다. 내 주변에도 주식으로 돈을 버는 사람은 손에 꼽을 정도다. 벌었다고 하는 사람도 마지막에는 손실을 보고 만회하려고 애썼지만 회복하지 못했다는 이야기도 많이 들린다.

인간의 위험 회피 본능을 십분 활용한 비즈니스가 바로 보험이다. 보험 가입자는 위험을 회피하고자 자신의 기댓값 이상으로 보험료를 지불한다. 그런데 놀랍게도 많은 사람들이 불입한 원금보다 훨씬 낮은 금액을 회수함에도 경제 사정이 어려우면 보험을 깬다. 경제가 안 좋을수록 보험을 해지하는 비율은 증가한다. 이처럼 인간의 위험 회피 본능을 잘 활용한 보험은 확률적으로 이익이 남을 수밖에 없는 비즈니스다.

부자들의 부동산 투자 방식을 따르면 부자가 된다

그럼 30년간 고작 878%의 수익률을 달성한 부동산은 어떨까? 주변에서 부동산 투자로 돈을 많이 벌었다는 사람을 어렵지 않게 찾아볼 수 있을 것이다. 가장 보편적으로 자산을 증식한 사람들의 투자 수단은 대부분 누적수익률 5,900%인 주식 투자가 아니라 그보다 수익률이 월등하게 낮은 부동산이다. 왜 이런 결과가 나왔을까?

부동산은 공간자산이기 때문에 투자뿐만 아니라 내 삶이 같이 들어가 있어 일단 한번 구입하면 하락하거나 상승한다고 해도 쉽게 매도하지 못한다. 투자 겸 거주하고 있는 집의 가격이 떨어지면 그냥 살면 된다. 물가가 상승하는 만큼 부동산 역시 등락이 있지만 우상향하는 속성을 가지고 있다. 살면서 버티고 있으면 다시 가격이 상승할 때는 무섭게 오른다. 다시 말해 내가 거주하고 있는 집은 위험 회피 본능을 가장 잘 헷지(hedge)해주는 투자 상품이다. 참고로 '울타리'란 뜻의 헷지는 원래 투자 위험으로부터 자산을 안전하게 보호해 손실을 막기 위한 대비책을 말한다.

부동산 가치 = 사용가치 + 투자가치

주식은 계좌에 100만 원만 투자해도 시시때때로 시세를 확인한다. 가격이 오르내리는 것을 두 눈으로 확인하지 않으면 너무 불안하다. HTS스마트폰 화면을 보고 싶어 좀이 쑤신다. 반면 부동산(아파트의 경우)은 한번 사면 전세금을 조정하거나 매도할 때 외에는 가격 확인을 거의 하지 않는다. 그렇기 때문에 본업(main job)에 지장을 주지 않는다. 나의 시간은 내 연봉을 올리는 자격증 취득이나 경험을 쌓는 데 투자할 수 있다.

또한 부동산 투자가 다른 투자 상품들과 비교했을 때 상대적으로 목돈이 많이 들고 사고팔기가 덜 수월하다는 점이 아이러니하게도 위험 회피 본능을 잘 방어해주는 역할을 한다. 부동산 투자로 돈을 벌고 싶다면 인간의 위험 회피 본능을 잘 파악하고 남들과 다르게 투자하면 된다. 아파트에 투자한다면 핵심 지역의 핵심 아파트 가격이 떨어질 때 사면 된다.

보유하고 있으면 이기는 투자를 할 수 있다. 부자들은 가격이 떨어질 때 주저하지 않고 바로 사고 웬만해서는 팔지 않는다. 그러나 대부분의 사람들은 이 방식을 따라 하지 못한다. 떨어지면 불안하기 때문이다. 떨어질 때 불안해하고 오를 때 추격 매수하는 것은 주식이나 부동산이나 큰 차이가 없다.

이처럼 내 집은 투자가치를 제공함과 동시에 주거 안정성도 확보해 준다. 또 사업할 때나 목돈이 필요할 때 담보대출을 할 수도 있다.

내 집 마련은 선택이 아닌 필수다

보유한 차량이 없어도 스마트폰 연결을 통해 GM 같은 전통의 차량 제조업 강자들을 뛰어넘어 약 1,200달러(약 123조 원)의 기업가치로 성장한 우버(Uber), 자기 집 하나 없이 빈집을 공유해 부가가치를 만들어 세계 1위 호텔 체인 기업 힐튼(Hilton)의 아성을 넘어 310억 달러(약 37조 원)의 기업가치를 달성한 에어비앤비(Airbnb), 도심 업무지구 곳곳에 혁신적 서비스를 제공하는 신개념 오피스 위워크(Wework)의 기업가치가 80억 달러(약 10조 원)에 달하는 시대다. 이런 혁신 기업이 넘쳐나는 공유경제 시대에 내 집을 소유하는 것이 대세를 거스르는 것만 같은가?

내 집 마련은 평범한 직장인이 할 수 있는 최고의 투자다. 내 집 없이는 시간적, 재정적으로 여유 있는 삶을 살 수 없다는 점을 명심해야 한다. 내 집은 내 삶의 터전과 동시에 돈의 가치가 떨어지지 않는 가장 좋은 저축이기도 하다. 남의 집 살이는 고달플 뿐이다. 내 집을 갖는다는 것은 실물자산에 대한 투자다. 여러 투자 상품 중 주거 스트레스에서 해방되고 거주 가치도 누릴 수 있는 부동산에 눈을 뜨자. 4차 산업혁명 시대, 공유경제 시대에도 내 집 마련은 선택이 아닌 필수다.

포기하기에는 아직 이르다

치솟는 집값에 이생망, 헬조선

서울 아파트 가격 상승이 심상치 않더니 2020년 2월 평균 매매가격이 9억 원을 돌파했다. 최근 치솟은 서울 부동산 가격 상승으로 부동산 시장뿐만 아니라 사회 전체에 좌절감이 확산되고 있다.

직장인들은 서울에 내 집을 마련하기란 꿈도 꿀 수 없는 거대한 벽이 되었다. 사회초년생의 경우 주택 마련을 목표로 땀 흘려 일하고 미래를 준비하는 절제된 소비보다는 현재 만족에 더 큰 가치를 두는 사회 분위기가 조성되고 있다. 서울에 '내 집'을 갖겠다는 생각 자체도 사치스러운 것만 같다.

미래보다 현재의 만족을 중요시하는 이런 분위기가 SNS에도 잘 드러나 있다. 그래서 자조 섞인 좌절감과 패배의식이 고스란히 녹아들어

서울 아파트 중간값 또 껑충
2월 3.9%오른 9억4798만원

한강이북 상승폭 더 커

서울 아파트 중위가격이 9억4798만원으로 또다시 사상 최고치를 기록했다. 해당 통계가 작성된 2008년 12월 이후 최고 수준이다. 사상 처음으로 9억원을 돌파했던 지난달(9억1216만원)보다 한 달 만에 3.93%(3582만원) 초고속 상승했다.

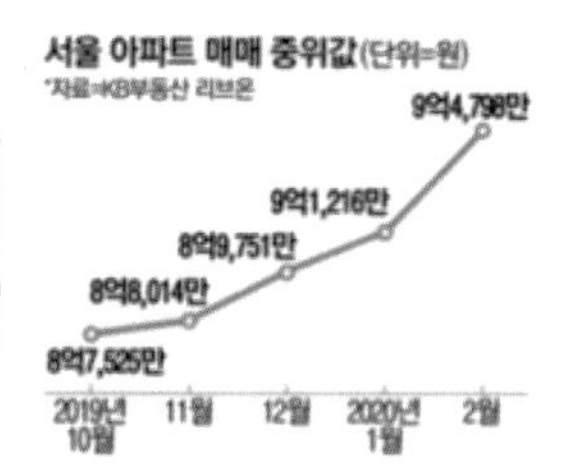

출처 : 〈매일경제신문〉, 2020년 2월 26일

있는 이생망과 헬조선이라는 단어가 넘쳐난다. 녹록하지 않은 지금의 현실을 잘 반영하기에 마냥 웃을 수도 없는 노릇이다.

물론 사회생활을 하면 누구나 한 번쯤은 '먹고살기 참 힘들다'는 생각을 하게 된다. 가까스로 취업 문턱을 통과한 사회초년생은 말할 것도 없고, 서른 줄에 들어선 이들도 '사는 게 이렇게 힘든 거였나?'라는 생각이 든다. 수입이 가장 많고 경제활동이 왕성한 40, 50대 역시 가정의 지출로 인한 무게에 짓눌려 있다. 직장에서, 가정에서, 사회에서 그 무게를 고스란히 느끼면서 오늘도, 이번 주도 힘겹게 버텨내는 것이 부정할 수 없는 우리네 현실이다.

힘들다는 말이 절로 나오는 요즘, 문득 그런 생각이 들 때가 있다. 어릴 적 내가 꿈꿔왔던 나의 모습은 이런 거였나? 꿈은 정말 일장춘몽, 신기루 같은 '꿈'일 뿐인가? 생계를 위해 현실과 타협했다고 해서 이제는 꿈을 영영 접어야만 하는 걸까? 꿈꾸는 건 현실을 외면한 사치스러운 일인가?

어린 시절 우리는 저마다 큰 꿈을 품어왔다. 장래 희망도 제법 컸다. 비웃든 말든 누구나 한 번쯤 대통령, 국회의원, 만물박사, 과학자, 비행기 조종사 등을 꿈꾸고 자랑했다. 최소한 지금처럼 하루하루를 힘겹게 살아가는 직장인이나 어른이 되고 싶어 하지 않았을 것이다.

하지만 모두가 자신이 원하던 일을 하게 되는 것은 아니다. 생계를 위해 꿈을 접는 것은 딱히 특별한 일도 아니다. 대부분 "다들 그러고 살아"라고 말할 만큼 흔한 일이다. 인생이란 게 원래 하고 싶은 일만 하고 살 수는 없다. 대부분의 사람들은 자기가 하고 싶은 일에만 고스란히 매달릴 수 없다. 현실의 벽과 마주하는 순간들을 만나게 된다.

직업과 꿈을 병행하는 것이 쉬울 리 없다. 그만큼 잠을 줄여야 할지도, 더 나은 미래에 금전적 투자를 해야 할 일이 생길 수도 있다. 누군가는 아예 새로운 분야로 도전하기 위해 자격증을 따고, 잘나가는 직장에서 뛰쳐나와 자신이 행복을 느끼는 곳으로 떠나기도 한다. 하지만 이 모든 과정이 결코 쉬운 길은 아니다.

간절히 바라던 걸 꿈꾸고, 목표를 정하고, 실행에 옮기는 자체가 내 삶을 성실하게 살았다는 '자부심'이자 '보상'이다. 비록 남들보다 훨씬 노력하고, 나 자신을 혹독하게 몰아붙인다고 해서 내가 꿈꾸는 삶을 산다는 보장은 어디에도 없다. 하지만 분명한 사실은 꿈을 좇는 그 과정의 즐거움만으로도 충분한 보상이 된다는 점이다. 이생망, 헬조선이라는 말보다는 더 나은 미래를 생각하고 더 나은 삶을 위해 무엇을 하면 좋을지를 생각해보자. 이것이 더 생산적이고 나의 삶을 한 단계 업그레이드하는 길이다. 넋 놓고 앉아 포기하기에는 아직 우리에게 주어진 시간이 너무 많다.

'우아한 가난'은 없다

지금의 청년 세대를 'N포세대'라고 부른다. 여기에는 많은 오해가 전제되어 있다. 세 가지(연애·결혼·출산)를 포기한 삼포세대나 오포세대(연애·결혼·출산·취업·내 집 마련)를 언급할 때 보통 청년들이 '모든 것'을 포기한다고 단정 짓는다.

그러나 아무리 N포세대 청년이라고 해도 세 가지, 다섯 가지 모두 포기하는 것이 아니다. 대부분은 전략적으로 어느 하나를 선택하는 대신 다른 것을 잠시 미루는 타협을 한다. 연애는 하더라도 결혼은 하지 않는 청년, 결혼했지만 아이를 낳지 않는 신혼부부, 취업을 했지만 내 집 마련은 포기하고 적당히 소비하며 사는 단념이 아닌 수용의 자세를 취하고 있는 것이다.

'나도 한때는……'이라며 회상에 잠기지 말고, 꿈을 포기해야만 했던 과거에 얽매이지 말고 다시 한 번 비상해보자. 한 번뿐인 인생, 바로 지금이 다시 날아오를 때다.

노력해도 더 나아질 수 없다는 체념보다는 이왕 사는 인생, 현실에 쪼들리기보다 부자를 꿈꾸고 내 삶이 부유해지기를 바라자. 부유하다는 것은 단순히 은행에 돈이 많다는 것이 아니라, 현실을 바라보는 관점의 차이다. 부는 여러 가지 태도의 집합이며 특정한 삶의 방식이다.

왜 로또 당첨자들이 일확천금을 얻고도 얼마 못 가서 예전보다 더 가난해지고 삶이 파탄 날까? 부자의 사고와 삶의 방식을 모르기 때문이다.

지금 나의 재정 상황을 비난할 필요는 없다. 과거를 부정하고 내가 가지고 있는 한계에 후회할 필요도 없다. 대신 현실과 타협하기보다 지금보다 더 나은 삶을 바라고 부자의 사고와 삶의 방식을 아는 데 시간과 에너지를 투자하자. 그러면 놀라운 일들이 벌어진다.

부유하지 않은 것은 돈이 없어서가 아니다. 돈이 있고 없고가 중요한 것이 아니라 부자의 사고방식과 마인드를 먼저 아는 것이 부자가 되기 위한 출발점이다. 지금보다 여유 있는 삶, 더 나아가 부자가 되고자 하는 첫걸음은 내 집을 갖는 것에서 시작한다. 현실과 타협하는 우아한 가난은 존재하지 않는다.

지금 당장 현실의 벽에 직면해 있다고 해서 돈을 벌 궁리만 하고 생존에 집착하면 안 된다. 끊임없이 꿈을 꾸고, 힘들어도 한발 한발 내디뎌야 한다. 계속 걸어가야 한다.

우리는 모두
인생이라는 경기를 뛰는 선수다.
돈을 많이 벌었다는 것이
명예를 높이 쌓았다는 것이
공부를 많이 했다는 것이
인생에서의 승리를 의미하지는 않는다.
중요한 것은 내 안의 가능성과 잠재력으로

인생이라는 경기에 성실히 임했다는 자부심이다.

아직 원하는 곳에 도달하지 못했더라도

아직 되고자 하는 사람이 되지 못했더라도

계속 걸어가는 법만은 잊지 마라.

– 존 맥스웰, 《사람은 무엇으로 성장하는가》

부동산 이전에 내 삶을 가치경영해야 한다

왜 부자가 되고 싶은가?

부동산 투자를 하고자 마음먹었다면, 그래서 내 집을 마련하고자 고군분투하고 있다면, 당신은 부자가 되는 첫 단추를 잘 채우고 있는 것이다. 나는 '나이가 어릴수록 돈이 없을수록 부동산에 눈을 빨리 뜨고 부동산 투자를 실행하면 여유 있는 삶을 살 수 있다'는 믿음이 있다. 11년간 투자를 통해 내 삶의 긍정적인 재정 변화를 몸소 체험하면서 우러나온 신념이다.

당신은 왜 여유 있는 삶, 부자가 되고 싶은가? 부자가 되고 싶은 명확한 이유가 있는가?

내 집 마련 이전에 부자가 되고 싶은 구체적인 이유 다섯 가지를 써보자. 부자가 되고 싶은 생각이 간절하다면 구체적인 이유가 나온다.

구체적인 이유가 있으면 나를 목적 있는 삶으로 이끈다. 삶에 목적이 있으면 동기유발이 된다. 행복하려면 의미와 가치를 발견해야 하며, 내가 성장해야 한다. 그리고 재미와 즐거움을 느껴야 한다. 돈을 벌기 위해서도 좋지만 왜 돈을 벌어야 하는지 의미와 가치를 찾아보자.

내가 부자를 꿈꾸는 이유

1. ______________________________
2. ______________________________
3. ______________________________
4. ______________________________
5. ______________________________

다섯 가지를 채우면 부자가 되기 위한 열망이라는 3단 로켓에 에너지를 공급하는 강력한 추진력이 생긴다. 머릿속으로 생각만 하는 것과 생각을 정리해서 종이로 적는 것은 엄청난 차이가 있다. 적으면 이루어진다. 부자가 되고자 하는 이유, 즉 Why를 찾는 것은 내 집 마련을 고민하는 것보다 우선해야 할 일이다.

'내 집 마련을 빨리 할 수 있는 기술적인 방법을 알고 싶은데 왜 이런 걸 해야 하지?'라며 의아하게 생각할 수도 있다. 돌아가는 듯하지만 방향 설정이 제대로 되어 있으면 성취는 저절로 따라온다. '인생은 속도보다 방향이다'라는 말이 진리라는 것을 깨닫게 된다.

뿌리가 부실하면 나무기둥이 아무리 두꺼워도 흔들린다. 나뭇가지가 뻗어나가고 풍성한 열매를 맺기 어렵다. 지금 자신의 재정 상태가 매우 불만족스럽다면 기회를 얻은 것이다. 간절하게 열망하면 부자 에너지는 거기에 반응해서 강력하게 폭발한다. 우리가 해야 할 최우선 과제는 마인드 세팅이다. 풍성한 열매를 맺기 위해서는 우선 뿌리를 튼튼하게 가꾸어야 한다.

뿌리 = 마인드, 열매 = 부

부의 마인드

부자가 되기 위해서는 '마인드'가 먼저 정립되어야 한다. 그러면 어떤 마인드를 세팅해야 할까?

부자는 본인이 처한 열악한 환경과 한정된 자원을 한탄하지 않는다. 돈을 다루는 힘뿐만 아니라 목표, 믿음, 신념, 열정이 항상 넘친다. 하지만 가난한 자는 목표, 믿음, 신념, 열정을 뻔하고 의미 없는 구태의연한 것으로 터부시한다. 그들은 돈을 다루는 기술, 투자 기법, 흔히 말해 재테크에 열광한다. 어디에 투자해야 하는지, 어떻게 하면 되는지에 대한 노하우, 재산을 모으고 돈을 불리는 기술이 자신을 부자의 길로 인도해줄 것이라고 믿는다.

그러나 무딘 도끼로 아무리 나무를 찍어봐야 소용없다. 어디를 찍어야 하는지 알아봐야 무용지물이다. 어떻게 나무를 찍는지 알아봐야 효과가 없다. 시간이 걸리더라도 먼저 도끼날을 날카롭게 벼려야 한다.

나무를 베는 데 6시간을 준다면

4시간은 도끼날을 가는 데 쓸 것이다.

– 에이브러햄 링컨

우리를 부자로 이끌고 부를 유지하게 하는 도끼날, 즉 부의 마인드에는 세 가지가 있다.

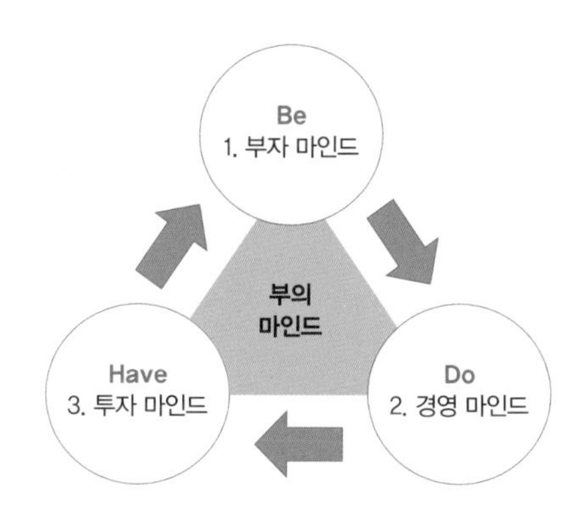

부자 마인드

부자가 되기 위한 가치 판단과 확고한 기준, 생활 습관, 정립된 투자 철학의 프로세스를 함축하고 있는 정신 상태를 말한다. 부자 마인드를 키우지 않고 투자 기술만 키우고자 한다면 삶의 무게중심을 잃거나 돈을 지배하는 힘 그리고 힘들게 일군 부를 유지하는 지구력을 얻을 수 없다. 부자들에겐 부자가 될 수밖에 없는 공통분모가 있고, 일반인은 모르는 확고한 원칙이 숨어 있다. 부자들은 그 원칙을 우직하게 지키고 실천해나간다.

자수성가한 부자들은 지금 돈이 없어도, 가지고 있는 재정이 빈약해도 몇 년 뒤 자신이 꿈꾼 것을 이룬 것처럼 사고하고 행동한다. 부자 마인드는, 세상은 내가 생각(Be)하는 대로 움직이고 성취된다는 믿음을 동반한다. 그들의 마인드와 스피릿(spirit)이 일반적으로 남들과 다른 이유다.

경영 마인드

내가 속한 조직이나 가정 그리고 나 스스로의 과업을 주인의식을 가지고 책임지는 정신을 뜻한다. 경영학의 구루(guru, 스승) 피터 드러커는 경영자란 자신의 과업에 스스로 책임지는 사람이라고 정의했다. 우리는 내 인생의 최고경영책임자, CEO(Chief Executive Officer)이며 대표다. 조직과 가정의 최고경영책임자는 목표뿐만 아니라 운영과 재정 관리를 총괄한다. 나는 내 삶의 대표라는 경영 마인드를 가지고 당당하게 서야 한다.

투자 마인드

자본주의 사회를 살아가기 위해서 반드시 갖추어야 할 마음가짐은 남들과 다르게 생각하고 행동하는 것이다. 미래에 더 큰 이익이 있다면 현재의 작은 이익은 포기할 줄 아는 혜안을 말한다.

부자들은 멀리 볼 줄 알고, 같은 것을 다르게 보며, 위험을 기꺼이 감당할 줄 안다. 자수성가한 부자들의 투자 마인드는 긍정적 사고방식에서 비롯된다. 투자 마인드 없이 성공하는 사람은 극히 드물다.

선순환의 삶을 살자

우리가 매일같이 바쁘게 살아가면서도 막상 삶의 성취가 적은 이유는 바로 역순환의 삶을 살기 때문이다. 대다수가 돈이 있어야(Have) 행동(Do)하고 부자(Be)가 된다는 생각을 가지고 있다. 바쁘게 살아도 성취가 적은 이유다.

역순환의 삶 : Have(성취) → Do(행동) → Be(생각)

선순환의 삶 : Be(생각) → Do(행동) → Have(성취)

명심하자! 부자가 되려면 역순환의 삶이 아닌 선순환의 삶을 살아야 한다. 먼저 부자를 꿈꾸고 목표를 이룬 것처럼 사고하자. 그리고 주변에 선포하자. 우리가 뱉는 말에는 견인력과 실행력이라는 놀라운 힘이 있다. 사람을 당길 수 있는 능력이 우리가 매일 말하는 언어 속에 있다. 사람이 오면 돈은 따라오게 되어 있다. 그리고 실행에 옮기자. 끝까지 도전하면 나도 모르는 사이에 내가 바라던 것이 어느덧 하나씩 실현되고 있을 것이다.

가난해도 부자의 줄에 서라.

–《탈무드》

내 삶을 가치경영하자

기업이 고객가치를 높이는 데 충실한다면 이윤이 남는다. 쉽게 이야기해서 고객의 가려운 곳을 긁어주고 고객의 문제를 해결해주면 기업은 돈을 번다. 이처럼 고객가치를 창조하는 이윤 추구의 선순환을 '가치경영(VM, Value Management)'이라고 한다. 역설적으로 기업은 지극히 이타성을 추구했을 때 이윤도 충족하게 된다.

자신을 '나'라는 기업의 경영자라고 생각해보자. 그럼 나의 재무 상황은 곧 기업의 재정이다. 내 인생을 가치경영하면 일반 기업과 마찬가지로 지속 가능한 이윤을 창출할 수 있다. 그런데 나의 이익을 위해서는 먼저 남의 성장과 행복을 먼저 추구해야 한다.

이타(利他)를 할 때, 즉 남을 도울 때 진정한 이기(利己), 즉 나의 이익이 완성된다. 결국 남을 돕는다는 것은 나를 위하는 길이기도 하다. 내 인생의 가치경영을 이야기할 때 남에게 기여하고 공헌하겠다는 이타적 목표가 반드시 포함되어야 하는 이유다. 여유 있는 인생, 좀 더 부유한 삶을 살기를 바란다면 조금 거창하더라도 나의 인생을 가치경영해야 한다. 이처럼 너와 나의 성장과 행복을 함께 추구하는 핵심 가치로부터 꿈을 이루기 위한 구체적인 비전을 일직선으로 정렬한 것을 '내 삶의 가치경영(VMML, Value Management of My Life)'이라고 한다.

아직 내 집 마련도 못 했는데 무슨 이런 원대한 꿈을 꾸라고 하는 것인가 하고 반문할 수도 있다. 하지만 내 집 마련만 꿈꾸지는 말자. 나의 목표가 작은 것에 국한되어서는 안 된다. 내 인생의 더 큰 성취를 위해서는 10배 크게 생각하기만 해도 엄청난 성취가 따라온다. 부자를 열렬히 꿈꾸자. 꿈꾸지 않으면 이루어질 수 없다.

Be(생각)—Do(행동)—Have(성취)로 이어지는 선순환의 삶에서 내 인생의 가치경영을 통해 주변에 기여하고 공헌하는 부자가 되겠다는 생각을 품는 것만으로도 당신의 재정 상태는 엄청나게 달라질 것이다.

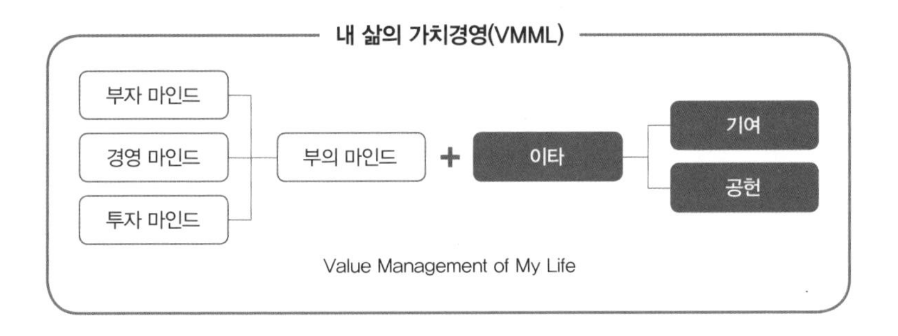

부동산 투자는 재테크가 아니라 사업이다

당신은 머니 파이프라인을 가지고 있는가?

버크 헤지스는 《파이프라인 우화》에서 직장생활은 매일 아침부터 저녁까지 물통을 지고 날라야 돈이 들어오는 구조라고 꼬집고 있다. 지극히 맞는 말이다. 아르바이트와 직장생활로 얻는 노동소득은 시간과 돈을 맞교환하는 시스템이다. 아프거나 실직하거나 불의의 사고를 당하면 쉴 수밖에 없다. 그러면 당장 수입이 끊긴다. 물론 사회안전망을 통해 정부가 보조해주는 부분도 있지만 일시적일 뿐이다.

부모님 세대는 대부분 물통을 열심히 날라 가정을 꾸려왔고, 우리도 그런 길을 따라가라는 가르침 속에서 자랐다. 열심히 물통을 나르면 성공한다고 배웠고 학교에서도 열심히 물통 나르는 법을 가르친다. 모든 교육과정은 성실을 강요한다. 남들보다 더 열심히 공부해서 명문

대학에 진학하고, 대기업에 들어가거나 공무원이 되면 성공이라는 인식이 보편화되어 있다. 직장에서는 이 논리를 적용해 더 많은 물통을 날라 진급하고 연봉을 올리고자 노력한다.

의사, 약사, 변호사, 파일럿 같은 전문직도 마찬가지다. 일반 직장인에 비해 물통의 크기가 좀 더 클 뿐이지 물통을 날라야 하는 삶 자체는 별반 다르지 않다. 전문직 종사자들의 특징은 장시간 일한다는 것이다. 시간당 채산성을 따지면 노동 대비 수입이 결코 높지 않다. 전문직은 큰 물통을 나르는 만큼 새는 물의 양도 많다. 자녀 교육비에 더 많은 돈을 쓰고 본인의 품위 유지비에도 상당히 많은 소비를 한다. 물통이 아무리 커도 노동을 하지 않으면 모든 물통은 결국 마른다. 물통 나르기가 나의 현재와 미래의 안정을 보장해주지 않는다.

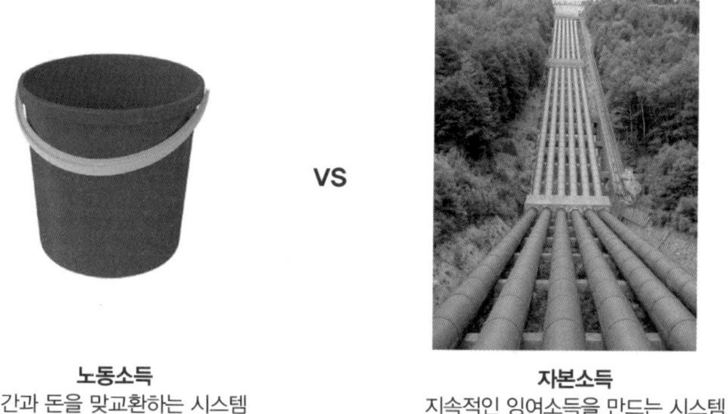

노동소득
시간과 돈을 맞교환하는 시스템

자본소득
지속적인 잉여소득을 만드는 시스템

수도관의 꼭지를 돌리면 물이 콸콸 쏟아져 나오듯 돈이 마르지 않고 흘러나오는 머니 파이프라인을 만들어야 한다. 그래야 시간적, 경제적 여유를 누릴 수 있다.

머니 파이프라인에는 다음 다섯 가지 종류가 있다. 머니 파이프라인은 지금 하고 있는 일에 충실하면서 접근하기 편하고 잘할 수 있는 아이템으로 구축하는 것이 좋다. 머니 파이프라인이 많을수록 나의 자산은 기하급수적으로 성장한다.

- 자영업·사업 매출에 따라 수익을 얻는 머니 파이프라인
- 연금·이자를 통해 꾸준히 일정 금액을 얻는 머니 파이프라인
- 아파트·오피스텔·상가 등 수익형 부동산을 통해 매달 꾸준히 들어오는 머니 파이프라인
- 우량주식·펀드투자를 통한 금융 배당금과 차익형 수익을 얻는 머니 파이프라인
- 인세·저작권료 등 콘텐츠와 지적재산을 통해 꾸준하게 지급되는 머니 파이프라인

먼저 자영업·사업 매출에 따라 수익을 얻는 머니 파이프라인을 살펴보자. 자영업의 규모나 사업의 종류에 따라 수익의 크기는 천차만별이다. 많이 버는 자영업자도 있고 그렇지 못한 사업가도 있다. 포인트는 내 노동력을 얼마나 투입해서 어떤 크기의 부를 얻는가에 달려 있다. 업종에 따라 다르지만 자영업과 사업은 변동성이 상당히 크다. 경기의 영향을 직접적으로 받고 외부 충격에 취약하며, 수익이 안정적으로 나오지 않는다는 문제도 있다.

노동 투입 대비 생산되는 부가가치를 고려했을 때 어떤 사업을 하느냐에 따라 부의 편차가 크다. 남들과 차별화된 경쟁력과 기술을 가지고 있다면 사업을 통한 머니 파이프라인을 구축해서 많은 부를 얻을 수 있다. 시스템을 잘 구축하면 물통을 열심히 날라서 얻는 노동소득에 의존하는 것보다 더 많은 재정적인 여유를 누릴 수 있다. 하지만 요즘 같은 경기에 사업하기가 만만치 않은 것이 현실이다.

연금·이자로 일정 소득을 얻으려면 돈의 액수가 커야 한다. 첫발을 내디딘 직장인이나 사회초년생이 시작하기는 어렵다. 주식 투자는 매일같이 시세를 확인해야 하는 두려움을 극복해야 한다. 물론 우량 주식을 사놓고 최소 6개월에서 1년 이상 쳐다보지 않을 자신이 있다면 시작해도 좋다. 주식 같은 직접투자가 부담스럽다면 펀드 같은 간접투자 상품에 투자하는 방법도 있지만 웬만한 목돈이 아니고서는 재미를 보기 쉽지 않은 것이 현실이다.

출간을 하거나 특허 등 지적재산권을 획득해서 얻는 인세나 특허권료, 최근에 많이 하는 유튜브 등도 꾸준히 돈이 들어오는 좋은 시스템이다.

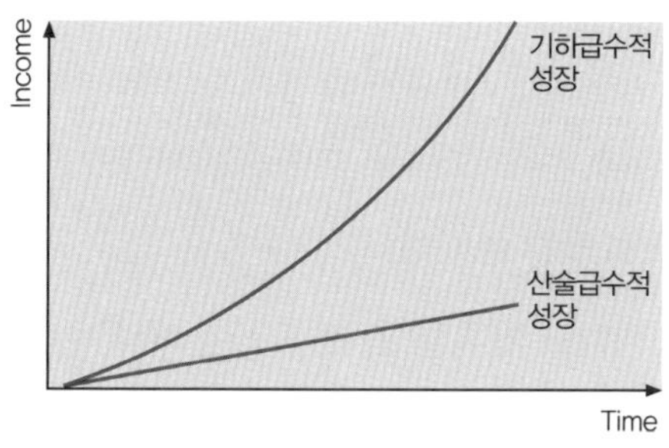

출처 : 《동아비즈니스 리뷰》

자산이 늘지 않는 대부분의 이유는 내가 얻는 수입 대비 지출되는 고정비가 많기 때문이다. 물통을 나르는 노동소득만 있는 경우 나의 자산은 산술급수적으로 성장한다. 시간이 지나면 진급을 하고 연봉이 올라가지만 이에 비례해서 지출도 많아진다.

먼저 자신에게 투자해 노동소득의 파이를 키워라

내 삶이 한 단계 도약하길 바란다면 나보다 나은 세계에 있는 사람, 내가 동경하는 세계를 경험한 사람이나 좋은 스승(직접 가르쳐주는 사람) 또는 멘토(mentor, 이끌어주는 사람)를 찾아가 미처 발견하지 못한 깨달음과 많은 도움을 얻을 수 있다. 투자의 세계에서 존경받는 스승이자 멘토 중 한 사람이 워런 버핏이다.

2019년 초 야후 파이낸스와의 인터뷰에서 버핏은 어떤 자산에 투자하기 전에 스스로에 대해 투자하라고 이야기했다. 자신을 위한 투자 가운데 글쓰기와 말하기 능력을 연마하는 것은 자신의 가치를 적어도 50% 높이는 결과를 가져온다고 말했다. 그리고 자신의 몸(body)과 마음(mind)을 잘 돌보라고 강조했다.

진리는 일맥상통한다. 엄청난 자산가들 역시 자신에 대한 투자가 중요하다고 말한다. 나의 능력을 최대한 발휘해야 성과가 난다. 성과가 나야 한 단계 도약할 수 있다.

내 능력을 최대치로 발휘할 수 있는 곳은 어디일까? 바로 내가 매일 아침 출근하는 직장과 지금 하고 있는 일이다. 지금 하는 일이 적성에 맞지 않다고 고민하는 사람들이 많다. 하지만 이제부터는 앞서 이야기한 부의 마인드를 탑재하고 내 인생을 가치경영하는 최고경영자의 관점에서 지금 하고 있는 일을 바라보자.

관점의 전환이 나의 인생을 바꾼다. 자산가치 8억 원짜리 상가를 가지고 있다고 하자. 생각만 해도 기분 좋은 상상이다. 여기에 매년 수익률이 3%라고 감안한다면 (세금을 제외하고) 월 200만 원의 수익을 얻을 수 있다.

8억 원 × 3% ÷ 12개월 = 200만 원

사회초년생이 직장에 들어가면 대략 200만 원의 월급을 받는다. 매년 체감하는 소비자물가 상승률이 약 연 3%인 걸 감안해서 월급 200만 원이 갖는 의미를 계산해본다면 놀라운 결과가 나온다.

200만 원 × 12개월 ÷ 3% = 8억 원

내가 그렇게 출근하기 싫어하는 월 200만 원을 받는 직장은 8억 원짜리 상가를 하나 갖는 것과 똑같다. 그 직장을 그만두면 8억 원이라는 재산을 팔아버리는 것과 똑같은 셈이다. 관점을 바꿔서 생각해보면 내가 회사에서 받는 월급의 가치는 어마어마하다. 그렇기 때문에 현재 내가 하고 있는 일, 업무 효율을 높일 수 있는 직무 능력 향상뿐만 아니라 더 높은 연봉을 얻을 수 있는 자격증 취득에 힘써야 한다.

그러면 노동으로 발생하는 소득, 내가 피땀 흘려 얻는 월급의 가치는 지금보다 더 커질 것이다. 무엇보다 나의 몸값과 연봉을 올리는 데 먼저 투자하자. 다시 말해 직테크(職+Tech)가 재테크보다 우선되어야 한다.

노동소득이 커지면 투자할 수 있는 종잣돈의 크기도 늘어난다. 그 단계가 되면 이제 돈이 돈을 버는 시스템, 돈이 들어오는 시스템인 머니 파이프라인을 만들어야 한다.

부동산 투자 로드맵을 만들자

직장을 다니면서 어떤 머니 파이프라인을 만들면 좋을까? 직장에 몸담고 있으면 직급을 막론하고 자기 사업을 하고 싶은 꿈을 누구나 한 번쯤 꾼다. 그러나 경쟁력 있는 비즈니스 모델도 있어야 하고, 자금력도 있어야 하며, 인맥, 끝없는 자기 헌신과 희생이 필요하다. 그리고 중요한 운도 따라줘야 한다.

직장생활을 하고 있다면 부동산에 빨리 관심을 가지고 투자를 실행해보자. 부동산은 자본주의 사회에서 머니 파이프라인을 구축하기 아주 좋은 아이템이다. 한번 구축해놓으면 크게 신경 쓸 필요 없다. 화폐가치가 하락하면서 실물자산의 가치는 등락을 반복하며 우상향하기 때문이다.

부동산 투자는 흔히 말하는 재테크가 맞다. 하지만 재테크로만 바라보면 부동산 가격의 등락에 일희일비하고 내 인생의 재무 목표라는 큰 그림을 그릴 수 없다. 큰 그림이 없으면 바쁘게만 살 뿐 정작 성취가 없다는 사실을 기억하자.

부동산 투자를 재테크가 아닌 사업으로 바라봐야 한다.

내 인생의 20년 계획 부동산 투자 로드맵을 그려보자. 소액으로 투자 가능한 부동산을 구매해 자본소득을 창출하는 시스템을 만들 수 있다. 다시 말해 부동산도 소액으로 안전한 머니 파이프라인 시스템을 구축할 수 있다. 이때 이용하는 것이 레버리지다. 남의 자본을 지렛대처럼 이용하여 자기자본 이익률을 높이는 것을 '지렛대 효과'라고 한다. 다주택은 곧 사업 확장과 머니 파이프라인의 확장을 의미한다.

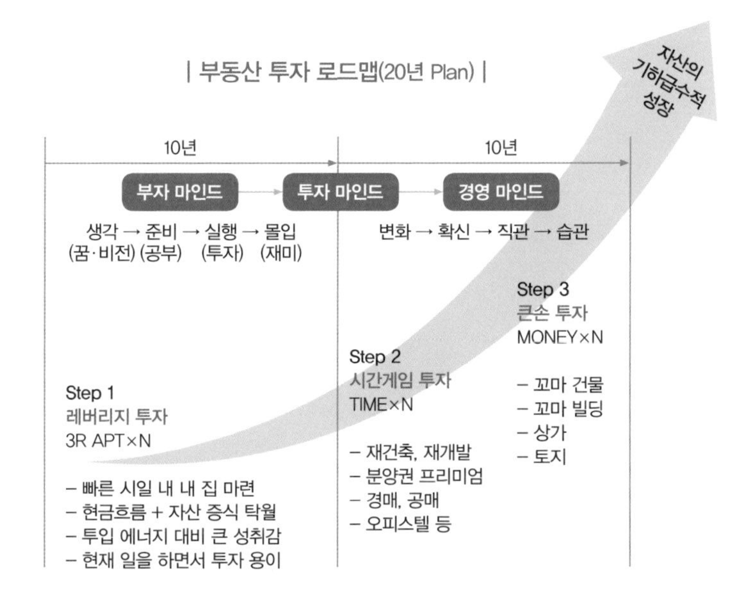

회사를 다니면서 '부동산 투자'를 통해 안전하고 확실한 사업을 하겠다고 마음먹자. 내 집 마련은 그 원대한 꿈의 서막이자 출발점이다. 부동산 사업의 첫 번째 목표는 단연코 내 집 마련이다.

나는 '부동산'이라는 사업 아이템을 통해 기업을 경영하는
경영자이자 사업가라고 선포하자!

미션, 비전, 목표, 전략, 프로세스 세우기

인생의 목표 계획서를 만들자

'부동산 투자는 재테크가 아니라 사업'이라는 시각으로 바라보면 많은 것들이 달라진다. 투자 결과, 나의 재무 상황, 현금흐름, 자산가치 상승에 괄목할 만한 성장을 이룰 수 있다. 단순 재테크를 넘어 사업으로 성공하기 위해서는 목표 계획서를 만들면 좋다. 계획을 세우면 어떻게 운영할 것인지에 초점을 맞추고 사업을 구상하기 때문에 성공 가능성을 한 단계 더 높일 수 있다. 내 집 마련에 국한하지 말고 더 크게 부동산 투자 사업을 한다고 생각하고 미션, 비전, 목표, 전략, 프로세스를 수립하자.

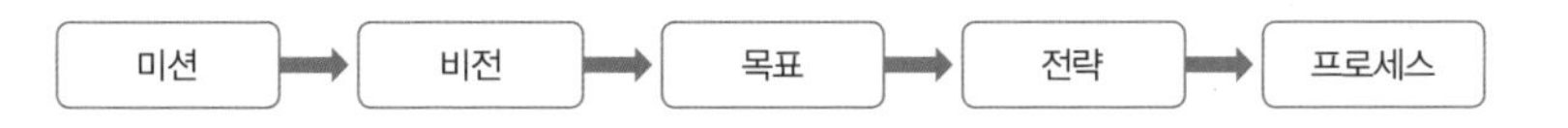

미션(mission)

미션은 내 삶의 존재 이유다. 사명, 명분, 대의, 깃발이기도 하다. 많은 현대인들이 열심히 살지만 방황한다. 그 이유는 내 인생에서 평생 흔들 만한 깃발이 없기 때문이다. 내가 왜 사는지, 내가 이 일을 왜 하는지, 일찍 일어나 정신없이 출근하고 바쁘게 하루하루를 사는 근원적 이유가 무엇인지 생각해본 적이 있는가?

내 삶의 존재 이유를 발견하려면 나의 약점을 보완하려 하지 말고 '강점'에 집중해야 한다. 나의 재능, 탁월한 지식, 기술을 세 가지를 찾아 조합해보면 나의 강점을 발견할 수 있다. 그러기 위해서는 다음과 같이 해보자.

미션을 찾기 위해 '왜?'를 다섯 번 질문해보자.

많은 사람들이 무엇을(What) 해야 할지는 안다. 그들 중 상당수는 어떻게(How) 해야 차별화된 가치를 제공할지도 알고 있다. 하지만 거의 대다수는 그 일을 왜(Why) 해야 하는지 모른다.

| 골든서클 |

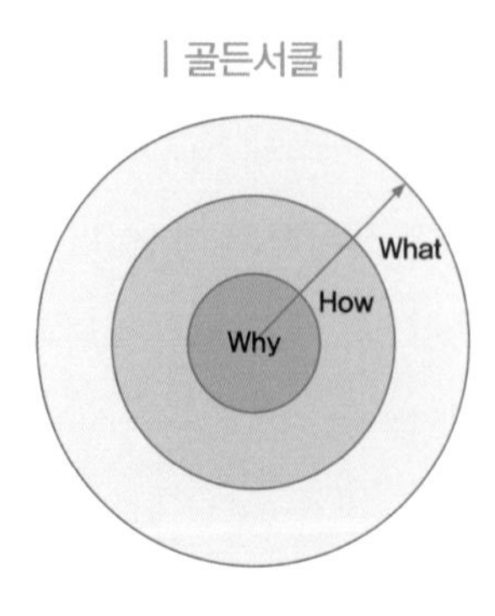

《나는 왜 이 일을 하는가?》의 저자 사이먼 사이넥은 '골든서클'이라는 이론을 우리 삶에서 발견했다. 우리는 모호하고 두루뭉술하고 추상적으로 보이는 Why를 먼저 생각하기보다, 구체적이고 확실해 보이며 눈에 잡히는 What을 먼저 생각하는 경향이 강하다. 하지만 우리가 결정하고 행동하고 열망하는 작동 원리이자 마음을 움직이고 성취를 만들어내는 것은 추상적인 Why다. 안쪽에서 출발해 바깥쪽으로, Why → How → What 순으로 사고하면 더 큰 성취, 남들과 다른 비범한 결과를 얻을 수 있다.

왜 내 집을 마련하려고 하는가? 왜 부동산 투자를 하려고 하는가? 대다수가 '돈을 벌기 위해서'라고 답하지만 이것은 결과일 뿐 Why가 될 수 없다.

나는 왜 부동산 투자를 하려고 하는가?
나는 왜 지금 이 일을 하고 있는가?

지금보다 더 많이 성취하고 더 나은 삶을 살자고 마음먹자. 그 시작은 골든서클의 안쪽부터 사고하고 행동하고 커뮤니케이션하는 것이다. 미션은 Why이자 나를 움직이는 힘이고, 더 큰 성취를 하게 하는 원동력이다. 미션을 발견한 날이 내가 다시 태어난 날이다. 성공하는 개인과 조직은 이 미션이 명확하다. 내가 지금보다 재정적으로 더 풍요롭고, 더 나은 인생을 살기 위해서는 내가 존재하는 이유를 찾는 것이 어떤 일을 어떻게 해야 할지를 찾는 것보다 더 중요하다.

비전(vision)

비전은 미래를 생생하게 보여주는 청사진, 빅픽처(big picture)다. 대부분의 사람들은 인생의 큰 그림, 앞으로 몇 년 뒤 이루고자 하는 생생한 그림이 없다. 꼭 이루어지기를 간절히 원하고, 생각만 해도 가슴이 벅차오르는 목표가 있어야 한다. 이것이 나를 움직이는 힘이자 원동력이다. 비전을 수립하기 위해 도움이 되는 질문이 있다.

- 꼭 이루어지기를 간절히 원하는 것은 무엇인가?
- 막연하게 생각하지 말고 실제로 생길 결과를 그려본다.
- 그림처럼 생생하게 표현한다.
- 생각만 해도 가슴이 벅차오르는가?

우리는 학창 시절부터 내가 하고 싶은 일을 하기보다 남들이 걸어왔던 길, 사람들이 인정해주는 길을 가라는 교육을 받아왔다. 남들과 다르면 틀리다는 생각이 지배적인 분위기 속에서는 무엇이 나의 가슴을 뛰게 하는지를 잘 모른다. 내가 무엇을 해야 기분이 좋은지를 알지 못한다. 생각만 해도 가슴이 벅차오르는 무언가를 찾아보자. 그것이 바로 나의 비전이다. 이루어지길 간절히 원하는 것을 떠올리고 비전으로 삼자. 그것이 내 인생의 큰 그림이다.

목표(goal)

내 안에 잠재된 무한한 가능성에 불을 지피는 것이 목표다. 목표는 나의 무한한 가능성을 창조한다. 내 인생의 70~80%의 에너지를 목표에 집중해야 한다. 비전에 마감기한을 적고 잘게 쪼개면 목표가 된다.

우선 6년 목표에 집중하자. 10년, 20년도 좋지만 너무 멀면 현실성이 없다고 느낄 수 있다. 큰 그림인 10년 목표를 정하고 구체적으로 2년, 4년, 6년의 목표를 설정하고 집중해야 한다. 내 인생이 퀀텀점프하기 위해 가장 중요한 첫 출발은 6년의 목표 설정이다.

| 3단계 퀀텀점프를 위한 6년 목표 |

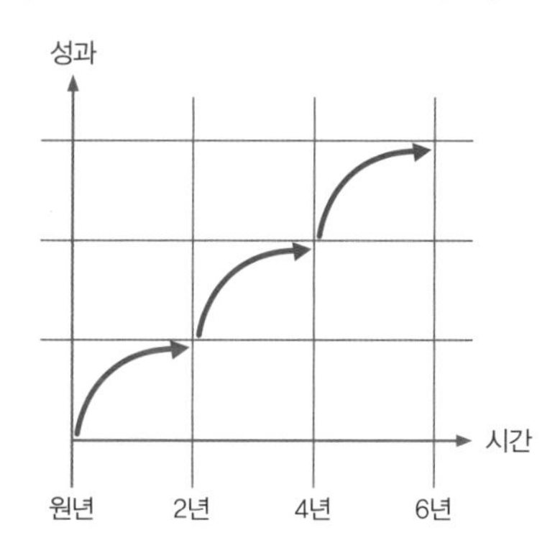

성공적 목표 관리를 위해 참고해볼 만한 목표 설정 기법은 조지 도란(George T. Doran)의 SMART 이론이다.

- Specific : 명확하고 구체적으로 목표를 설정한다.
- Measurable : 측정 가능하도록 수치화한다.
- Attainable : 실현 가능한 범위 내에서 목표를 크게 설정한다.
- Realistic : 현실적으로 달성 가능한 목표를 설정한다.

• Time-based : 목표 달성을 위한 기간을 설정한다.

SMART 기법에 따라 내 인생 목표를 다음 세 가지로 정리해보자.

첫째, 양적 목표

개인의 부의 총량, 자산의 총량을 정하고 투자를 시작하자. 몇 년 뒤 내가 이룰 순자산 얼마, 아파트 몇 채 등 자산의 구체적인 목표를 기록하자. 처음(알파, α)과 끝(오메가, Ω)을 알기 때문에 나의 가슴을 뛰게 하는 목표라면 실행하게 되어 있다. 투자를 실행하기 전에 내가 가야 할 목표를 알고 하는 것과 모르고 하는 것은 앞으로 자산의 크기에 엄청난 차이가 발생한다.

둘째, 인재 양성

'나는 어디까지 성장할 것인가?' 이것이 목표의 지향점이다. 나 혼자 살 수 없다. 직장생활을 한다면 속한 조직에서 맡은 직급이 있다. 과장이라면 사원, 대리가 나의 인재가 된다. 가정주부라면 아들딸이 나의 인재이며, 조그마한 조직의 리더라면 구성원이 나의 인재다. 그들에게 어떻게 하면 지금보다 더 나은 삶을 꿈꾸게 할 수 있을지를 고민하고 좋은 영향력을 미치기 위해 어떤 노력을 할지 목표를 기록하자. 나는 선한 영향력을 미치기 위해 어떻게 할 것인가를 목표로 정해보자.

셋째, 꿈 너머 꿈

나만 잘되겠다는 생각으로는 더 크게 될 수 없다. 내가 이룬 양적 목표를 통해 어디에 기여하고 공헌할지를 생각해보는 것 자체만으로도 목표를 실행하는 데 큰 힘이 된다. 꿈 너머 꿈은 나의 양적 목표에 끊임없는 생명력과 지치지 않는 추진력을 부여해준다.

명확하고 구체적인 목표를 설정하면 대안이 나오고 실행하게 된다. 현재 상황과 우리가 꿈꾸는 목표는 괴리가 있다. 우리 인생은 결국 그 차이를 줄이는 싸움이다. 얼마만큼 줄이느냐에 따라 삶의 성취와 결과가 달라진다. 현재를 파악하고 구체적인 목표를 설정하면 목표를 달성하기 위해 실행과 행동을 할 수 있다. 목표를 달성하기 위한 대안을 찾게 된다.

전략(strategy)

너무 많은 것을 하다 보면 정작 하나도 하지 못한다. 목표가 명료하고 전략은 단순해야 한다. 단순해야 오래간다. 목표를 실행하기 위한 전략은 '더하기'가 아니라 '빼기'가 되어야 한다. 끊임없이 나 스스로에게 물어봐야 한다. 나의 목표를 위해 무엇을 포기할 것인가? 더 많이 하겠다는 욕심과 눈앞의 많은 유혹을 이겨내야 한다.

프로세스(process)

가슴 뛰는 비전과 이를 실행하기 위한 목표를 정했다면 목표를 세분화, 즉 실현 가능한 상태로 잘게 쪼개는 작업을 해야 한다. 이 작업이 바로 프로세스다. 제목은 3P 원칙을 적용해서 인칭(personal) 시점, 긍정문(positive), 현재형(present)으로 적고, 각 단계별 프로젝트를 처음 시작한 날짜(α)와 완료한 날짜(Ω)를 적는다.

| 나는 (6)년 뒤 순자산 (10)억 원을 만든다 |

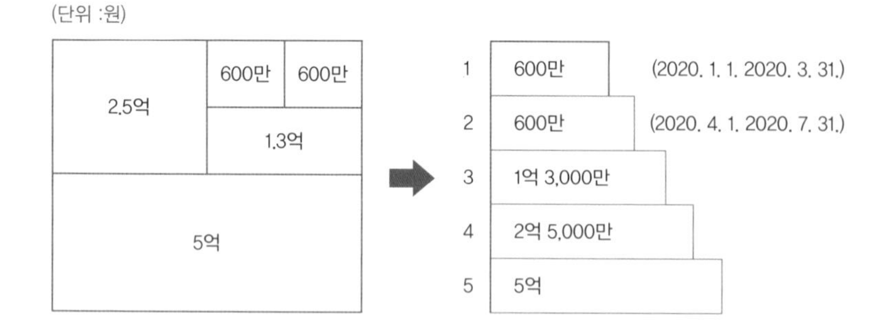

목적이 분명한 삶은 나를 행복하게 만든다

내 집 한 채면 안락한 삶을 사는 데 전혀 지장이 없는데 굳이 피곤하게 미션, 비전, 목표, 전략, 프로세스를 세워야 하는가? 너무 거창하고 의미 없고 불가능해 보인다는 생각이 드는가?

아니다. 당신이 과소평가하고 있는 내 안의 무한한 잠재력의 거인을 깨우자. 힘들고 돈이 없을수록 크게 생각하자. 그것이 당신을 보다 나은 세계로 이끄는 힘이 된다. 힘들 때 내디딘 한 발이 당신을 더 여유 있는 삶으로 이끄는 원동력이 된다.

일단 가능성을 의심하지 말고 적어보자. 적기만 해도 절반은 이루어진다는 놀라운 사실을 기억하면서 함께 재테크가 아닌 부동산 사업을 시작하자. 그 시작은 당연히 내 집 마련이다.

목적이 분명한 삶을 살면 누구보다 행복하다. 무엇을 할지 막연하게 적은 종이 한 장이 내 눈에 계속 보인다면 명확성을 부여하고 내면의 열정을 끌어낸다. 열정은 문제를 돌파하고 이루게 하는 힘이 되어, 목적이 이끄는 긍정의 삶으로 나를 서서히 변화시킨다. 내면의 소리에 귀를 기울이고 내 안의 욕구를 발산하기 위해 지금 움직이자. 목적이 분명한 삶은 나를 행복의 세계로 이끌어줄 것이다.

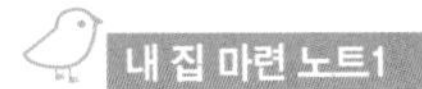

내 꿈을 마련하기 위한 목표 설정하기

적자생존! 적어야 살고 적으면 이루어진다.

마크 매코맥(Mark McCormack)이 《하버드 MBA에서도 가르쳐주지 않는 것들》에서 언급한 연구 결과는 우리에게 많은 것을 시사한다.

1979년 하버드 경영대학원 졸업생들에게 "명확한 장래 목표를 설정하고 기록한 다음 그것을 성취하기 위해 계획을 세웠는가?"라고 질문했더니 대다수인 84%는 학교를 졸업하고 여름을 즐기겠다는 것 외에는 구체적인 목표가 전혀 없었다. 13%는 목표는 있었지만 그것을 종이에 직접 기록하지는 않았고, 나머지 3%만이 목표를 세우고 종이에 기록했다.

10년 후인 1989년에 연구자들은 그 질문 대상자들을 다시 인터뷰했다. 목표는 있었지만 그것을 기록하지 않았던 13%는 목표가 전혀 없었던 84%의 졸업생들보다 평균 2배의 수입을 올리고 있었다. 그리고 놀랍게도 명확한 목표를 기록했던 3%의 졸업생들은 나머지 97%의 졸업생들보다 평균 10배의 수입을 올리고 있었다.

분야를 막론하고 탁월한 성과를 내는 사람은 대개 기록을 잘한다. 머릿속에 떠오른 생각을 정리하는 행위인 기록은 지성을 높이고 잠재의식을 일깨워 무한한 가능성에 현실성을 부여한다.

> 글을 쓰는 것은 시신경과 운동 근육까지 동원되는 일이기에
> 뇌리에 더 강하게 각인됩니다.
> 결국 우리 삶을 움직이는 것은 우리의 손인 것입니다.
> 목표를 적어 책상 앞에 붙여두고 늘 큰 소리로 읽는 것,
> 그것이 바로 삶을 디자인하는 노하우입니다.
> – 호아킴 데 포사다, 《마시멜로 이야기》, 《난쟁이 피터》 저자

기록은 우리 행동을 지배한다. 나는 강의할 때 우스갯소리로 '적자생존'이란 단어를 따라 해달라고 부탁한다. 이제는 적는 자가 살아남는 시대가 되었다. 우리는 무분별한 정보 과잉의 시대에 살고 있다. 내가 직접 적는 것만이 기억되기 때문에 배

운 것을 메모하고, 떠오른 순간의 아이디어를 포착하거나, 삶을 기록하는 것의 중요성은 아무리 강조해도 지나치지 않다.

특히 내가 꿈꾸는 목표를 적는 것이 중요하다. 목표를 생각하고 적는 행위만으로도 절반은 이룬 것이다. 구체적인 목표를 글로 적고 큰 소리로 읽으면 나의 잠재의식은 이를 각인한다. 이런 사소한 노력은 정성이 필요한 일이다. 이런 정성을 지속하는 사람은 소수에 불과하다. 그 소수가 삶을 꿈꾸는 대로 디자인하고 성취한다.

기록은 '미래 기억'을 형성한다. 기억은 과거지만 단어 앞에 미래를 갖다 붙이면 그것은 강력한 '다짐'이 된다. 기록은 다른 말로 다짐이다. 운동선수들이 이미지 트레이닝을 하는 것도 미래 기억과 관련이 깊다. 다짐을 넘어, 이미 이룬 것처럼 상상하며 지금의 내 역량을 최대치로 끌어올리는 것이다. 기록의 가장 중요한 의미이자 가장 큰 기대는 바로 '다짐'과 '실천'이다. 쓰면 다짐하고, 다짐하면 실천할 가능성이 높다. 물론 개인차가 있다. 모두 목표를 기록한다고 성공하는 것은 아니지만 그럴 확률이 높다는 것은 누구도 부인할 수 없다.

내면에 잠재된 무한한 가능성에 현실성을 부여하고, 내 꿈을 실현하는 데 날개를 달아줄 도구와 이용 방법을 소개하겠다. 일취월장한 나의 모습을 상상하며 반드시 사용해보길 바란다.

양적 목표의 구체화, 목표 매트릭스와 마법의 사다리

내가 꿈꾸는 목표를 종이에 적고 늘 눈에 보이는 곳에 두고 보면, 목표가 시각화되어 '미래 기억'으로 인지되고, 다짐과 실천을 할 수 있도록 추진력을 불어넣는다. 목표를 실현 가능한 상태로 잘게 쪼개는 프로세스는 큰 목표를 세분화하는 작업이다. 이것이 목표 매트릭스와 마법의 사다리다.

먼저 나는 몇 년 뒤에 순자산 얼마를 만들겠다고 하는 양적 목표를 세워야 한다. 예를 들어 6년 뒤 10억 원을 모으겠다고 정했다면, 가능할까를 의심하지 말고 먼저 정사각형을 그려보자. 그리고 절반을 나눈다.

(A)에 목표한 10억 원의 절반인 5억 원을 적는다. 반을 나눈 윗부분을 또 반으로 나눈 후 왼쪽 칸인 (B)에 5억 원의 절반에 해당하는 2.5억 원을 적는다. 오른편 사각형도 반으로 나누고 하단부(C)에 2.5억 원의 절반인 1.25억 원을 쓴다. 편의상 1.3억 원이라고 작성하면 오른쪽 상단의 사각형 나머지 부분(D, E)은 1.2억 원이 된다. 이를 절반으로 나눈 6,000만 원을 각각의 칸에 작성한다.

이것이 나의 양적 목표를 도식화한 목표 매트릭스다. 목표 매트릭스 안에 적은 금

| 목표 매트릭스 |

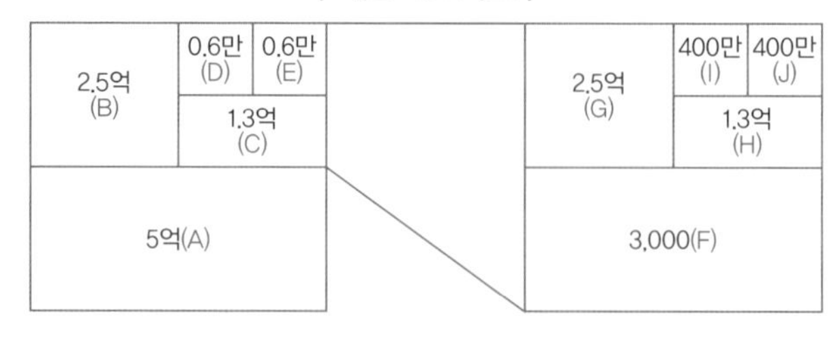

| 마법의 사다리 |

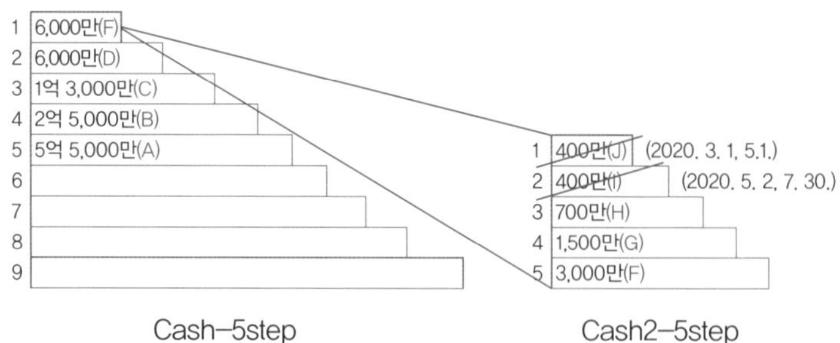

액을 모으면, 내 인생의 순자산 목표를 달성하게 된다. 10억 원이라는 목표가 지금 당장은 크고 불가능해 보일지라도 잘게 쪼개서 6,000만 원부터 시작하면 10억 원이라는 정상까지 올라갈 수 있다. 6,000만 원도 적은 금액이 아니다. 그러면 앞서 말한 대로 오른쪽에 정사각형을 그리고 절반씩 나눠 가장 작은 단위인 400만 원부터 시작하게 된다.

각각의 목표 매트릭스 아래 사다리를 그리고 오름차순으로 금액을 기입한다. 이를 '마법의 사다리'라고 한다. '목표 매트릭스'를 한 단계 한 단계 올라가게 하도록 도식화한 것이다. Cash2 사다리 맨 위에 가장 적은 단위인 400만 원을 적고 그다음 목표인 400만 원, 700만 원, 1,500만 원, 3,000만 원을 순서대로 적어 내려간다.

괄호 안의 2020년 3월 1일은 400만 원을 모으기 시작한 날이고, 5월 1일은 400만 원을 모은 날짜다. 목표를 달성했다면 금액을 적은 칸에 빗금을 친다. 그다음 날 다시 목표한 금액을 모으기로 시작한 날을 쓰고 목표에 도전한다. 10억 원은 큰 목표지만 잘게 쪼개서 400만 원씩 우직하게 도전해가면 가능한 목표가 된다.

목표를 쪼개자! 꾸준히 그리고 묵묵히 하다 보면 어느덧 산의 정상에 올라가게 되어 있다. 게임이 재미있는 이유는 판을 깨고 올라가는 것이 눈에 보이기 때문이다. 목표를 깨고 나가는 성취감이 있기에 중독된다. 나의 양적 목표를 종이에 작성하고 이렇게 도전해보자. 나의 목표에 중독되어 인생에 열정과 활력을 불어넣을 것이다.

작은 것이 모여 큰 것을 이룬다. 오타니 쇼헤이의 만다라트

몸관리	영양제 먹기	FSQ 90kg	인스텝 개선	몸통 강화	축 흔들지 않기	각도를 만든다	위에서부터 공을 던진다	손목 강화
유연성	몸 만들기	RSQ 130kg	릴리즈 포인트 안정	제구	불안정 없애기	힘 모으기	구위	하반신 주도
스테미너	가동역	식사 저녁 7숟갈 아침 3숟갈	하체 강화	몸을 열지 않기	멘탈 컨트롤	볼을 앞에서 릴리즈	회전수 증가	가동력
뚜렷한 목표·목적	일희일비 하지 않기	머리는 차갑게 심장은 뜨겁게	몸 만들기	제구	구위	축을 돌리기	하체 강화	체중 증가
핀치에 강하게	멘탈	분위기에 휩쓸리지 않기	멘탈	**8구단 드래프트 1순위**	스피드 160km/h	몸통 강화	스피드 160km/h	어깨 주변 강화
마음의 파도 안 만들기	승리에 대한 집념	동료를 배려하는 마음	인간성	운	변화구	가동력	라이너 캐치볼	피칭 늘리기
감성	사랑받는 사람	계획성	인사하기	쓰레기 줍기	부실 청소	카운트볼 늘리기	포크볼 완성	슬라이더 구위
배려	인간성	감사	물건을 소중히 쓰자	운	심판을 대하는 태도	늦게 낙차가 있는 커브	변화구	좌타자 결정구
예의	신뢰받는 사람	지속력	긍정적 사고	응원받는 사람	책 읽기	직구와 같은 폼으로 던지기	스트라이크 볼을 던질 때 제구	거리 상상하기

작은 물줄기 하나하나가 모여 큰 바다로 흐르듯 나의 작은 행동들이 커다란 목표를 향해 뻗어나가는 모습을 통해 꿈의 실현에 더 가까워지는 자신의 모습을 확인할 수 있다.

'포기하지 않는 나'는 명확한 목표를 인지하고 작은 행동을 꾸준히 이어갈 때 비로소 만들어진다.

앞의 표는 현재 미국 메이저리그에서 맹활약 중인 야구선수 오타니 쇼헤이가 고등학교 1학년 때 작성한 목표 달성표인 만다라트(mandart) 예시다. 오타니는 고 1

때부터 구체적인 목표를 설정하고 꾸준히 노력했다고 한다. 현재의 활약이 단순한 운으로 이루어진 것이 아님을 짐작할 수 있다.

다음과 같은 순서로 작성해보자.

- 가장 가운데 위치한 사각형에 자신이 이루고자 하는 최종 목표를 적는다.
- 가운데 사각형을 둘러싼 8칸에는 목표를 현실화할 실천 계획을 키워드 중심으로 적는다.
- 8개의 행동 계획을 주변으로 확장해 그것을 둘러싼 각각의 8칸에 그 하위 목표를 달성하기 위한 세부 실천 계획을 나열한다.

만다라트는 가로, 세로 9칸씩 총 81칸의 사각형들로 이루어져 있다. 한가운데 하나의 목표 또는 나의 존재 이유 등을 기입해보자. 이를 실천하기 위해 구체적인 행동을 적는 과정에서 자신과 꿈에 대해 진지하게 들여다볼 수 있다.

| 부동탁의 만다라트 |

2019. 7. 1.

크라운 재정 교육	재능 기부	왕의 재정 구체화	집뽀TV	드림컴퍼니	행부	멘토링	내 꿈을 실현하는 부동산 스터디 '내꿈스' 수료자 5,000명	집뽀 특강 활성화 (1만 명에게 좋은 영향력)
하승자 장학금 연 1억 원	꿈 너머 꿈	스타트업 창업가 100명 후원	2030 세대들의 자기계발 문화 만드는 데 공헌	내집마련 아카데미	내꿈스	멘토 100 프로젝트 (멘티 정예화)	인재 양성	최종민 이진형 성장 (8년 뒤 독립)
작은 도서관 10곳 짓기	선교사 100명 후원 (중국 복음화)	십일조	멘티들의 성장 플랫폼	북동산	멘티들의 재능 기부 플랫폼	행부 1,000명	내 집 마련 1,000명 기여	집뽀TV 구독자 100만
같은 것을 다르게 보는 통찰	전화위복	목표 지향 GRIT	꿈 너머 꿈	내집마련 아카데미	인재 양성	빌딩 스터디	자본금 300억	상권 스터디
따뜻한 인간미	마인드	Think Big Act Big	마인드	나는 '꿈멘토'로서 주변 사람들이 꿈에 도전하고 재정적인 자유를 달성할 수 있도록 기여한다.	셰어하우스 '내꿈스'	내꿈스 과정 교육 이수	셰어하우스 '내꿈스'	동역자 만나기
범사에 감사	긍정의 사고	우선순위 사고	운	순자산 1,000억 (2038년)	자기경영	셰어하우스 관련 강의 듣기	서울·경기 역세권에 10호점 운영	커뮤니티·문화 만들기
칭찬·격려	감성 경영자	먼저 인사하기	연 10억 부동산 현금흐름	분기별 3R아파트 1채씩 매입	부동산 전문가 (주택·빌딩)	중국어 (1일 1문장)	동영상 제작 공부	2년에 1권 출간
나눔·배려	운	그럼에도 감사	기본소득 월 1,000만 원 시스템	순자산 1,000억 (2038년)	외부 강의 듣기 (월 1회)	7330운동	자기경영	독서 1,000권 독파
용서·포용	확신의 기도	솔선수범	C소득 월 300만 원	꼬마빌딩 10채	인사이트 노트 작성	아침 명상	100개 도시 견문록 작성	명화 감상

81칸을 채우기가 결코 만만한 작업이 아니다. 하지만 채우기만 해도 엄청난 일이 벌어진다. 미래를 진지하게 고민하기 때문이다.

나는 목표 매트릭스와 마법의 사다리, 만다라트를 아침에 일어났을 때와 잠자리에 들기 전에 반복해서 소리 내어 읽는다. 한번 도전해보기 바란다. 마법과도 같은 일들이 내 눈앞에 펼쳐지는 것을 직접 경험할 것이다. 꿈이 있고 목표가 명확한 사람은 절대 방황하지 않는다. 내면의 소리에 귀 기울이고 미래를 생각하면서 빈칸을 한번 채워보자.

| 만다라트 |

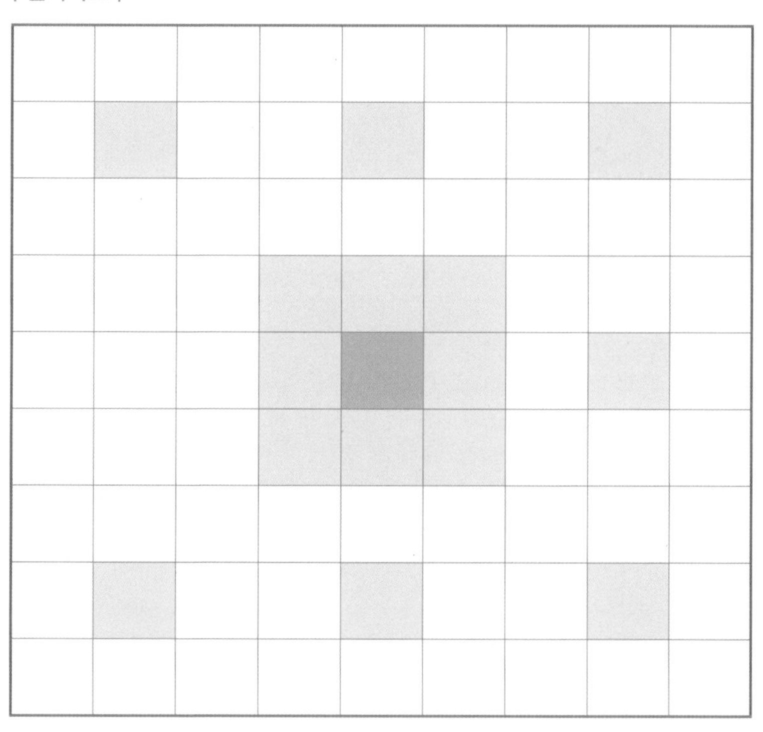

2장

지금 바로 내 집 마련 플랜을 세워라

왜 지금 사야 할까?

부자만 '부동산'으로 돈 버는 우리나라

2019년 12월, 통계청, 금융감독원, 한국은행이 공동으로 '2019년 가계금융·복지조사' 결과를 발표했다. 전국 2만 표본 가구를 대상으로 실시한 2019년 우리나라 가계의 자산 평균이자 결과치인 셈이다. 전체 가구 소득을 5분위로 나누었는데 5분위는 상위 20%, 1분위는 하위 20%에 해당한다. 이 자료는 시사하는 바가 크다.

2019년 전체 가구의 평균 순자산(가구의 자산에서 부채를 뺀 액수)은 3억 5,281만 원으로 1년 전(3억 4,368만 원)보다 2.7% 증가했다. 하지만 하위 20%(1분위)의 순자산은 뒷걸음쳐(-3.1%) 상위 20%(5분위)와의 자산 격차가 벌어졌다. 전체 가구 순자산에서 상위 20% 가구가 보유하고 있는 순자산 비중도 확대되어 하위 20%와의 자산 격차가 더 벌어지는

| 소득 5분위별 가구당 순자산 보유액 및 점유율 |

(단위 : 만 원, %, %P)

구분		전체	1분위	2분위	3분위	4분위	5분위
평균	2018년	3억 4,368	1억 1,909	1억 9,783	2억 8,230	3억 7,555	7억 4,346
	2019년	3억 5,281	1억 1,535	2억 45	2억 8,811	3억 9,053	7억 6,950
	증감률	2.7	−3.1	1.3	2.1	4.0	3.5
점유율	2018년	100.0	6.9	11.5	16.4	21.9	43.3
	2019년	100.0	6.5	11.4	16.3	22.1	43.6
	전년 차	−	−0.4	−0.2	−0.1	0.3	0.3

출처 : 통계청, '2019년 가계금융·복지조사'

'부의 불평등' 현상이 발생하고 있음을 알 수 있다.

자산 유형별 가구당 보유액을 살펴보면 5분위 가구의 평균 자산은 9억 4,663만 원으로 1분위 가구 평균 자산 1억 3,146만 원의 7.2배로 나타났다. 1년 전(6.8배)보다 확대된 것이다. 그만큼 자산 양극화가 심화됐다는 의미다.

이런 자산 양극화에 가장 큰 역할을 한 것은 바로 부동산이다. 순자산 기준으로 5분위의 자산 가운데 부동산 비중이 78.9%에 이른다. 1분위는 부동산 비중이 39.9%에 불과하다. 실물자산인 부동산을 많이 보유한 5분위 고소득층은 집값 상승 등으로 자산이 계속 불어난 것이다. 이와 달리 불어나는 자산이 없는 저소득층의 소득은 감소할 수밖에 없다. 상위 20%와 하위20% 간의 부의 불평등과 자산 양극화의 차이는 바로 부동산이다.

우리나라 부자들의 80%는 부동산으로 부를 키웠다. 즉, 우리나라 부자는 부동산 부자다. 이 말은 곧 '부(富)'를 논할 때 부동산 투자를 빼

| 자산 유형별 가구당 보유액, 구성비 |

(단위 : 만 원, %)

구분		자산	금융자산			실물자산				기타
			금융자산	저축액	전·월세 보증금	실물자산	구성비	부동산	거주주택	
전체		43,191	10,570	7,873	2,697	32,621	75.5	30,379	17,933	2,242
소득 5분위별	1분위	13,146	3,019	1,946	1,074	10,126	77.0	9,874	6,755	252
	2분위	23,780	5,626	3,813	1,813	18,154	76.3	17,121	11,291	1,033
	3분위	35,464	8,637	5,957	2,680	26,827	75.6	24,760	15,572	2,067
	4분위	48,891	11,874	8,590	3,284	37,017	75.7	34,170	20,933	2,847
	5분위	94,663	23,692	19,059	4,634	70,971	75.0	65,961	35,108	5,009
순자산 5분위별	1분위	3,252	1,954	818	1,136	1,299	39.9	935	614	364
	2분위	12,940	5,382	2,740	2,643	7,558	58.4	6,521	5,245	1,037
	3분위	26,417	7,739	5,014	2,725	18,678	70.7	16,816	13,223	1,862
	4분위	46,225	10,994	8,466	2,528	35,231	76.2	32,636	22,901	2,595
	5분위	127,111	26,781	22,327	4,454	100,330	78.9	94,979	47,677	5,351
입주 형태별	자가	56,444	9,692	9,692	–	46,753	82.8	43,936	29,318	2,817
	전세	41,242	23,952	7,790	16,162	17,291	41.9	15,582	–	1,708
	기타 (월세 등)	12,547	5,762	3,574	2,188	6,786	54.1	5,642	–	1,144

출처 : 통계청, '2019년 가계금융·복지조사'

고 말할 수 없다는 것이다. 부동산 투자는 그렇게 멀고 어려운 개념이 아니다. 내가 사는 집 하나에서 시작하는 것이다. 부자들 역시 모두 내 집 마련에서 부동산 투자를 시작했다. 내 집 마련은 결코 여유 있는 사람들의 전유물이 아니다. 내 집 마련은 오히려 돈이 없을수록 나이가 어릴수록 관심을 가져야 한다.

'내 집 마련'에는 타이밍이 없다

빠르게 오르는 집값, 부의 양극화를 초래하는 부동산은 절대 저축만으로는 살 수 없다. 중요한 것은 우리 인생에서 부동산 가격이 쌌던 적이 단 한 번도 없었다는 사실이다. 최근 부동산 가격, 특히 서울의 부동산 가격이 많이 올랐다. 지금 서울 집값이 떨어진다면 내 집을 마련할 수 있을까? 절대 그럴 수 없다.

이상하게 우리가 사려고 하는 물건은 가격이 떨어지거나 세일을 하면 사고자 하는 욕구가 커지지만 부동산은 이야기가 다르다. 가격이 올라야 비로소 관심을 갖고, 가격이 폭등할수록 못 사서 안달이 난다. 상승 랠리의 열차에 탑승하지 못할까 봐 불안해하며 전전긍긍한다. 그리고 집값이 오른 지역에만 관심을 둔다. 신기한 점은 집값이 안정되거나 떨어지면 오히려 우리의 관심을 벗어난다는 것이다. 주택가격 조정기에는 가격의 바닥을 찾으려다 보니 매수를 망설이게 된다. 기다리면 더 떨어질 것만 같다. 바닥에 사고 싶은 것이 사람의 심리다. 바닥은 언제일까? 그러면 어느 시점에 사야 정답일까?

바닥은 지나봐야 알 수 있다. 그 누구도 예측할 수 없다. 전문가도 알 수 없다. 미래는 예측하는 것이 아니라 대응하는 것이다. 가격 조정기에는 집값이 더 내리면 사겠다는 생각보다는 집값이 오르기 전에 미리 대비한다는 생각이 훨씬 현명한 선택이다. 또한 부동산 가격 상승기에는 집값이 많이 올랐다고 해서 최고점에 산 것이 아닌가 하는 불안감과 상투를 잡은 것이 아닌지 염려할 필요 없다. 대출을 무리해서 사지 않으면 된다. 버틸 수 있기 때문이다. 올해, 내년 부동산 가격이 어떻게 될까를 고민하면 절대 사지 못한다. 내가 사면 떨어질까 오를까를 고민하지 말고 이 사실을 반드시 기억하자.

2030년 부동산 가격은 2020년보다 높을 것이다.

10년이라는 긴 안목으로 부동산을 바라봐야 한다. 최소 10년은 팔지 않을 집을 마련하는 것이 내 집 마련의 정석이다. 부동산 투자는 타이밍이다. 하지만 내 집 마련에는 타이밍이 없다. 내 집 마련을 서둘러야 할 가장 큰 이유는 갈수록 내 집을 마련할 수 있는 기회가 적어지기 때문이다. 서울 시내 집값은 매년 물가상승률 이상 오르고 있으며, 월급을 모아서 집을 산다는 것이 갈수록 힘들어지고 있다. 내 집 마련은 시간이 지날수록 점점 더 어려워진다.

내 집은 여력이 되는 범위 내에서 가장 좋은 곳에 사면 된다. 내 집 마련은 나의 자산을 담는 그릇이라고 이해해야 한다. 투자의 관점에서 시세차익을 거두는 것도 의미 있지만 더 나아가 부동산으로 저축을 하는 개념이라고 생각을 바꾸자.

내 집 마련은 은행 금리보다 수익이 높거나 더 안전한 곳에 넣어두는 것이다. 안전하다는 것은 돈의 가치가 하락하는 것을 방어한다는 의미다. 금고에 1억 원을 넣어두면 10년 뒤에는 1억 원 그대로이지만, 돈의 가치가 떨어지는 것을 방지하기 위해 실물자산에 투자하는 것이다.

늘 그랬지만 내 집 마련은 선택의 문제가 아닌 필수다. 내 집을 갖게 되는 순간부터 삶이 조금씩 달라진다. 전세 만기가 다가오면 '이번에는 집주인이 얼마나 올려달라고 할까'를 걱정하는 '세입자 마인드'에서 '다음에는 어디에 어떤 집을 살까, 자산을 어떻게 불릴까'를 고민하는 '경영자 마인드'를 갖게 된다.

내 집 마련의 시기는 집값이 떨어질 때가 아닌 바로 지금이다. 지금은 실물자산인 부동산을 꾸준히 공부하고 안목을 키우면서 준비할 때다. 지금이 바로 욘스(YAWNS)의 시작이다.

먼저 목적을 분명히 하자

이유 없이 싼 집은 없다

부동산을 잘 모르는, 소위 부알못(부동산을 잘 알지 못한다는 신조어), 부린이(부동산+어린이를 합친 말)들이 집을 알아볼 때 가장 큰 문제는 돈이 없다는 생각에 무조건 싼 집만 찾는다는 것이다. 가격이 싼 데는 다 이유가 있다. 단지 내가 모를 뿐이다. 이유 없이 싼 집은 절대 존재하지 않는다. 물론 급매의 경우 가격 메리트가 충분히 있다. 급매라면 가격이 왜 싼지 그 이유를 파악하는 것이 중요하다. 가격이 저렴하다고 미래 가치가 없는 집을 덜컥 샀다가는 향후 물가상승률보다 역행할 수 있다.

돈이 없을수록 더욱 가치 있는 집을 고르는 안목을 키우고, 그 집에 살면서 자산의 크기를 키울 생각을 해야 한다. 같은 돈이 들더라도 향후 더 오를 가능성이 높은 집을 사고, 비용이 조금 더 들 경우 내가 가용할 수 있는 레버리지 비율을 최대한 끌어올려 가치가 있는 집에서 살기 위해 오래도록 인터넷을 검색하는 손품과 현장을 샅샅이 다녀보는 발품을 팔아야 한다.

실거주인가, 투자인가?

'실거주'가 우선이라면 집과 직장, 학교와의 거리는 물론 교통 환경, 편의시설, 공원 등을 고려해 지역을 고르고, 그중에서 가장 거주하기 좋은 부동산을 선택하는 것이 좋은 방법이다.

특히 직주근접성(職住近接性)이 좋은 주택을 선택해야 한다. 주 5일제, 주 52시간 근무, 워라밸(Work Life and Balance) 등의 영향으로 직장과 가까운 거리에 거점을 확보하는 것이 중요하다. 최근에는 미세먼지 영향으로 쾌적한 주거 환경에 대한 관심이 높아지면서 공원이나 숲 가까운 곳과 한강변 등이 실거주하기 좋은 지역으로 손꼽힌다.

생활환경과 같은 외부적인 요인 외에 내부적인 주거 공간의 안락함을 살펴볼 때 층, 향, 동, 일조권, 조망권, 내부구조, 커뮤니티 시설 등 안락하게 생활하는 데 영향을 주는 것들을 하나씩 살펴봐야 한다. 그 후 매매를 할지, 전세로 구할지 자금 계획을 세워야 한다.

'투자'가 우선이라면 당연히 시세차익을 고려해야 한다. 사용가치도 중요하지만 투자가치가 더 중요하다. 즉, 생활환경과 거주의 안락함보다는 주변 지역의 부동산 개발 호재, 투자 타이밍이 우선시되어야 한다. 새로운 교통망이 생기는 것 외에 미래가치가 반영될 것이라는 사실, 가격이 저평가되었다는 점도 호재로 작용할 수 있다.

사회초년생이나 신혼부부들이 직주근접성이 좋은 주택을 구매하려면 목돈이 드는 경우가 많다. 실거주와 투자의 목적을 겸비할 수 있다면 가장 이상적이겠지만, 그렇지 못하더라도 좌절하지 말자. 실거주와 투자를 분리할 수도 있다. 직주근접성이 좋은 지역에 아파트를 전세로 구하고 나머지 돈으로 반드시 투자를 해야 한다. 이때 전세자금대출을 이용해보자. 정부기관을 통해 보증서를 발급받으면 시중은행에서 전세보증금의 80%까지 융자해준다. 무주택자인 경우 전세자금대출에 제약이 없으니 이 제도를 적극적으로 활용해보자.

투자 대상 지역에 있는 부동산 중개사와 친해지면 도움이 된다. 그 지역에 대해 가장 많은 정보를 가지고 있는 사람이 바로 중개사다. 친해져서 나쁠 것이 없다. 내가 살고 있는 곳의 매매가와 전세가는 어떠한지, 평당 가격은 변화가 있는지, 이 지역의 호재나 악재는 무엇인지, 집값의 변화가 있었다면 무엇이 영향을 미친 것인지 등을 생각하고 중개사와 대화를 나눠보면 좋은 참고가 된다. 사전에 손품을 팔아 정보를 먼저 습득하고 해당 지역 중개사에게 사실 여부를 확인해보자. 특히 전세 수요가 많은 단지가 어디이고, 주변에 엄마들이 어느 초등학교를 선호하는지를 아는 것이 투자의 중요 포인트다.

주택의 종류

아파트, 단독주택, 다가구주택, 다세대주택, 상가주택, 연립 등 여러 가지 유형 중 어떤 주택을 원하느냐에 따라 구입 자금과 필요한 대출금액 등 여러 가지 조건들도 달라진다. 그렇기 때문에 구체적으로 내 집 마련의 목적이 무엇인지를 분명히 할수록 내 집 마련 시점이 앞당겨질 수 있다. 우선 주택의 종류를 구분해보자.

공동주택이란 건축법에서 '하나의 건축물의 벽·복도·계단·그 밖의 설비의 전부 또는 일부를 여러 세대가 공동으로 사용하면서 각 세대마다 독립된 생활이 가능한 구조로 된 주택을 말한다.' 아파트, 연립주택, 다세대주택, 기숙사 등이 공동주택에 해당된다.

출처 : 서울특별시 도시계획국

- 아파트 : 주택으로 쓰이는 층수가 5개 층 이상인 주택.
- 연립주택 : 주택으로 쓰이는 1개 동의 바닥 면적(2개 이상의 동을 지하주차장으로 연결하는 경우에는 각각의 동으로 본다)의 합계가 660m²(200평)를 초과하고, 층수가 4개 층 이하인 주택.

- 다세대주택 : 주택으로 쓰이는 1개 동의 바닥 면적의 합계가 $660m^2$(200평) 이하이고, 층수가 4개 층 이하인 주택.

연립주택과 다세대주택은 건축 규모 연면적 $660m^2$(200평)를 기준으로 구분된다. $660m^2$를 넘으면 연립주택이고 그 이하면 다세대주택이다. 빌라처럼 보이는데 규모가 크다면 연립주택이라고 보면 된다. 빌라는 주택법상에는 없는 용어로 우리가 흔히 연립, 다세대, 다가구주택을 빌라라고 부른다.

다가구주택과 다세대주택의 차이도 구분할 줄 알아야 한다. 다가구주택은 건축법에 의한 건축물의 용도상 단독주택이고, 다세대주택은 공동주택이다. 다시 말해 다세대주택은 집주인이 여러 명이고, 다가구주택은 집주인이 1명이다. 외형적으로는 다가구주택의 경우 주택으로 사용하는 층수가 3층 이하이며, 다세대주택은 4층 이하다. 다가구주택은 호실은 여러 개지만 단독주택으로 분류하는 이유는 소유권의 차이에 따른 구분이기 때문이다.

생활의 편리성, 안전성, 시세차익을 고려한다면 아파트

내 집 마련의 목적이 거주에 초점을 맞추고 있으면서 잘 갖춰진 생활환경의 편리성을 추구하는 경우라면 아파트를 선택하는 것이 좋다. 학군, 관공서, 쇼핑 시설, 의료 시설은 물론 편리한 대중교통망을 갖추고 있기 때문이다. 그뿐만 아니라 주택 경기가 호황일 경우 다른 주택

유형들에 비해 가격 상승 폭이 크고, 반대로 주택 경기가 불황일 경우에는 다른 주택 유형들에 비해 가격 하락 폭이 적다.

우리나라에서 아파트는 현금과 유사하다. 시세가 표준화되어 있기 때문에 안전성, 환금성이 매우 뛰어나다. 단, 연립, 다세대주택이나 소규모 단독주택에 비해 금전적인 부담이 다소 크다는 것이 단점이다.

자금이 소액이라면 무리해서 아파트만 고집할 필요 없다. 1~2인 가구 증가에 따라 아파트 구조를 갖춘 1.5룸 또는 투룸 이상의 오피스텔(흔히 '아파텔'이라고 한다), 빌라도 아파트와 같이 입지가 좋고, 주거 상품으로서 가치가 있다면 매수하거나 투자해도 좋다. 다만 투자 원칙을 잘 숙지하고 지켜야 한다. 투자 포인트는 3장에서 자세히 소개하겠다.

불편하더라도 가격 메리트가 있는 연립, 다세대주택

미래에 좋은 아파트를 마련하기 위한 과정으로 내 집 마련을 선택하는 경우라면 다소 불편을 감수하더라도 연립, 다세대주택도 좋은 선택이다. 물론 모든 연립, 다세대주택의 주거 환경이 쾌적하지 않고 생활 편의시설이 불편한 것은 아니지만, 일반적으로 아파트에 비해 부족해서 선호도가 떨어진다.

그런데 역설적으로 이런 특성 때문에 재개발을 거쳐 최종적으로 새 아파트 입주권을 얻을 수 있는 기회를 갖게 된다. 또한 아파트나 단독, 다가구주택, 상가주택 등에 비해 저렴하게 매매나 전세를 얻을 수 있으니 보유한 자금이 여의치 않다면 좋은 선택이 될 수 있다.

하지만 아파트 입주권을 받기까지 많은 시간이 소요된다는 치명적인 단점이 존재한다. 부동산 투자를 처음 하는 초년생에게는 난이도가 상당히 있는 투자이기 때문에 접근하기 까다롭다는 점을 명심하자. 재개발 투자는 많은 경험과 공부가 필요하다.

임대수익도 원한다면 단독주택, 다가구주택, 상가주택

단독주택이나 다가구주택, 상가주택은 거주와 임대수익이라는 두 마리 토끼를 잡을 수도 있다. 퇴직금이나 목돈을 마련한 은퇴자들에게 좋은 투자 대상이다. 다만 재개발을 예상해 노후되었거나 낙후된 지역에 입지하고 있는 단독주택이나 다가구주택을 매입할 경우에는 지역을 보는 안목과 투자 경험이 필요하다.

부동산은 목돈이 많이 들어가기 때문에 가진 돈을 다 넣고도 모자라 은행에서 빌려야 한다. 그러다 보니 집값이 오르고 떨어지는 것에 민감해질 수밖에 없다. 전 재산을 들여 집을 마련한 경우에는 심리적으로 더 불안할 수밖에 없다. 이렇듯 돈이 없을수록 부동산에 대해 더 많이 공부하고 더 많은 고민을 해서 가치 있는 부동산을 결정해야 한다.

부동산 투자는 시간과 돈, 두 가지가 중요한 고려 요소다. 투자를 고려한다면 이 두 가지 요소를 잘 안배해야 좋은 수익률이 나온다. 투자 운용 기간을 어느 정도로 설정할지를 정해야 한다. 그리고 돈은 소액으로 투자할수록 수익률이 높게 나온다.

지금 얼마나 고민을 하고 있는가? 고민하는 게 문제가 아니다. 이런 고민이 없는 것이 문제다. 지금 고민을 시작했다면, 절실함과 치열함으로 한 발 나아가 보는 용기로 실천하자.

내 집 마련 플랜을 세우자

10년 마스터플랜 작성

먼저 10년에 자산 10억 원을 목표로 마스터플랜을 세우자. 불가능하다는 생각이 드는가? 그것을 떠나 내 가슴이 뛰기만 하면 그걸로 충분하다. 내가 설정한 기간 동안 얼마를 모으겠다는 총액을 정하자.

'10in10'은 재테크 열풍이 불 때 많이 회자되었던 말이다. 10년에 10억 원, 저축만으로는 10년 동안 절대 10억 원의 자산을 만들기가 쉽지 않다. 내 집 마련을 한다면 10억 원이라는 자산은 그렇게 높은 목표가 아니다. 그 시작은 작지만 위대한 것이 종잣돈이다. 종잣돈을 모으려면 그냥 아끼고 저축만 해서는 안 된다. 전략이 필요하다.

현재 나이를 기준으로 10년 단위로 계획을 세우자. 현재 35세라면 45세까지 생활비와 교육비(사교육비 포함), 각종 보험료, 주택자금, 비상

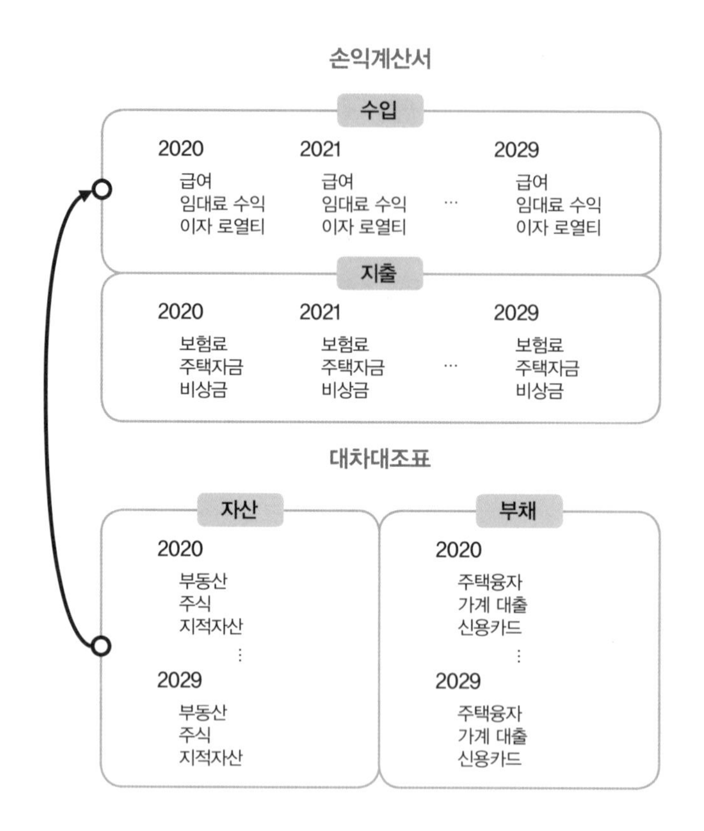

금 등을 연도별로 정리한다. 그다음 나만의 대차대조표와 손익계산서를 작성하자.

대차대조표는 현재의 자산 상태를 왼쪽에 놓고 우측에 부채와 자본을 놓는데 양쪽의 합계가 같게 만든다. 손익계산서는 해당 연도별로 수입과 지출을 나이대별로 적고, 그 손익을 누적하면 10억 원을 목표로 하는 연도의 결과를 알 수 있다.

이런 식으로 계획을 작성하고 저축하고 종잣돈을 만들어 투자하고 남은 돈으로 소비하는 저축-투자-소비 패턴을 습관화하자. 그럼 불가능할 것 같은 목표가 현실이 되어 있을 것이다.

인생에도 계획이 필요하듯이 빠른 시일에 내 집 마련을 목표로 하고 있다면 계획을 세워야 한다. 너무 먼 미래라고 생각하지 말고 세분화하여 계획을 수립하면 된다. 처음부터 호랑이를 멋지게 그리겠다는 부담은 갖지 말자. 그리다 보면 '이거 잘하면 호랑이도 되겠는데'라는 감이 온다. 포기하지 않고 그리면 고양이라도 그리게 된다. 고양이를 여러 번 그리다 보면 어느덧 멋진 호랑이를 그리고 있는 나 자신을 발견한다.

이것이 우리의 인생이다. 힘들다는 것은 패자의 변명에 불과하다. 모두가 바쁘게 일하고 시간도 없기에 시작은 힘에 부친다. 그래도 지금 당장 종이에 그려보자. 시작할 때 위대할 필요는 없다. 하지만 시작하면 위대해진다.

부동산 소액투자에 도전

나만의 대차대조표와 손익계산서를 통해 필요한 자금을 알게 됐다면 종잣돈을 만들고, 소액투자를 통해 돈을 불리는 데 집중해야 한다. 부동산 소액투자는 나중에 쉽게 팔 수 있는지 환금성 여부를 꼭 고려해야 한다. 내 집 마련 역시 사람들이 선호하는 집, 잘 팔리는 집을 구하는 것이 무엇보다 중요하다. 아파트(특히 32평 이하 소형)가 환금성 측면에서 가장 유리한 상품이다. 모든 가격이 시세화·표준화되어 있기 때문이다.

그러나 최근 수도권의 아파트 매매가격이 많이 상승해서 대출을 활용하거나 전세를 이용해서 1억 원 이하 소액으로 아파트를 사기가 녹록한 것은 아니다. 종잣돈이 1억 원 이하라면 유리한 대출 조건을 제시하는 미분양 아파트를 고르는 것도 방법이다. 계약금 인하, 중도금 대출 무이자 혜택, 무상 옵션 등 많은 혜택이 있다. 단, 아파트가 분양되지 않은 이유가 무엇인지 꼼꼼히 조사해봐야 한다.

좋지 않은 입지, 소단지로 투자가치가 없는 곳은 입주 후에도 아파트 가격이 오를 가능성이 희박하니 투자를 하지 않는 것이 좋다. 지금은 대부분 분양권 전매가 금지되어 있기 때문에 입주 시점까지 2년간 보유할 수 있는 별도의 자금 관리 일정을 마련해야 한다. 분양권 전매란 청약으로 당첨된 사람의 권리를 사고파는 것이다.

종잣돈이 2억 원 이상이라면 입주 예정 아파트 분양권을 사는 것도 좋다. 입주 10년 차 이내를 신축 아파트라고 하는데 신축 아파트의 공급 물량이 감소하는 추세에서 새 아파트의 희소가치는 당분간 계속 올라갈 것이다. 최근 신축 아파트의 상승세가 매우 가파르다.

초역세권, 업무 밀집 지역의 브랜드 소형 오피스텔도 소액으로 투자하기 좋은 상품이다. 아파트와 달리 청약통장이 필요 없고, 주택에 적용되는 까다로운 대출 규제가 없다는 장점이 있다. 계속하여 1인 가구가 늘어나는 추세이기 때문에, 소형 오피스텔은 중대형 오피스텔에 비해 공실 위험이 적어 소액으로 투자하기 좋으나, 가격만 보고 덥석 투자하면 낭패를 볼 수 있다. 저렴해도 업무 밀집 지역이 아니거나, 주변 인프라가 좋지 않고 지하철과 거리가 멀면 공실 발생 우려가 있기 때문에 매수를 안 하는 것이 좋다.

오피스텔 소액투자의 경우 세금 전략을 수립하고 매수에 들어가야 한다. 일반임대사업자를 낼지 주택임대사업자를 낼지, 보유 기간은 얼마로 할지, 목표 수익을 설정하고 투자해야 한다. 투자금이 모자라거나 나이가 어릴수록 월세를 받는 수익형 부동산이 아닌 시세 상승을 노릴 수 있는 차익형 부동산에 초점을 맞춰야 한다.

돈이 없다면 먼저 종잣돈 준비부터

종잣돈(seed money)은 '씨앗(seed)이 되는 돈'이다. 그런데 왜 돈에 '씨앗'이라는 이름을 붙였을까? 불과 60~70년 전만 해도 우리 할아버지, 할머니는 보릿고개를 겪었다. 지난가을에 수확한 농작물은 바닥이 나고 보리는 미처 여물지 않은 5~6월쯤 농가에서는 식량이 모자라 풀뿌리와 나무껍질로 주린 배를 채우던 시절에 나온 말이었다.

이 어려운 시기에 먹지 않고 고이 간직했던 것이 바로 그해 새로 심어야 하는 농작물의 종자, 즉 씨앗이다. 이 종자는 한 집안을 살릴 수도 죽일 수도 있을 만큼 중요한 자산이다. 우리가 준비해야 할 '종잣돈'은 앞으로 내 가정의 재정, 경제 상황을 윤택하게 할 수 있는 중요한 자산이다.

지금은 우리 인생에서 가장 힘들지도 모르는 시기지만, 이때가 가장 중요하다. 일단 무조건 종잣돈을 마련해야 한다. 종잣돈이 있어야 부동산이든 무엇이든 투자할 수 있고, 종잣돈을 이용해 돈이 돈을 버는 구조를 만들 수 있다. 이 구조를 만들어야 진정한 재정적 자유를 이룰 수 있다. 지금 종잣돈을 마련하는 데 게을리한다면 우리 가정의 보릿고개를 피할 수 없다.

지출을 통제하라

아직 결혼하지 않은 미혼 직장 남성, 여성이라면 지금이 종잣돈을 모을 절호의 기회다. 집안의 대소사, 양가 부모님께 드려야 하는 용돈, 늘어나는 육아비를 따지면 결혼 후보다 결혼 전이 유리하다.

하지만 결혼을 하면 혼자 있을 때보다 지출을 통제하기 용이하다는 큰 장점이 있다. 아무래도 혼자 있다 보면 많은 지출의 유혹에 빠지기 때문이다. 확실히 배우자라는 존재는 유혹에 빠지지 않도록 컨트롤을 해주는 역할을 한다. 평소 유혹에 쉽게 빠지는 사람이라면 하루빨리 결혼을 고민해보기 바란다.

미혼이든 기혼이든 어떠한 상황이더라도 빠른 시일 안에 3,000만 원을 모으겠다고 마음먹는 것이 중요하다. 1단계로 1년 내 3,000만 원을 저축하겠다고 다짐하자. 이 3,000만 원이 갖는 의미는 매우 크다. 3,000만 원을 스스로 모으는 경험을 하면 우선 나도 할 수 있다는 자신감과 용기가 생긴다. 또한 20평대 이하 소형 아파트 3억 원짜리를 매입할 때 계약금 10%로 활용할 수 있다.

3,000만 원을 모으면 2단계 목표인 5,000만 원을 모으는 데 에너지를 집중한다. 이때는 자신감이 붙었기 때문에 3,000만 원을 모으는 것보다 힘이 덜 든다. 5,000만 원이 모이면 부동산 투자를 할 수 있는 최소 단위의 자금이 마련되는 것이다. 하지만 3,000만 원, 5,000만 원을 어떻게 모으느냐가 관건이다. 노하우는 없다. 지름길도 없다. 무조건 '덜 쓰고 더 모으는 것'에 집중해야 한다.

여기에서 중요한 점은 더 모으는 것보다 '덜 쓰는 것', 즉 지출을 통제해야 한다는 것이다. 직장인 상당수가 수입보다 지출이 많다. 주요 원인 중에 하나는 바로 신용카드다. 카드대금을 갚고 다양한 혜택을 이용하는 것이 더 현명한 소비라고 생각한다. 하지만 이는 엄청난 착각이다. 일단 만들어놓고 포인트를 쌓은 다음에 안 써야지 하고 만든 카드는 반드시 써야 될 상황이 발생한다.

소비할 때 우리는 굉장히 행복감을 느낀다. 특히 신용카드로 물건을 사면 기분이 좋다. 당장 현금이 나가는 것이 아니니 물건을 살 때 마치 공짜를 얻는 듯한 착각에 빠진다. 카드사는 각종 멤버십 혜택을 제공하면서 이것을 누리지 못하면 현대사회에서 현명한 소비자가 아니라는 착각을 주입시킨다.

신용카드는 '빚'이다. 나의 신용을 이용해 한 달 전의 돈, 또는 할부 기간만큼 카드사에서 대출을 받는 부채인 것이다. 신용카드를 쓸 때 소비자의 행복한 이미지, 우아한 분위기를 각종 광고와 SNS를 통해 연출한다. 신용카드는 현대사회에서 '소비의 마약'이다. 소비는 시장경제의 윤활유 역할을 한다. 소비를 하지 않으면 사회는 돌아가지 않는다. 하지만 통제되지 않는 무분별한 소비는 우리를 파산의 늪에 빠뜨린다.

우리는 마케터(marketer, 마케팅 전문가)의 전략을 당해낼 재간이 없다. 그들은 기업에서 하루 종일 우리의 충동적인 소비를 위해 과학적으로 분석하고, 연구하는 집단이다. 날마다 사용하는 스마트폰 덕분에 우리는 '소비의 바다'라는 무분별하게 노출되는 환경에서 경제활동을 하고 있다. 당신은 지금 신용카드를 몇 장이나 가지고 있는가? 당신이 보유한 신용카드의 개수만큼 당신은 유혹에서 빠져나오지 못한다.

지출을 통제하는 첫 번째 실행은 지금 당장 모든 신용카드를 잘라 버리는 것이다. 그리고 바로 체크카드를 만들자. 신용카드만 잘라버려도 지출이 통제되고 있음을 확실히 느낄 수 있다. 신용카드의 각종 혜택은 내가 그만큼 쓰기 때문에 주어지는 것이다. 내가 신용카드를 통해 누리는 할인 혜택, 사은품, 포인트, 무료 현금 서비스는 내가 많이 썼기 때문이라는 사실을 명심하자.

지출 통제를 위한 두 번째 실행은 지금 당장 가계부를 쓰는 것이다. 성공하는 회사는 재무제표와 현금흐름표를 관리해서 회사의 자금 유동 현황을 면밀하게 파악한다. 성공하는 개인은 자신의 재무 상태를 가계부에 기록해서 수입과 지출을 관리하고, 매월 사용 현황을 결산한다.

'4차 산업혁명 시대에 가계부라니?'라고 생각한다면 여러분은 지금 부모님 세대가 사용하던 종이 가계부를 떠올리는 것이다. 종이 노트에 쓰는 것도 나쁘지 않다. 하지만 바로 그 자리에서 볼 수 있는 것이 좋다. 우리가 매일 들고 다니는 스마트폰을 가계부로 활용하면 매우 유용하다.

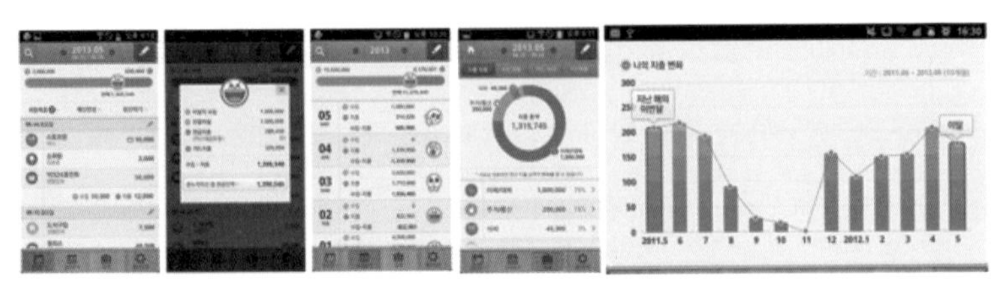

출처 : 네이버 가계부 앱

안드로이드 폰은 '네이버 가계부' 앱을, 아이폰은 '뱅크샐러드' 앱을 추천한다.

출처 : 뱅크샐러드 앱

스마트폰은 매일 들고 다니기 때문에 바로 확인할 수 있고, 체크카드와 연동해서 사용하면 지출 내용이 스마트폰에 자동으로 입력되어 매우 편리하다. 또한 월말 지출 현황을 그래프로 확인할 수 있어 나의 소비가 어디에 치중되어 있는지를 시각적으로 파악하기 용이하다.

반드시 월말 결산을 통해 나의 소비 패턴이 어떠한지를 분석하는 시간을 갖자. 월말에 회사 마감만 중요한 것이 아니라 내 재정의 월말 결산 또한 매우 중요하다.

월말마다 재정 흐름을 체크하고 있는가? 내 재무는 그 누구도 아닌 내가 관리하는 것이다. 나는 내 재정을 총괄하는 CFO(Chief Financial Officer, 최고재무책임자)이자 '나'라는 회사를 운영하는 CEO라는 점을 명심하자.

무조건 적금을 자동이체하라

연봉이 얼마인지도 중요하지만 더 중요한 것은 얼마나 저축하는가에 달려 있다. 500만 원을 벌어 400만 원을 쓰는 것보다 250만 원을 벌어 150만 원을 저축하는 생활이 더 여유 있는 미래를 만든다.

남들에게 보여지는 인생을 살기 시작하는 순간부터 내 인생은 삐걱거린다. 남이 바라보는 인생은 내 인생이 아니다. 남을 의식하는 순간 내 삶의 만족도는 떨어진다. 행복은 지극히 상대적인 가치다. 내가 무게중심을 갖고 있어야 한다. 아등바등 사는 것처럼 보이지만 꿈, 목표가 있다면 지금 당장은 조금 초라해 보일지 몰라도 미래가 창대한 길을 기꺼이 갈 수 있다.

저축-투자-소비 패턴을 유지하는 길이 부의 추월차선을 타는 방법이다. 1단계로 말한 3,000만 원 모으기를 위해서는 적금이 빠져나가도록 '시스템화'해야 한다. 시스템은 나를 부자로 만들어준다. 1단계 목표 저축액인 3,000만 원을 정하고 다음 월급날 자동이체를 해두어 '강제저축 시스템'을 즉시 세팅하자. 미혼이라면 저축 목표를 세후 수입의 최소 50% 이상으로 정하자. 자녀가 없는 기혼은 세후 수입의 최소 30% 이상, 자녀가 있다면 세후 수입의 최소 20% 이상을 저축 목표로 설정한다.

남는 돈으로 저축하는 것이 아니라 저축하고 남는 돈을 쓰는 것이다. 명심하자. 얼마를 버느냐가 중요한 것이 아니다. 얼마를 저축하느냐가 중요하다.

미혼에 세후 250만 원의 월급을 받는다면 125만 원은 적금통장에 자동이체를 해서 자신이 만져보지도 못하게 하자. 그리고 이렇게 생각하면 된다. "내 월급은 원래 250만 원이 아니라, 125만 원이다." 당분간 월 125만 원의 인생을 살자. 초라해 보이는가? 많은 사람들이 모르고 있다. 내 주위에는 자신의 월급보다 훨씬 적은 월급으로 살아가는 사람들이 많다는 사실을.

저축-투자-소비 패턴 습관화는
부의 추월차선을 타는 길이다.

충동적으로 적금 들기

습관이 우리 삶에 미치는 영향은 엄청나다. 습관은 시스템이다. 알아서 하게 하는 것이 습관이고, 이는 곧 시스템이 된다. 종잣돈을 만들기 위해서는 저축을 우선하는 습관을 몸에 익혀야 한다. 그리고 기분이 좋으면 충동적으로 소비를 하지 말고 충동적으로 적금을 들자.

나는 자주 카카오뱅크 앱을 통해 적금을 든다. 손쉽게 가입하고 재미가 있고 성취감이 있기 때문이다. '카카오뱅크 26주 적금' 상품을 주로 이용하는데 매주 1,000원씩 증액해 26주 동안 저축을 하는 적금 상품이다. 가입 금액은 1,000원, 2,000원, 3,000원, 5,000원, 1만 원 중에 고를 수 있다.

출처 : 카카오뱅크 앱

예를 들어 매주 1만 원씩 적금하면 마지막 달에는 매주 20만 원 이상 자동이체가 된다. 만기 시에는 351만 원이 모인다. 5,000원씩 적금하면 175만 5,000원이다. 마지막 달까지 유지하기가 만만하지는 않다. 하지만 재미를 통해 성취감과 자신감을 얻는다. 성취가 누적되면 나도 할 수 있다는 자신감이 생긴다. 재미-성취-자신감 형성의 패턴을 기억하자. 적금은 짧은 기간 동안 불입하고 자주 가입하는 것이다.

적금은 이자 수입을 기대하는 것이 아닌 돈을 담아두어 쓰지 않게 하는 '사발 효과'를 노리는 것이다. 사회초년생이라면 필수적으로 청약종합저축과 연말정산 시 세액공제가 가능한 연금저축상품을 꼭 가입

출처 : '금융상품한눈에'사이트 메인 화면

하자. 금융감독원이 운영하는 '금융상품한눈에' 사이트에 가면 은행과 증권사에서 판매하고 있는 예금과 적금, 펀드, 대출 등 다양한 상품을 손쉽게 비교해볼 수 있다.

2단계 저축 목표인 5,000만 원이 많을 수도 있지만 5,000만 원이라는 종잣돈은 나의 미래를 바꿔놓을 씨앗이 된다. 이 돈을 활용해서 5억 원짜리 아파트 분양권의 계약금 10%에 보태거나, 전세금을 지렛대로 활용하여 전세가 3억 5,000만 원인 4억 원짜리 아파트를 매매가와 전세가의 차액인 5,000만 원을 주고 투자할 수도 있다.

한 가지를 얻으려면 한 가지를 희생해야 한다. 기존의 타성과 틀을 깨고, 두려워 말고 과감히 실행하자. 남에게 보여지는 거짓, 위선, 가식, 핑계라는 소비에서 과감히 뛰쳐나와 무조건 인생의 종잣돈을 만드는 '선택'을 하자. 종잣돈의 크기를 키우는 것은 미래의 희망을 키우는 일이다.

어디에 사야 잘 산 걸까?

부동산 트렌드를 파악하자

저축-투자-소비 패턴을 유지하면서 어디에 부동산을 사야 할지를 고민해야 한다. 좋은 부동산 투자처를 보는 눈은 하루아침에 생기지 않는다. 미래를 보는 안목을 서서히 만들어나가야 한다. 직장을 다니지만 평일 저녁이나 주말 부동산 강의도 찾아서 들어야 하고, 현장도 다녀야 한다. 식견을 넓혀줄 관련 책도 봐야 하고, 나보다 경험이 많은 사람과 교류하며 시간과 에너지를 그만큼 투자해야 얻을 수 있다.

전셋집을 구한다면 미래가치와 상관없이 살기 편한 지역을 선택해도 괜찮다. 전세금은 돌려받을 수 있기 때문에 위험 부담이 크지 않다(물론 돌려받는 전세금은 화폐의 교환가치가 떨어지기 때문에 기회비용이 크다). 내 집을 마련하기 위해서는 거주가치도 있으면서 사두면 가격이 상대적으로 더 오를 만한 물건에 투자해야 한다. 또한 미래가치는 있지만 상대적으로 저평가된 곳을 볼 줄 알아야 한다. 미래가치를 보려면 상상력이 필요하다.

어디에 사야 할지 고민하기에 앞서 제대로 된 부동산 투자를 하기 위해 먼저 도시기본계획, 교통축, 부동산 정책 세 가지를 우선으로 파악하자. 그리고 사람들이 어디에 관심을 두는지 부동산 투자 선호와 인구 변화 또는 정부의 정책에 따라 부동산 트렌드가 어떻게 시장에 반영되는지도 살펴보아야 한다. 투자의 패러다임은 늘 움직이기 때문이다.

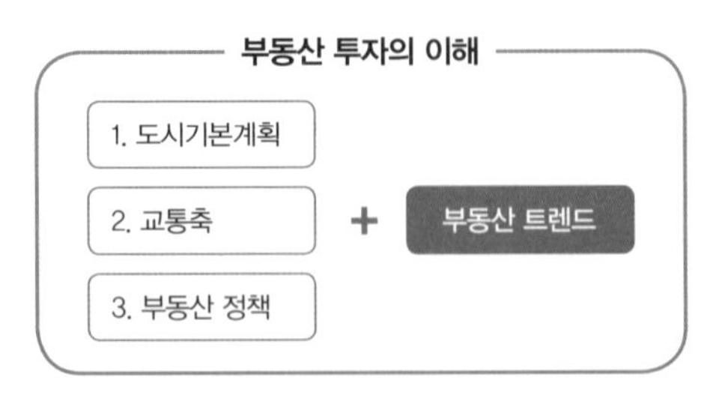

도시기본계획은 국토의 한정된 자원을 효율적이고 합리적으로 활용하여 주민의 삶의 질을 향상하고, 도시환경을 건전하고 지속 가능하게 발전시킬 수 있는 정책 방향을 제시하는 도시의 장기적인 미래 청사진이다. 향후 도시의 구조적 틀을 제시하는 종합계획인 것이다. 모든 도시는 이런 기본 계획을 바탕으로 개발된다. 도시기본계획을 알면 투자해서 망했다는 말을 듣기 힘들다. 어디가 돈이 된다더라는 말을 듣고 군중심리가 발동해서 사람들이 우르르 몰려가는 곳에 투자할 필요가 없기 때문이다. 하지만 상당수가 이런 식으로 투자를 한다.

모든 도시에는 도시기본계획이 있다. 도시기본계획은 계획 수립 시점으로부터 20년을 기준으로 하되, 연도의 끝자리는 0 또는 5년으로 하며 시장·군수는 5년마다 도시기본계획의 타당성을 전반적으로 재검토하여 이를 정비하고, 여건 변화로 인하여 일부 내용 조정이 필요한 경우에는 변경하기도 한다. 도시기본계획은 다음의 내용을 반영한다.

- 지역의 특성과 현황
- 계획의 방향, 목표와 지표의 설정
- 공간구조의 설정(개발축 및 녹지축의 설정, 생활권 설정 및 인구 배분)
- 토지이용계획(토지의 수요 예측 및 용도 배분)
- 기반시설(교통, 물류체계, 정보통신, 기타 기반시설 계획 등)
- 도심 및 주거 환경(시가지 정비, 주거환경 계획 및 정비)
- 환경의 보전과 관리
- 경관 및 미관
- 공원·녹지
- 방재 및 안전
- 경제·산업·사회·문화의 개발 및 진흥(고용, 산업, 복지 등)
- 계획의 실행(재정 확충 및 재원 조달, 단계별 추진 전략)

이처럼 도시 설계의 기본이자 도시 미래 개발의 청사진, 빅픽처가 수립된 도시기본계획에서 언급된 곳은 핵심 지역이기 때문에 미래가치가 매우 높은 곳이다. 투자하기 전에 자료를 수집해서 분석하고, 피나게 공부하고 투자한다면 나의 종잣돈은 노력만큼 커져 있을 것이다. 이런 노력은 나에게 자산가치 상승이라는 값진 결과로 돌아온다.

도시기본계획을 공부하자

2013년 서울의 미래상을 실현하기 위해 목표와 전략을 담은 '서울도시기본계획(2030서울플랜)'이 발표되었다. 2030년까지 서울시가 추구하는 변화의 방향을 담은 법정 최상위 계획으로, '1도심-5부도심-11지역중심' 기존 체계에서 '3도심-7광역중심-12지역중심'으로 재편하는 내용을 담고 있다. 서울이 기존 1핵-부도심 체제에서 3도심의 다핵 체제로 개편되는 것이다.

사대문 안의 기존 도심에 강남과 영등포·여의도를 추가해 3개 도심

| 2030서울플랜 |

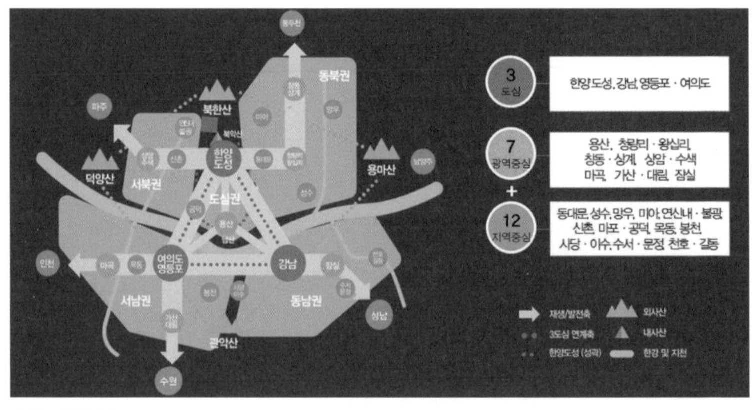

출처 : 서울시

으로 다변화하는 서울시 공간계획 개편안이 반영되었다. 주택 경기가 바닥이었던 2013년 당시만 해도 이 자료를 통해 강남과 영등포·여의도의 위상은 더 커질 것이라고 짐작해볼 수 있었다.

2030서울플랜은 시청과 광화문을 중심으로 한 역사문화 중심의 도심권, 강남과 잠실을 중심으로 국제 업무 및 관광, 쇼핑, 문화, 안정된 주거공간을 선도하는 글로벌 융·복합도시로 설계된 동남권, 여의도와 영등포를 중심으로 서울의 신성장을 선도하는 업무 지역과 삶의 질 업그레이드 플랜이 반영된 서남권, 상암·수색을 중심으로 창조문화산업을 선도하고 살기 좋은 주거환경의 서북권, 청량리·왕십리를 중심으로 자족 기능을 갖춘 동북1권, 창동·상계를 중심으로 일자리 확충과

출처 : 서울도시계획포털(urban.seoul.go.kr)

수도권 생활의 중심 지역으로 수립한 동북2권으로 총 6개의 핵심 이슈별 발전 구상을 확정했다.

서울시에서 운영하는 서울도시계획 포털에 자주 들어가 보면 2030서울플랜의 PDF 자료뿐만 아니라 주요 도시계획과 사업 현황, 공고 및 고시 등을 상세히 찾아볼 수 있다. 서울에 내 집 마련을 계획 중이거나 부동산 투자를 하는 사람들에게는 보물창고와도 같은 곳이다.

2030서울플랜에는 신분당선 연장과 남부급행철도 건설, KTX(수서~평택) 노선 연장 등을 담은 교통축, 장기 철도 확충 계획, 일자리 거점 조성에 대한 내용도 담겨 있다.

최근 경기도의 도시들이 팽창하고 있다. 특히 동남권과 인접한 성

| 2030서울플랜 광역 교통축 |

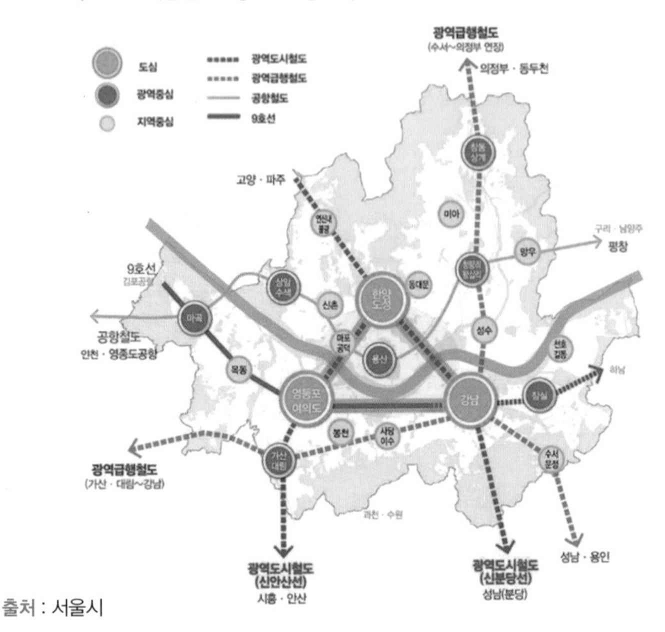

출처 : 서울시

남, 용인, 하남과 동북권과 인접한 구리와 남양주로 인구가 몰리고 개발되면서 도시의 세력이 점점 커지고 있다.

서울 내에 해당 도시들과 교통축이 확장되는 결절지(結節地)는 앞으로 미래가치가 매우 큰 곳이다. 결절지란 구분된 2개 이상의 지점을 연결하는 지역으로, 중심지 기능을 수행하는 도시와 그 주변 지역이 기능적으로 결합되어 유기적인 관계를 이룬다. 광역 환승센터가 위치한 잠실, SRT·GTX의 광역철도망이 깔려 있는 수서·문정, 동북권 광역환승 교통의 메카인 청량리·왕십리와 이어진 접경도시인 망우, 창동·상계, 광역도시철도와 급행철도가 부설될 가산· 대림, 9호선·공항철도와 일자리가 대폭 확충된 마곡은 향후 도시의 세력이 더 커질 것이다.

| 20대 산업거점 |

출처 : 서울시

도시기본계획을 바탕으로 어떤 일자리가 확충되는지 알아보는 것도 중요하다. 일자리는 주택가격에 영향을 주는 수요에 중요한 부분을 담당하고 있다. 일자리, 특히 4차 산업혁명과 관련된 IT, BT, CT, NT 업종은 고부가가치 사업군으로 종사자들의 연봉 수준이 상당히 높다. 주택 실수요와 가수요에 직접적인 영향을 미치기 때문에 7광역 중심인 용산, 잠실, 청량리·왕십리, 상암·수색, 마곡, 가산·대림, 창동·상계 지역을 특히 눈여겨보자.

3도심-7광역중심-12지역중심으로 언급된 22개 지역은 서울의 핵심 거점으로 반드시 관심을 가지고 분석해야 한다. 해당 지역의 부동산 가격이 상당한 수준이다. 상대적으로 가격이 낮은 축에 속하는 12지역중심의 천호·길동, 봉천, 미아, 망우도 주목해볼 필요가 있다.

서울생활권계획도 살펴봐야 한다. 서울 도시기본계획의 후속 계획

| 서울생활권계획 |

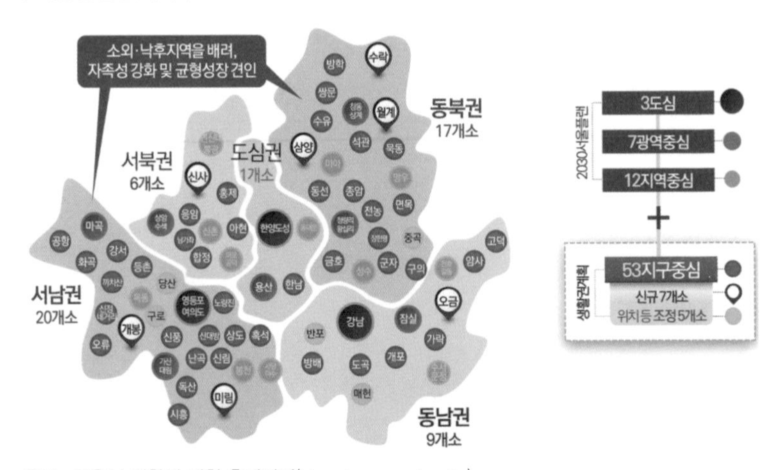

출처 : 서울시 생활권 계획 홈페이지(planning.seoul.go.kr)

으로 생활권의 특성과 주민 의견을 반영하여 생활권 발전 방향과 도시관리 구상을 제시하는 서울생활권 계획은 53개 지구 중심을 언급했다. 해당 53개 지역은 변화 가능성이 큰 곳으로 개발 계획을 주의해서 살펴보자. 투자 자금이 마땅치 않다면 광역도시철도와 광역급행철도로 확장되는 교통축을 분석해서 가급적 일자리가 풍부하고 부동산 가격이 높게 형성된 동남권과 인접한 경기도 지역에 내 집 마련과 투자를 모색해보는 것도 좋은 선택이다.

자본주의도 모르면서 내 집 마련을 한다고?

우리는 자본주의 경제구조 아래 살아가고 있지만, 대개 '자본주의'라고 하면 경제학 전공자나 연구자, 전문가들이 사용하는 학술적 용어로 인식하거나 공산주의와 대비되는 개념 정도로 생각한다. 나 역시 자본주의의 개념도 모른 채 경제활동을 해왔다. 그렇게 열심히 일해도 왜 돈이 안 모이는지, 이대로 생활하면 집 한 채 마련할 수 있을까 하는 의문점을 넘어 두려움까지 생겼다. 자본주의를 제대로 이해하는 것은 너무나 중요하다. 욜로가 아닌 욘스의 길을 걷고자 한다면, 투자에 앞서 자본주의부터 이해해야 한다.

물가는 왜 계속 오를까?

자본주의를 이해하려면 먼저 물가와 통화량, 은행과 빚의 실체에 대해 알아야 한다. 한국은행 사이트의 〈경제교육〉 코너에는 물가를 다음과 같이 설명하고 있다.

"개별 상품의 가격을 가지고서는 전반적인 상품 가격의 변화를 판단하기 어렵다. 이에 따라 상품 하나하나의 가격보다는 모든 상품의 전반적인 가격 수준이나 그 움직임을 알기 위해 만들어낸 것이 물가다. 즉, 물가란 여러 가지 상품들의 가격을 한데 묶어 이들의 종합적인 움직임을 알 수 있도록 한 것으로 여러 가지 상품들의 평균적인 가격 수준을 나타낸다고 할 수 있다."

30년 동안 우리나라의 물가는 평균 326% 올랐다. 모든 물건의 가격이 3배는 올랐다는 뜻이다.

1990년대에는 짜장면 한 그릇에 2,000~3,000원 정도였다. 지금은 어떠한가? 짜장면 한 그릇에 6,000원이 넘는 시대가 되었다. 식료품 가격은 약 5~10배 정도 상승했다. 서민들의 발이 되어주는 버스, 지하철, 택시 같은 교통비 역시 올랐다. 서울시 기준으로 현재 간선버스 기본요금(일반)은 1,200원, 택시는 3,800원이다. 30년간 대중교통 가격은 약 8배 정도 올랐다. 인건비는 어떠한가? 시간당 최저임금이 1989년에는 600원이었는데 30여 년이 흐른 지금 8,590원으로 약 14배 인상되었다.

| 30년간 물가 물가상승률 |

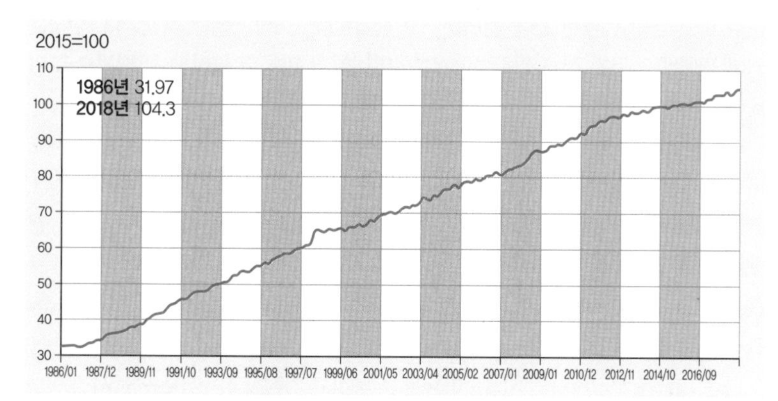

출처 : 한국은행 경제통계 시스템

| 한국의 시간당 최저임금 |

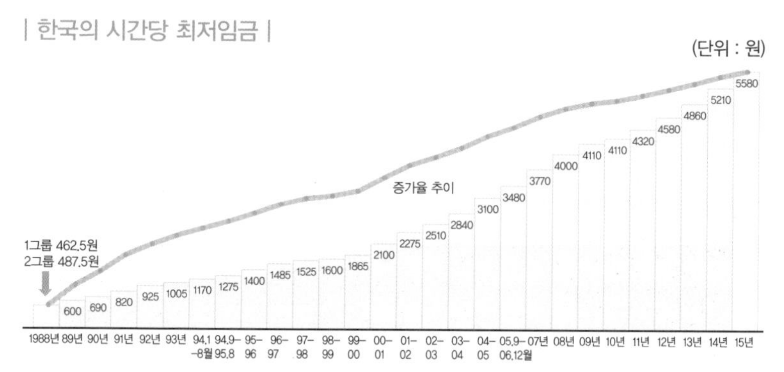

출처 : 최저임금위원회

정부가 매년 물가 안정 대책을 추구하고 있지만 근본적으로는 물가 자체를 낮추거나 고정시킬 수 없다. 물가 안정이 물가 하락을 의미하지는 않는다. 물가는 계속해서 오른다는 것은 변함이 없다.

그렇다면 자본주의 경제 시스템에서는 왜 물가가 계속 오를까? 그 이유는 바로 시중에 돈이 풀리기 때문이다. 돈의 양, 즉 통화량이 증가하면 물가는 계속해서 오른다. 중앙은행인 한국은행의 역할은 시중의 통화량을 조절하는 것이다. 기준금리라는 이자율을 정해 시중에 풀리는 돈의 양을 관리하기도 하고 돈을 찍어내기도 한다.

우리는 예금을 하면 은행이 그 돈을 고스란히 보관하고 있는 줄 안다. 그리고 대출을 하면 남이 예금한 돈을 빌려준다고 생각한다. 그러나 이는 착각이다. 한국은행이 찍어내는 돈은 전체 통화량의 일부분일 뿐 더 많은 돈들이 다른 방법으로 만들어진다.

대부분의 돈은 눈에 보이지 않는 '가상의 돈'이다. 은행은 지급준비율이라는 제도로 통상 일정 비율만 가지고 있고 나머지 돈은 기업이나 일반인에게 대출을 해준다. 은행이 하는 일의 본질은 없던 돈을 만들어내고 의도적으로 늘리는 것이다. 즉, 은행은 돈을 '창조'한다. 우리가 보는 스마트폰, 컴퓨터 화면에 입력된 숫자에 대해 은행은 지불에 대한 약속을 한 것일 뿐이다. 통화량은 바로 시중은행의 대출 시스템, 즉 빚으로 만들어진다.

다음 그림은 우리나라의 지급준비율을 3.5%라고 가정하고, 한국은행에서 찍어낸 돈이 5,000억 원이라고 했을 때, 이 돈이 사과은행, 귤은행, 바나나은행 등으로 대출 및 예금을 하면 시중에 풀린 돈의 양이 6조 60억 원까지 불어난다는 사실을 보여준다.

이러다 보니 시중에 통화량이 많아지고 물가가 상승한다. 돈의 가치가 떨어지는 것이다. 여기서 우리가 반드시 기억해야 할 것이 있다. 물가가 오른다는 말의 진짜 의미는 돈의 가치가 하락한다는 것이다.

물가가 오른다 = 돈의 가치가 하락한다

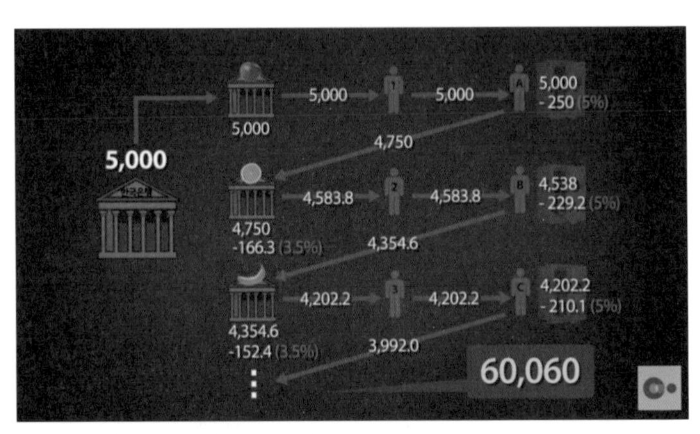

출처 : EBS다큐프라임 〈자본주의 1부. 돈은 빚이다〉 화면

내가 1억 원이라는 돈을 예금했을 때 소비자물가 상승률이 매년 3%라고 가정해 보자. 5년, 10년, 15년 후에 찾는 돈의 액면가는 1억 원이겠지만 화폐의 (교환)가치는 8,600만 원, 7,400만 원 6,400만 원으로 하락한다.

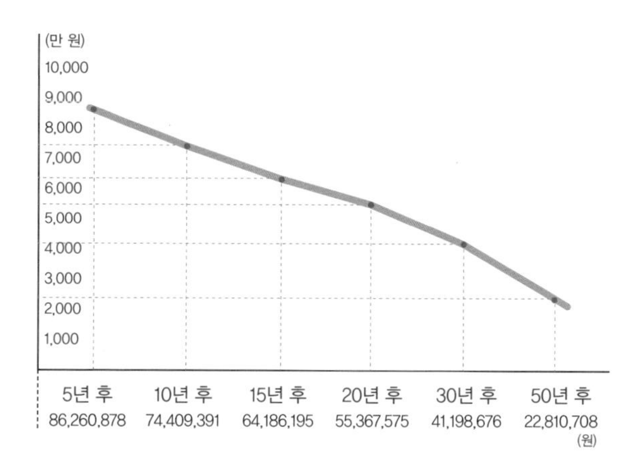

이처럼 통화량이 증가해서 화폐가치가 떨어지고 물가가 오르는 현상을 통화팽창, 인플레이션(inflation)이라고 한다. 인플레이션의 반대말인 디플레이션(deflation)은 화폐가치는 오르고 물가가 하락하는 것을 의미한다.

물가가 하락하면 마냥 좋을까? 물가가 하락하면 물가가 더 떨어질 것으로 추정해 소비가 줄어 기업들은 설비투자와 고용을 줄인다. 그 결과 가계소득이 감소하면 소비가 줄어들고 기업은 생산을 줄이는 악순환을 초래한다. 자본주의 국가에서 디플레이션이 발생하면 국가의 미래는 없다.

자본주의가 정상적으로 작동하려면 누군가 빚을 져야 한다. 우리 사회가 빚을 권하는 이유는 고객이 대출을 해야 은행에서 새로운 돈이 만들어지기 때문이다. 자본주의 체제에서 은행은 빚이라는 단비를 맞으면서 무럭무럭 자란다. 자본주의 시스템은 민간은행 시스템이라고 해도 과언이 아니다. 빚이 없으면 은행도 없다.

돈의 가치 기준은 통화량이다. 결국 '통화량 조절 권력'은 곧 '통화가치 조절 권력'이며 전체 경제와 사회를 굴복시키는 권력이라는 뜻이다. 미국뿐만 아니라 전 세계 금융을 쥐락펴락하는 유대계 자본인 로스차일드 가문에서 한 말이 의미심장하다.

국가의 통화량 조절 권력을 쥐어라.

누가 국가의 법을 만드는지는 신경 안 쓸 테니.

– M. A. 로스차일드, 로스차일드 금융 설립자

인플레이션과 주택가격

인플레이션은 화폐가치가 떨어지고 재화 및 용역의 가격이 상승하는 것이다. 그런데 같이 오르는 것이 있다. 바로 실물자산이다. 여기에서 우리는 투자 인사이트(insight)를 찾을 수 있다.

실물자산은 스스로 이익을 발생시킬 수 있는 것들이다. 대표적으로 금, 원유, 금속, 부동산 등이다. 인플레이션은 화폐가치를 하락시켜 소득이 고정되어 있는 정액소득자의 실질소득을 감소시키는 반면, 물가 상승에 따라 상품 가치가 상승하는 자산 보유자의 자산소득을 증대시킨다. 다시 말해 실물자산의 소유자는 이득을 보는 것이다.

그럼 늘어나는 통화량 대비 서울 집값은 어떻게 되었을까? 통화량이 5배 증가하면 같은 기간 동안 집값도 5배 뛸까? 아니다. 그 기간 동안 통화량만 증가하는 것이 아니라 주택도 공급되기 때문에 똑같이 오르지는 않는다. 하지만 중요한 사실은 등락이 있지만 물가가 상승하는 것처럼 '우상향'한다는 것이다.

1989~2018년, 한국은행 경제통계 데이터 기준으로 30년간 전국의 주택가격은 약 280% 상승했다. 전국의 주택가격이 지난 10년 동안 약 93%, 즉 2배 가까이 상승했다는 말이다. 이는 실물자산 대비 화폐가치가 10년 동안 약 93%나 떨어졌다는 뜻이다.

부동산 투자를 잘하려면 '장기 우상향'에 대한 믿음과 최소 10년 동안은 팔지 않을 지역을 고르는 안목이 있어야 한다. 돈이 없을수록 더 많이 공부하고 고민해서 가치 있는 부동산을 골라야 한다. 이로 인해 5년, 10년 후 자산을 지키고 키울 수 있다면 마땅히 해야 하지 않을까? 시중에 돈의 양이 많아지는 숙명을 가진 자본주의의 생리를 모르고 열심히 일만 하면 그 대가로 죽을 때까지 일만 해야 한다.

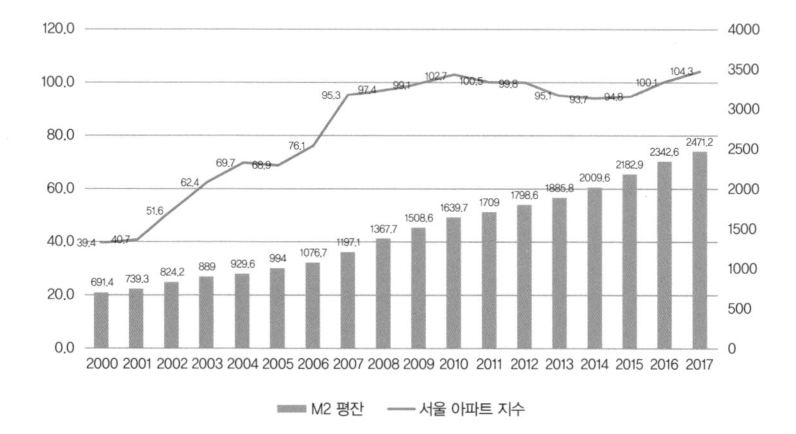

120.0
100.0
80.0
60.0
40.0
20.0
0.0
4000
3500
3000
2500
2000
1500
1000
500
0
39.4 40.7 51.6 62.4 69.7 68.9 76.1 95.3 97.4 99.1 102.7 100.5 99.8 95.1 93.7 94.8 100.1 104.3
691.4 739.3 824.2 889 929.6 994 1076.7 1197.1 1367.7 1508.6 1639.7 1709 1798.6 1885.8 2009.6 2182.9 2342.6 2471.2
2000 2001 2002 2003 2004 2005 2006 2007 2008 2009 2010 2011 2012 2013 2014 2015 2016 2017
M2 평잔
서울 아파트 지수

출처 : 직방

3장

남들과 다르게 생각하자

남들이 안 살 때 사야 한다

부동산 경기는 주기와 패턴이 있다

부동산은 장기적으로 우상향하지만 상승과 하락을 반복한다. 그러므로 오르고 떨어지는 것에 일희일비하지 말고 큰 틀에서 부동산 시장

| 부동산 사이클 |

과열

연이은 규제

강력한 억제

상승

하락

적극 부양

침체

일부 완화

부동산 경기는 주기와 패턴이 있다.

을 바라봐야 한다.

부동산 가격이 상승하면 시장은 군중심리와 불안감으로 과열된다. 연이은 추격 매수와 호가(呼價, 매도자가 물건을 팔 때 받고자 하는 희망 가격) 매물이 빠르게 소진되면서 시장은 뜨겁게 불타오른다. 정부는 강력한 부동산 억제 정책과 규제를 통해 시장을 안정시키려고 노력한다. 그러면 일부 매물을 중심으로 가격이 조정되면서 서서히 안정화되어 간다. 그러다 가격이 추가로 더 조정되면서 시장은 이내 깊은 침체기에 빠지고, 뜨거웠던 부동산 시장은 냉기가 감돈다. 사람들은 부동산을 아예 거들떠보지 않게 되는 것이다.

부동산 시장이 깊은 침체에 빠지면 정부는 각종 부양정책을 펼친다. 주택을 살 때 취득세 또는 양도소득세(집을 산 금액에서 판 금액의 차액에 대해 납부하는 세금)를 면제해준다. 정부가 적극적인 부동산 부양정책을 발표한다면 내 인생에서 몇 번 경험하기 힘든, 자산 상승을 누릴 수 있는 절호의 기회임을 명심하자.

서울 부동산 가격의 흐름을 보면 부동산 사이클이 어김없이 적용된 것을 확인할 수 있다. 2005년 중순부터 2007년 말까지 주택가격이 무서운 폭등세를 이어갔다. 이때 노무현 정부는 수십 차례 부동산 규제정책을 펼쳤지만 버블세븐을 중심으로 수도권 모든 곳들이 적게는 50% 많게는 3배까지 폭등했다. 버블세븐은 당시 집값이 중대형 평형을 중심으로 폭등한 7개 지역으로 강남, 서초, 송파, 목동, 분당, 평촌, 용인을 말한다.

이명박 정부가 들어선 2008년에는 미국발 금융위기 사태, 서브프라임 모기지로 인해 전 세계 경제가 직격탄을 맞았다. 이로 인해 서울 부동산 역시 그간 급등했던 중대형 평형을 중심으로 하락했다. 2006~2009년 지나치게 급등한 후유증과 2008년 금융위기의 여파로 2010년부터 2013년에도 집값이 줄곧 내리막길을 걸었다. 2012년 말 주택가격 하락과 이자 부담을 견디지 못한 '하우스 푸어(house poor)' 문제가 중요한 사회 이슈로 대두되었다. 하우스 푸어의 주된 계층은 수도권 아파트를 가진 30, 40대 중산층이었는데, 집값이 천정부지로 오르던 2005~2006년 급한 마음에 대출을 끼고 무리해서 내 집을 마련했던 사람들이다.

박근혜 정부는 부동산 경기부양을 위해 대규모 신규 택지 개발을 중단하고 취득세 면제와 양도소득세를 5년간 면제해주는 파격적인 정

| 서울 부동산 가격 |

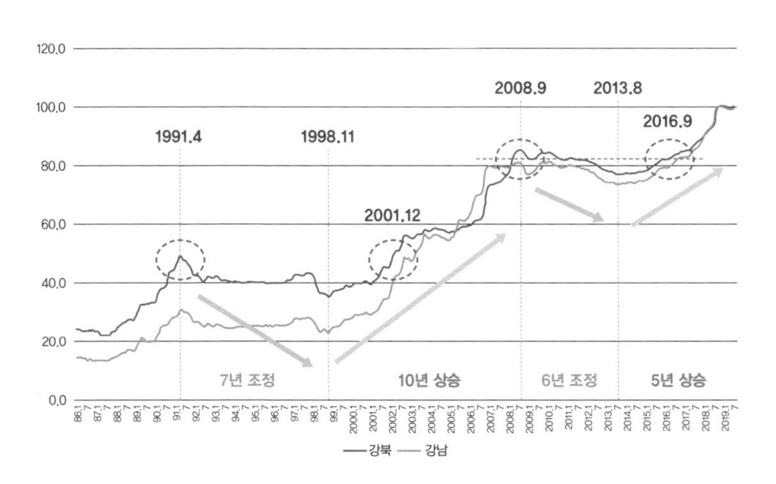

서울 부동산 가격은 조정과 상승을 반복하는 사이클을 보인다.

책을 펼쳤다. 주택담보대출 비율을 70%까지 대폭 완화해서 '빚내서 집을 사라'는 말까지 할 정도로 전격적인 부동산 부양정책을 펼친 덕분에 바닥이었던 부동산 시장은 2014년부터 반등했다.

부동산 투자 심리가 서서히 살아나면서 2015년과 2016년에 상승세로 접어들었다. 2017~2019년 상승세 속에 문재인 정부는 19차례나 강력한 부동산 규제정책을 발표했다. 이에 아랑곳하지 않고 2020년 초까지 급등세를 이어나가다 예상치 못한 코로나 바이러스로 인해 매수 심리가 꺾이면서 조정 국면에 들어서고 있다. 부동산 가격은 등락을 반복하면서 순환하고 있음을 알 수 있다.

부동산 가격이 하락하기 직전, 상승의 끝 무렵 집을 사는 사람들을 일컬어 호구, 하우스 푸어라 칭하고 '상투를 잡았다'고 말한다. 하지만 과거 데이터로 봤을 때 과연 이들은 호구였을까? 5년간의 조정장에 버티지 못한 사람은 엄청난 자산 손실을 보았다. 하지만 조정기를 잘 버틴 사람들은 더 큰 자산가치의 상승을 누렸다. 하락한 가격이 회복된 시점은 2016년 9월이었다. 그 이후 서울 부동산은 엄청난 상승 랠리로 접어들었다.

지금은 누가 뭐래도 부동산 시장 조정기다. 이때를 슬기롭게 대응하는 길은 향후 미래가치가 있고 직접 개발의 호재가 있는 지역을 탐색해, 대출을 무리하지 않고 급매물 위주로 매수하는 전략으로 나가는 것이다. 시장을 예의주시하고 있다가 그런 매물이 나오면 바로 투자를 실행하는 적극적인 자세가 필요하다. '기다렸다가 떨어지면 사야지'라는 생각으로 부동산 시장을 바라보면 앞으로 10년 후 오늘을 돌아보며 후회할 가능성이 매우 높다.

공포에 사고 확신에 팔아라

주변에서 부동산으로 돈 번 사람들이 많다는 소식이 자주 들리고 부동산 불패 신화를 믿는 시기에는 모든 사람들이 부동산만 한 것이 없다고 확신한다. 매도 타이밍을 보고 있다면 바로 이때 팔아야 한다. 주택가격이 계속 떨어지는 공포에 사야 하지만 남들이 안 살 때 사기란 여간 쉬운 일이 아니며, 가격이 오를 때 팔기는 더 어렵다.

최근 6년간 상승세를 이어온 서울 부동산 가격을 보고 있노라면 집값이 영원히 조정되지 않을 것 같지만 반드시 조정은 오게 되어 있다. 2012년 말 하우스 푸어 사태가 발생했을 때는 언론과 대중 그리고 일부 전문가들도 이구동성으로 외쳤다. "부동산으로 돈 버는 시대는 끝났다. 일본처럼 잃어버린 20년이 온다. 버블은 꺼지고 대폭락의 시대가 온다."

이런 분위기 속에서 세 부류의 사람이 있었다. 기다리는 사람, 파는 사람, 사는 사람. 기다리는 사람들은 아직도 기다리고 있다. 물론 산 사람도 있지만 아직 못 산 사람들이 더 많다. 오를 때는 많이 올랐다고 못 사고 떨어질 때는 떨어진다고 못 산다. 의식을 바꾸지 않으면 영원히 못 산다.

당시 하락한다는 공포 심리에 팔았던 사람들이 아주 많다. 그러나 지금은 매도해서 얻은 자금으로 자기가 팔았던 집의 전세금도 못 낼 정도로 가격이 많이 올랐다. 땅을 치고 후회한다. 다시 사자니 그때 팔았던 금액보다 더 비쌀 수밖에 없고 결국 너무 아까워 전세를 전전하는 이들이 상당수다.

그럼에도 불구하고 당시 매수를 한 사람도 있다. 실제로 지인은 2013년에 강서구 마곡지구에 아파트를 샀다. 당시 나 역시 미분양이 발생한 마곡 M벨리 40평대 아파트를 보고도 자금 사정으로 사지 못한 것을 생각하면 매우 아쉽다. 그때 당시 여기저기서 자금을 끌어오면 살 수 있었는데 현금 유동성 문제로 포기했던 기억이 생생하다. 누구를 탓하랴, 평소 준비하지 못한 내 탓이다. 집은 남들이 사지 않을 때 사야 하고 남의 돈, 특히 은행 돈을 빌려서 사야 한다.

모두가 하락을 외칠 때 이들은 조용히 집을 샀다. 지금 그 집들은 10억 원 이상 호가하고 있다. 불과 얼마 되지 않은 일이다. 이들은 대중과 정반대로 움직인다. 부동산 경기가 떨어져 모두가 집을 쳐다보지 않을 때 이들은 매수를 준비한다. 집을 못 사서 안달이 날 때 이들은 조용히 매도 시점을 탐색한다. 세상은 돌고 돈다. 그리고 부동산 사이클도 주기와 패턴으로 움직인다. 집값이 조정되는 시점은 반드시 오게 되어 있다. 이때 필요한 것은 조정의 공포를 이길 수 있는 용기와 결단 그리고 실행이다.

하지만 다시 집값이 조정되는 시기만을 기다리며 수수방관만 하고 있으면 안 된다. 집값이 조정된다고 말하면 무작정 기다리는 사람들이 많은데 꼭 당부하고 싶다. 내 집 마련이 필요한 사람은 굳이 조정기까지 기다릴 필요 없다. 내 집 마련은 타이밍이 아니다. 내 재정 상황이

허락하는 한도 내에서 선택하면 된다. 사회초년생과 2030세대, 신혼 부부라면 치솟은 서울 집값을 보면서 절망하지 않으면 좋겠다. '내 월급으로 어떻게 내 집을 마련하지'라고 걱정하지 말자. 기회는 반드시 온다. 그리고 명심하자. 남들과 다르게 생각해야 한다. 같은 것을 두고 다르게 보는 안목을 키워야 나에게 오는 기회를 잡을 수 있다.

흙 속의 진주를 볼 줄 알아야 한다

투자의 3요소

모든 투자를 결정할 때 숙지해야 할 3원칙이 있다. 안전성, 수익성, 환금성이다. 부동산 투자와 내 집 마련도 마찬가지다. 모든 투자에는 원칙이 있어야 한다. 이 원칙을 지키면 흙 속의 진주를 찾을 수 있다.

안전성

투자의 현인, 워런 버핏의 투자 원칙이 있다. 이 철칙은 투자를 시작한 지 11년 차에 접어든 요즘도 중요성을 여실하게 깨닫고 있다.

Rule No. 1: Never lose money.

Rule No. 2: Never forget rule No. 1

– 워런 버핏

무려 세 자릿수 수익률을 기록하는 주식투자의 달인이 말하는 투자 원칙 첫 번째가 돈을 잃지 않는 것이고, 두 번째가 1원칙을 잊지 않는 것이다. '원금 보장'은 투자에서 가장 고려해야 할 첫 번째 요소이다. 내가 지켜본 부자들은 99번 돈을 번다고 해도 1번 곱하기 0이 되는 투자는 하지 않는다. 안전성의 반대말은 변동성(變動性)이다. 변동성이 큰 상품에 투자하면 그만큼 리스크가 크다. 전문 투자가가 아닌 이상 변동성이 큰 투자를 하면 안 된다. 에너지와 시간을 그만큼 많이 소모한다. 가격 확인에 목을 멜 수밖에 없기 때문이다.

수익성

내가 투입한 자본 대비 이익이 얼마나 발생하는지를 따지는 수익성은 안전성과 모순되는 말이기도 하다. 안전성은 상대적으로 보수적인 개념이고, 수익성은 다분히 공격적인 의미를 가지고 있다. 특히 사회초년생들은 조급한 마음을 가지고 투자를 한다. 빠른 시일 내에 큰 수익을 내고 싶은 욕망 때문이다. 우리가 익히 알고 있는 '하이 리스크 하이 리턴(High risk high return)', 즉 높은 이익을 추구하기 위해서는 높은 위험을 감수해야 한다.

현명한 투자는 안전성과 더불어 수익성을 고려해야 한다. 안전성을 겸비하면서 좋은 수익성을 확보하기 위한 두 가지 필요충분조건이 있다. 소액으로 장기 투자를 하면 된다. 부동산은 다른 투자에 비해 변동성이 크지 않으면서 장기 투자를 하기에 아주 좋다. 그리고 다음 장에서 설명할 레버리지를 활용하면 부동산도 소액투자가 가능하다.

환금성

지금같이 불확실성이 큰 시기, 부동산 조정기 국면에 들어선 경우에는 자산을 팔아서 현금화하는 데 용이해야 한다. 예금이나 적금, 주식 대비 부동산은 환금성이 낮다. 부동산은 매도를 결정한 순간부터 수중에 돈이 들어오기까지 꽤 많은 노력과 시간이 필요하다. 그래서 부동산 투자에서 환금성은 중요한 요소다. 시세가 어느 정도 형성되어 있고 표준화되어 있다면 시세보다 낮게 빠른 시일 내에 처분이 가능하다.

요즘은 프롭테크(proptech) 시대이기 때문에 아파트, 토지, 빌라의 가격을 온라인으로 쉽게 검색할 수 있다. 프롭테크는 부동산(Property)과 기술(technology)이 결합된 용어로, 부동산 산업에 첨단 IT 기술을 접목한 서비스를 일컫는다. 특히 한국 사회에서 아파트는 현금과도 같다. 급할 때 시세보다 싸게 내놓는다면 금방 처분할 수 있다. KB국민은행이나 네이버 부동산에 들어가면 손쉽게 가격 확인이 가능하다.

흙 속에서 진주를 볼 줄 아는 부동산 투자란 현재 시점에서 미래의 가치를 내다보고 베팅할 수 있는 것을 의미한다. 안전성과 수익성, 환금성 3요소를 판단 기준으로 남들이 보지 못하는 가치를 발견하는 안목을 키우자. 그만큼 많은 시간과 노력이 필요하다.

저평가 VS 저렴한 것

흙 속에서 진주를 볼 줄 아는 안목이 있으면 저평가된 물건을 잘 고를 수 있다. 그럼 저평가되었다는 기준은 무엇일까? 저평가된 부동산을 고르는 기준은 현재 주변 지역과 비교했을 때 교통과 학군, 인프라, 좋은 일자리 접근성에 불편함이 없는데도 가격이 낮게 형성된 것이다. 이런 물건 중 향후 변화의 핵, 변화의 중심에 들어 있다면 저평가된 곳이다. 반면 변화 가능성이 없는 지역의 부동산은 그저 가격만 저렴한 것이다.

저평가와 저렴한 것은 다른 의미다.

주택의 경우 매매가 상승률에 비해 전세가 상승률이 높은 곳은 실수요가 늘어나면서 전세가격이 상승할 가능성이 높기 때문에 매매가격이 저평가되었다고 볼 수 있다. 매매가 대비 전세가격이 높다면 "전세가율이 높다"고 표현한다. 전세가율이 높은 곳은 그만큼 살기가 좋다는 뜻이다. 매매가는 미래가치를 반영하고 전세가는 현재가치, 사용가치의 척도가 된다. 사용가치는 현재의 가치다.

하지만 현재가치가 높다고 미래가치가 높은 것은 아니다. 특히 해당 지역의 전세 거래량만 많고 매매 거래량이 적다면 현재가치만 높다는 의미다. 가격으로만 저평가 여부를 따지면 잘못된 판단을 할 수 있다. 높은 전세가를 형성하고 있으면서 매매 거래량이 동반되었는지를 따져봐야 한다.

저평가된 부동산은 다음과 같은 특징을 보인다.

- 상승기에 다른 물건보다 매매가 상승률이 적다.
- 전세가율(매매가 대비 전세가)이 높다.
- 매매 거래량이 많다.
- 향후 변화의 가능성이 크다.

반대로 매매가 상승률에 비해 상대적으로 전세가 상승률이 낮은 지역은 거품이 많이 형성되었다고 판단할 수 있다. 실수요는 적게 늘어났는데도 가수요가 많이 몰렸기 때문에 매매가가 상대적으로 많이 오른 것이다. 매매가 대비 전세가격이 낮은 경우 '전세가율이 낮다'고 표현한다.

강서구 가양동에 위치한 가양6단지 아파트를 한번 살펴보자. 가양

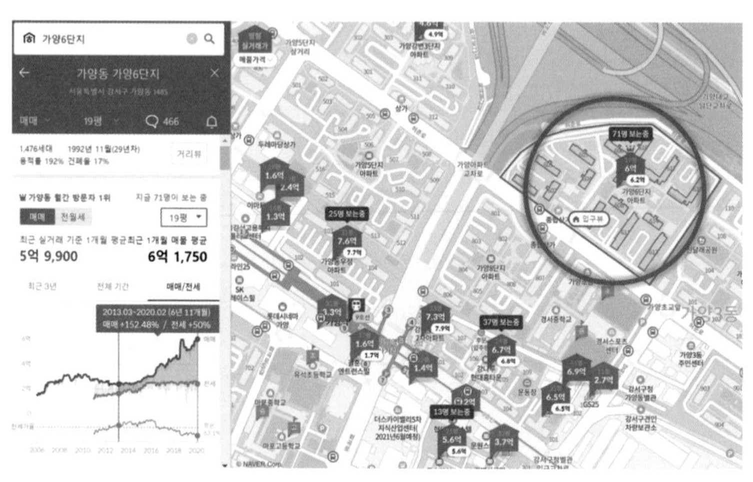

출처 : 호갱노노(hogangnono.com)
호갱노노는 국토교통부 아파트 실거래가와 시세를 지도에서 한눈에 볼 수 있는 대표적인 프롭테크 사이트다. 앱과 웹을 통해 가장 많이 오른 아파트, 인기 아파트 등 아파트 정보를 확인할 수 있다.

택지개발지역에 지어진 아파트로 1476세대의 대단지 29년 차 복도식 아파트다.

호갱노노에서 보다시피 2013년 이래로 현재까지 매매가격은 2억 원에서 6억 원으로 4억 원이나 오른 반면 전세가는 당시 대비 8,000만 원 오르는 데 그쳤다. 19평짜리 복도식 투룸 아파트의 매매가격이 6억 원대, 전세가격이 2억 원대를 형성하고 있다. 이는 버블이 형성되었을 가능성이 크다고 볼 수 있다. 가양동은 재개발, 재건축 등 직접 개발 가능성 또한 낮다. 해당 아파트는 변화의 가능성이 없다는 말이기도 하다. 이런 그래프를 보이는 서울 아파트를 어렵지 않게 찾아볼 수 있다. 그만큼 서울 아파트에는 가수요가 많이 몰렸다는 뜻이다.

가격만 보고 저평가되었다거나 많이 올랐다고 판단하면 위험하다. 다른 아파트들이 올랐을 때 상대적으로 안 올랐다면 분명 이유가 있다. 왜 안 올랐는지, 단지 저렴한 것인지 아니면 저평가되었는지를 합리적으로 의심해보자.

전세금은 세입자가 2년간 빌려준 무이자 차입금이다

나를 부의 세계로 인도하는 사다리, 레버리지

투자할 때는 반드시 안정성, 수익성, 환금성 3요소를 고려해야 한다. 내 집 마련도 마찬가지다. 안전성과 환금성을 담보하면서 수익성을 높이기 위해서는 소액으로 장기 투자를 해야 한다. 그러기 위해서는 레버리지를 적절히 활용해야 한다. 레버리지를 이용하면 자산 증식의 속도가 붙는다. 즉, 영어로 레버(lever)는 작은 힘으로 무거운 물체를 들어 올리는 지렛대를 말한다. 100이라는 바위를 들 때 필요한 힘이 100이라고 할 경우 지렛대를 활용하면 20~30의 힘으로도 들 수 있다. 고대 그리스 철학자 아르키메데스는 "긴 지렛대만 있으면 지구를 들어 보이겠다"는 말을 했다. 그만큼 작은 힘으로 큰 물건을 들어 올릴 수 있다는 의미다.

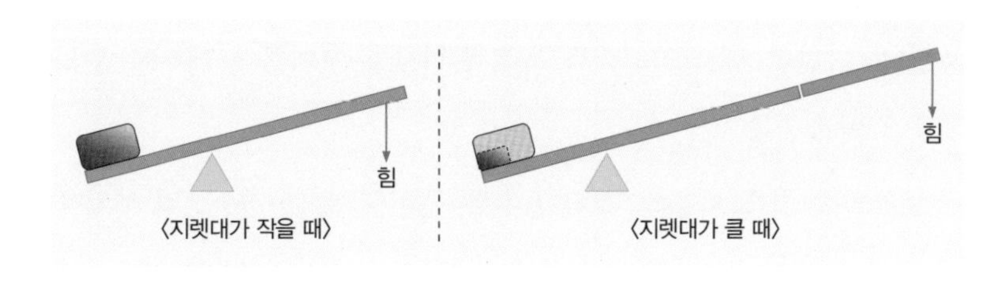

부동산 투자도 지렛대를 활용하면 큰 수익을 낼 수 있고, 지렛대가 클수록 훨씬 더 큰 효과를 볼 수 있다.

부동산 투자에서 대출과 전세라는 두 가지 레버리지를 적절히 활용하면 수익을 극대화할 수 있다.

차입금을 활용하는 부담감이 어느 정도인지를 보면 부동산 초보와 고수를 쉽게 구분할 수 있다. 부동산에 처음 입문하거나 경험이 없는 사람일수록 은행 대출이나 세입자의 전세금을 이용해서 사는 것을 두려워한다. 초보들은 빚을 내는 것을 병적으로 무서워한다. 대출을 이용하지 않고 자기자본 내에서 부동산을 취득하려고만 애쓴다. 틀린 말은 아니다. 빚은 무섭고 위험한 것이다.

단, 하락하는 자산에 빚을 내는 경우가 그렇다. 높은 금리의 카드론이나 제3금융권에서 고리로 돈을 빌리는 경우가 여기에 해당한다. 감가되는 자동차, 신차를 할부로 사는 경우도 마찬가지다. 당장 사용해야 할 돈을 빌리는 것이기 때문에 그대로 쌓이는 빚은 절대 해서는 안 되는 나쁜 대출, '멍청한 빚'이다. 말 그대로 빚이 되는 부채다.

하지만 부자들의 빚은 다르다. 상승하는 자산에 투자하기 때문에 투자한 자산의 비중이 커지고 부채의 비율이 줄어든 경우 차입금을 활용한다. 가난한 사람들의 대출 목적과 다르게 부자들은 대부분 수익 창출을 위해 돈을 빌린다.

부자들은 빚을 이용해 '레버리지 효과'를 극대화한다. 그럼 부자들은 어떤 방법으로 부채를 이용해 부를 늘리는 걸까? 먼저 부자들의 대출 목적을 살펴보면 그들이 빚을 어떻게 쓰는지 알 수 있다. 하나금융경영연구소의 '2019 한국의 부자 보고서(2019 Korean Wealth Report)'에 따르면 대출을 받는 부자들의 25%가 '부동산 투자', 두 번째는 '사업', 세 번째는 '절세'가 목적이었다.

부자들은 한정된 자기자본으로 얻을 수 있는 이익보다 더 많은 이익을 얻기 위해 빚을 낸다. 이런 경우 빚을 통해 수익률도 올리고, 더 많은 곳에 투자할 기회도 가진다.

레버리지를 이용한 투자를 하면 훨씬 더 빠른 속도로 자산을 불릴 수 있다. 1억 원을 가지고 투자를 해서 20% 수익을 올렸다면 수익금은 2,000만 원이 된다.

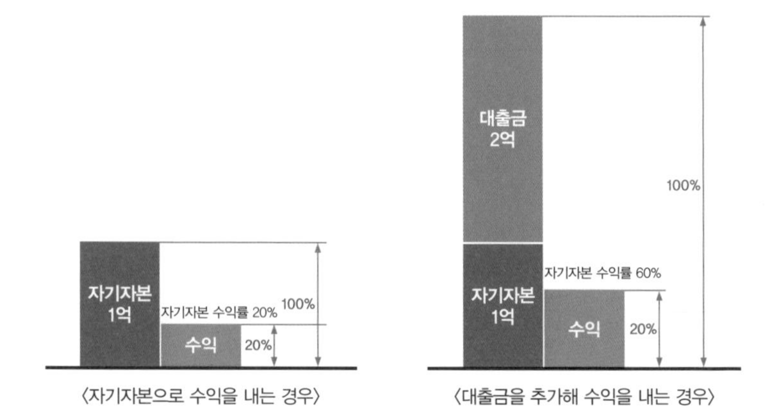

〈자기자본으로 수익을 내는 경우〉 〈대출금을 추가해 수익을 내는 경우〉

그런데 2억 원을 대출해서 총 3억 원을 투자해 수익률 20%라고 하면 6,000만 원이 된다. 두 경우의 자기자본 수익률을 계산해보면 첫 번째는 20%가 되고, 두 번째는 3배인 60%가 된다.

레버리지 효과로 인해 손실 또한 더 커진다. −20% 수익률이 났다면 자기자본 1억 원만 가지고 투자했을 경우 2,000만 원의 손실로 끝나지만, 대출금 2억 원을 포함한 3억 원을 투자했을 경우 6,000만 원의 손실을 입는다. 그래서 레버리지 효과를 얻고자 할 때는 안정성 여부를 반드시 고려해야 한다.

전세를 안고 산다?

투자 가용 금액 1억 원만으로 투자했을 때 수익률 10%일 경우 수익이 1,000만 원 발생한다. 세입자의 전세금 5억 원이 들어 있는 6억 원짜리 아파트가 있다고 가정해보자. 그러면 지금 내가 가지고 있는 투자금 1억 원으로 이 아파트를 매입할 수 있다. 이런 투자 형태를 '전세를 끼고 산다' 또는 '전세를 안고 산다'고 표현한다. 이처럼 매매가와 전세가의 차이를 이용해서 부동산을 매입하는 방식을 '갭(gap)투자'라고 한다.

투자금 1억 원으로 6억 원을 취득하게 되는 것이다(물론 세입자의 전세금 5억 원은 지금 당장 없어도 매입할 수 있다. 다음에 들어올 세입자에게 받아서 내어주면 되기 때문이다). 수익률이 같은 10%라고 했을 때 6,000만 원의 수익이 발생한다. 같은 돈으로 시작했으나 6배의 수익 차이가 나는 것이다.

| 레버리지 효과 |

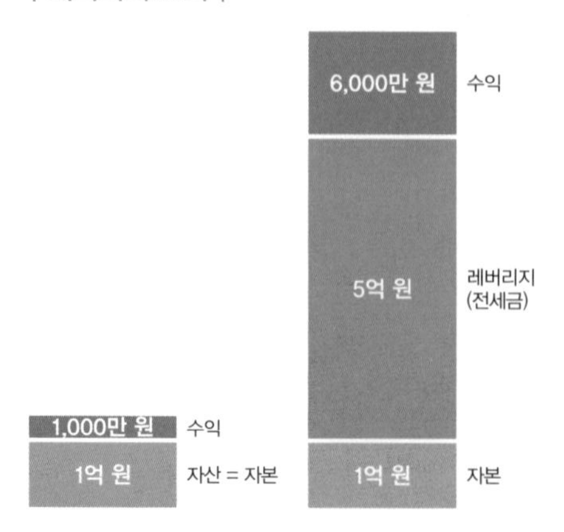

아파트의 전세금이란 세입자가 2년간 임차보증금으로 지불한 금액을 말한다. 전세금은 부채다. 전세 만기가 되면 돌려줄 돈이다. 하지만 세입자가 나에게 2년간 빌려준 무이자 차입금으로 볼 수 있다. 생각의 차이, 관점의 차이가 자산의 크기를 결정한다. 관점의 전환을 통해 적은 자본으로도 높은 수익을 낼 수 있다. 현재 재무 상황을 개선하고자 한다면 지금과는 다른 방식으로 사고해야 한다.

전세금 = 2년 뒤 돌려줘야 할 부채
vs 2년간 세입자가 빌려준 무이자 차입금

전세를 레버리지로 활용한 투자가 마냥 위험한 것은 아니다. 투자는 기본적으로 어느 정도의 위험을 감수해야 한다. 그 위험의 크기를 감당할 수 있다면 과감하게 도전해보는 것이다.

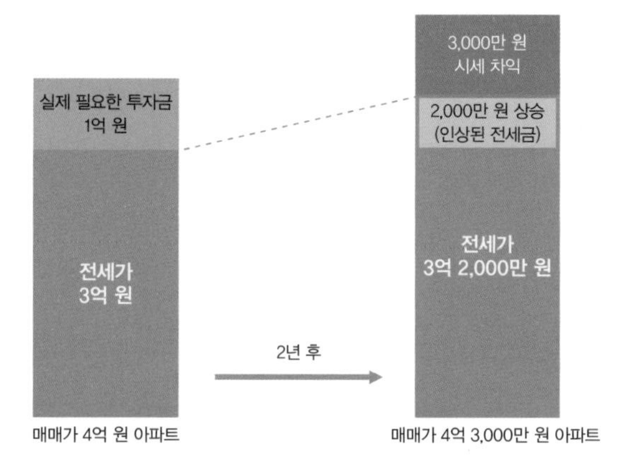

전세 수요가 안정적이라면 어떨까? 이런 경우 전세금을 레버리지로 활용해서 아파트를 구입하면 소액투자도 가능하고, 안전하며 환금성도 좋다. 위험하다고 겁먹을 것이 아니라 전세 수요가 많은 곳은 어떤 특징을 가지고 있는지 연구하고 분석하는 것이 현명하다.

해당 지역에 주로 어떤 사람들이 전세를 구하는지, 초등학교는 얼마나 가까우며, 어디로 출퇴근을 하는지, 어떤 개발 호재와 변화 가능성이 있는지, 주변 공급 물량이 얼마나 되는지를 조사해야 한다. 레버리지 효과를 이용해 투자하고자 마음먹었다면 사전조사와 공부는 필수다. 매매가와 전세가의 차이만을 보고 덜컥 매입했다가는 뒷감당을 하지 못할 수 있다. 역전세가 발생할 수 있기 때문이다. 역전세는 전셋값이 전세 계약 시점보다 떨어져 집주인이 전세입자를 구하기 어려운 상황을 말한다. 역전세는 전세를 레버리지로 활용하는 투자에서 가장 최악인 경우다.

그러므로 반드시 공급 물량을 따져야 한다. 입주 물량이 얼마나 되는지 확인해야 한다. 주변에 새 아파트 공급이 많으면 전세 수요가 그쪽으로 몰릴 수 있고 전세금 하락에 직접적인 영향을 준다. 또한 투자가 생각대로 안 풀렸을 때를 감안해 본인이 감당할 수준 내에서 무리하지 않게 투자하는 것이 좋다. 지나친 욕심은 더 많은 손실을 가져오고 화를 부를 수 있다는 점도 반드시 명심하자.

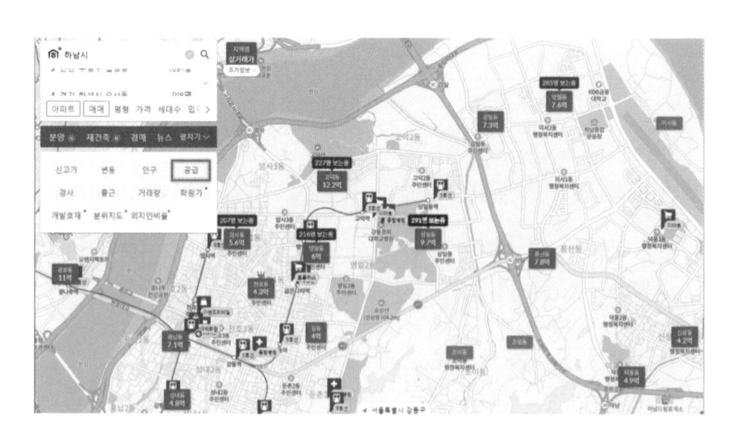

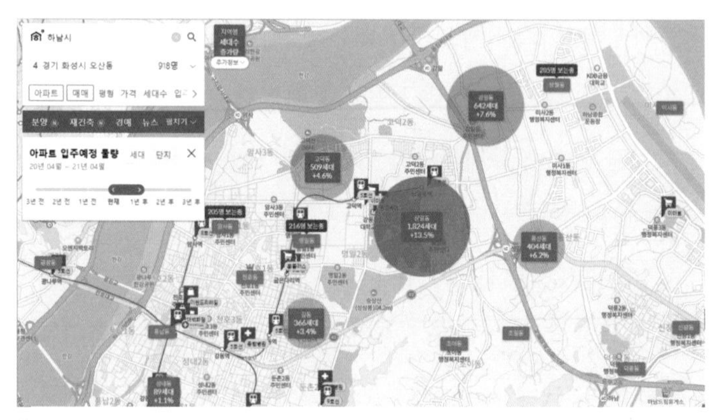

출처 : 호갱노노

부동산 트렌드를 볼 줄 알아야 한다

부동산은 토지와 그것에 정착된 건물이나 수목 등의 재산을 말한다. 대한민국 「민법」에서도 "토지 및 그 정착물은 부동산"이라고 정의하고 있다. 우리는 부동산을 볼 때 겉모습인 정착물과 건물만 보고 계약하는 경우가 많다.

부동산의 본질은 땅에 있다. 입지(立地)가 곧 부동산의 본질이라는 뜻이다. 입지가 좋은 곳은 인구가 유입되는 곳이다. 앞으로 인구가 유입될 입지가 부동산 투자의 핵심이다.

무한 시장	유한 시장
영속성	감가
기말자산–기초자산	금리
양도차익(Capital Gain)	현금흐름(Cash Flow)
자산가치	소득가치
토지	정착물
부동산의 본질	

부동산은 입지가 핵심이다.

부동산 트렌드를 파악하자

앞으로 인구가 많이 유입되는, 입지가 좋은 곳은 어디일까? 서울대학교 소비 트렌드 분석센터가 발간한 《트렌드 코리아 2020》에는 올해 주요 트렌드 중 '편리미엄'을 언급했다. 편리미엄은 편리함과 프리미엄의 합성어로 편리하다면 기꺼이 양질의 제품이나 서비스를 직접 체험하는 데 비용을 지불하는 풍조를 반영한 단어다.

1~2인 가구가 늘고 생활에서 경험과 효율성을 중요한 가치로 여기는 밀레니얼 세대들의 구매력이 커지고 경제활동 인구에서 주요 비중을 차지한다. 그들은 생활에 편하고 도움이 되는 서비스와 제품을 소비하는 데 기꺼이 지갑을 연다. 시간과 노력을 줄이고 경험을 중시하는 지금은 편리함에 기꺼이 비용을 지불하겠다는 사람들이 날로 많아지고 있는 것이다.

'시간 빈곤'에 시달리는 이들은 부족한 시간을 효율적으로 사용할 수 있는지가 소비를 결정하는 데 중요한 요소로 자리 잡는다. 지루하고 반복적인 가사노동은 돈을 지불해서 편리하게 처리하고, 아낀 시간을 활용하여 자기계발을 하거나 다양한 경험을 하려는 성향을 보인다.

통계청에 따르면 지난 2000년만 해도 전체 가구의 15% 비중에 불과하던 1인 가구 수는 2010년 23.9%를 넘어 2019년 현재 전체 가구 대비 29.1%를 차지하며 큰 폭으로 증가했다. 4명 중 1명 이상이 1인 가구인 셈이다.

과거에는 편리미엄, 욜로, 가심비가 반영된 커뮤니티 시설은 고급 주거 시설에만 적용되었지만 지금은 신규 분양하는 아파트에도 이와 같은 시설을 접목하고 있다. 피트니스 센터와 단지 내 도서관, 오픈키친, 게스트하우스, 골프장, 수영장 등 다양한 커뮤니티 시설을 비롯해 스트리트형 상가까지 갖춘 단지가 인기다. 워라밸이 강조되면서 직장과 주거지가 인접한 직주근접성이 더욱 중요한 요소가 되었다.

다시 말해 집 밖이 생활의 중심이었고 집은 단지 쉬는 곳이라는 인식이 강했지만 이제는 집에서도 홈트(홈트레이닝)을 하거나 취미생활을 즐긴다. 또한 파티 같은 교류와 네트워크까지 집에서 하고자 하는 니즈가 강해지고 있다. 집을 고를 때 단지 내 인프라가 얼마나 잘 구축되어 있는지, 편의시설과의 접근성이 좋은지 여부를 따져서 주택 구입을 결정한다.

편리미엄을 살펴라

'~세권'이라는 말을 많이 사용하는데 이와 같은 맥락이다. 스타벅스가 가까이 있는 '스세권', 맥도날드가 주변에 있으면 '맥세권', 슬리퍼를 신고 돌아다녀도 모든 편의시설을 이용할 수 있는 원스톱 생활권을 '슬세권'이라고 한다. 편의시설의 선호도를 반영한 신조어들이다. 서울 성동구 '왕십리뉴타운'은 강북의 대표적인 도심 낙후 지역 중 하나였다. 하우스 푸어 사태가 터졌던 2012년 첫 분양 당시만 해도 부동산 불황기에 공급된 그야말로 쳐다보지도 않던 단지였다.

왕십리뉴타운 2구역 센트라스 아파트가 3.3m²당 2,000만 원(전용면적 59m² 기준)에 분양되자, '너무 비싸다'는 의견이 대다수였다. 결과적으로 분양 참패로 이어졌다. '그럴 줄 알았다'는 전문가들도 많았고, 미분양 아파트 상당수는 할인 분양을 감수해야 했다. 최초 분양가에서 최대 6,000만 원까지 폭탄 세일을 한 곳도 있다.

하지만 이제 분위기는 완전히 바뀌었다. 30~40대 직장인 수요자들이 '도심 접근성'과 '교통', 단지 주변의 '인프라'를 주거지 선택의 최우선 요소로 고려하면서 왕십리뉴타운은 고급 주거 단지로 변모했다. 현재는 4,000여 세대의 명품 아파트촌으로 탈바꿈했다. 단지 주변에는 스타벅스가 두 개나 입점했으며 CGV 영화관, 이마트, 대형 슈퍼마켓, 각종 음식점들을 슬리퍼를 신고 돌아다닐 수 있는 서울의 대표적 슬세권 아파트 단지가 되었다.

이제는 주택을 고를 때 단순히 먹고 자는 주거공간의 개념에서 확대되어 직주근접뿐만 아니라 이런 문화 여가 활동이 가능한 커뮤니티 시설까지 고려하기 때문에 편리미엄의 중요성이 날로 커질 것이다.

프리미엄 5요소, 마이너스 1~2개면 바로 투자하자

프리미엄 5요소

이렇듯 사람들이 늘 찾고 선호하는 프리미엄 요소가 형성되어 있는 지역의 부동산은 지속적으로 오른다. 프리미엄을 형성하는 다섯 가지 요소는 교통의 편의성과 우수한 학군, 편리한 인프라, 고소득 일자리와의 접근성이다. 추가적으로 브랜드, 대단지, 신축 여부도 영향을 미친다. 부동산은 인간의 생애주기와 함께 사회적 트렌드를 고려해야 한다. 특히 연령대별로 선호하는 부동산의 특징을 파악하면 좋다.

교통 편의성

신혼부부라면 출퇴근하기 좋은 곳을 내 집 마련 우선 요소로 고려한다. 통근하기 좋은 역세권, 직주근접 지역이 내 집 마련 선호 지역이다. 명품 주거지가 형성된 강남과의 접근성이 좋은 도로(경부고속도로, 강남순환도로)와 교통망을 살펴보자. 지하철(2·3·4·7·8·9호선, 신분당선), GTX-A, SRT, 수도권이라면 광역버스(서울 도심, 삼성, 강남, 잠실, 판교 등 일자리 밀집 지역으로 가는 버스)가 정류장이 단지 앞에 있다면 좋다.

우수한 학군

학령기(學齡期, 초등학교 의무교육을 받아야 할 나이. 만 6~12세) 자녀를 둔 가정은 어디를 선호할까? 초등학교가 가까운 아파트나 가급적 큰 길을 건너지 않고 단지 안에 초등학교가 있으면 더 좋다. 초등학교를 품은 아파트를 '초품아'라고 부른다. 초등학교도 중요하지만 중학교는 더 중요하다. 학업성취도 평가가 우수한 상위 20개 중학교 주변 단지를 눈여겨보자. 주변에 학원가가 잘 형성되어 있으면 더 좋다. 최근에는 사교육을 더 중요시하는 분위기가 형성되어 있다. 최근 정부는 자율형 사립고(자사고)를 폐지하는 정책을 발표했는데 전통적인 강남 8학군은 더 각광받게 된다.

편리한 인프라

아이들이 이미 대학 진학을 했거나 출가한 가정이라면 학군보다는 거주 만족도를 고려해 공기 좋은 숲세권, 공원이 인접한 공세권을 더 선호한다. 대표적으로 서울 노원구 중계동은 아이들이 대학을 진학하면 이사를 많이 가는 곳 중에 하나다.

백화점과 대형 쇼핑몰이 인접한 몰세권, 공원, 병원, 서점, 카페, 영화관 등 생활 편의시설들이 잘 갖춰진 곳은 높은 가격을 형성한다. 백화점의 위치를 꼭 한번 파악해보자. 백화점은 고차 상업시설로 우리나라 상권의 흐름을 꿰뚫고 있는 유통 메이저 3사(신세계, 현대, 롯데)가 입점 지역을 고를 때 사람들이 몰리는 길목에 백화점을 짓기 때문이다. 백화점은 편리한 인프라 요소의 대명사다.

고소득 일자리와의 접근성

워라밸 시대에는 직장과 주거지의 접근성이 좋은 지역의 선호도가 높다. 일반적으로 출퇴근 시간이 30분 이내라면 통근 시간이 적당하다고 생각한다. 직장이 몰려 있는 지역과 30분 이내 권역을 선호하기 때문에 이런 곳은 신혼부부들의 수요가 풍부한 곳이다. 2030서울플랜에서 선정한 3도심(시청~광화문, 강남, 영등포·여의도), 7광역중심(잠실, 용산, 청량리·왕십리, 마곡, 상암·수색, 가산·대림), 판교에는 특히 고소득 일자리가 밀집되어 있다. 상장기업의 본점 소재지, 고층빌딩이 밀집한 오피스 지역, 금융업 밀집 지역, 4차 산업혁명을 주도하는 IT, BT, CT NT 관련 업종이 모여 있는 지역을 기점으로 '30분 이내'로 접근이 가능한 지하철역 7~8개 정거장 이내의 역세권을 특히 눈여겨보자.

브랜드/대단지/신축

부동산도 바야흐로 브랜드 시대에 접어든 지 오래다. 1군 건설사가 짓는 브랜드 아파트는 선호도가 매우 높은 편이다. 삼성물산(래미안), GS건설(자이), 현대건설(힐스테이트, 디에이치), 대림산업(이편한세상, 아크로),

대우건설(푸르지오), 포스코건설(더샵), 롯데건설(캐슬), SK건설(뷰), 현대산업개발(아이파크), 한화건설(꿈에그린, 포레나), 두산건설(위브) 등이 있다.

통상 단일 단지로 1,000세대 이상이면 대단지라고 하는데 단일 단지로 800세대 이상이거나 주변에 아파트 단지가 밀집되어 있으면 세력을 형성하기 때문에 선호도가 높다. 신축 아파트는 준공된 지 10년 이내를 일컫는다. 최근 서울 아파트는 공급 부족으로 입지를 불문하고 신축 자체로 입지의 한계를 극복하는 현상이 발생하기도 한다. 최근 서울 내 5년간 공급 물량이 급감하기 때문에 입주 10년 차 이내 아파트의 인기는 계속될 전망이다.

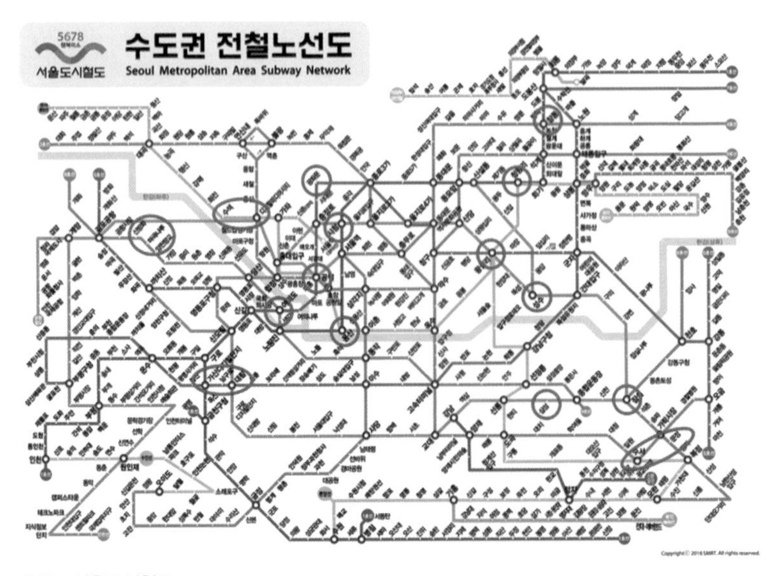

출처 : 서울도시철도
2030서울플랜 주요 일자리 거점 지하철역(표시) 기준 7~8정거장 이내 지역을 주목해보자.

한두 가지가 부족하면 오히려 기회가 된다

프리미엄을 형성하는 네 가지 요소인 교통, 학군, 인프라, 좋은 일자리와의 접근성이 좋은 지역의 아파트는 매우 비싼 가격을 형성하고 있다. 게다가 브랜드와 대단지, 신축이면 그 지역의 가격을 주도하는 랜드마크 아파트가 된다. 800세대 이상으로 이루어진 대단지 브랜드 아파트는 다양한 커뮤니티 시설까지 갖추고 있다. 그 지역을 상징하는 랜드마크 아파트는 주변 가격 형성을 주도하고 시세에 직접적인 영향을 미치는 '대장주' 아파트다.

투자를 할 때 이런 프리미엄 요소가 모두 충족된 대장주 아파트만을 고집할 필요는 없다. 물론 자금이 여유롭다면 이런 요소들이 다 충족되면 좋겠지만, 이 중에 1~2가지가 부족하다면 우리에게 오히려 기회가 될 수 있다는 점을 기억하자.

2019년 3월 강남 역삼동에서 청약 경쟁률이 2 : 1 이상을 기록한 주상복합 아파트가 있다. 청약 부적격으로 인해 청약통장 없이 계약금 10%만 있으면 매입할 수 있는 매물이었다. 모델하우스에서 천천히 보고 남은 층을 고를 수도 있는 상황이었다. 분양가가 9억 원 이상인데 중도금 대출이 40%까지 되는 강남 신축 아파트라는 파격적인 조건까지 갖추고 있었다.

좋은 기회다 싶어 수강생들에게 적극 알려야겠다는 생각에 유튜브 채널(내 집 마련 뽀개기, 집뽀TV)을 통해 촬영이 불가능한 모델하우스를 몰래 찍어 작은 목소리로 영상을 업로드했다. 이 정보를 알고 있는 수강생들은 이 기회를 잡았을까? 대다수가 모델하우스를 직접 둘러보고

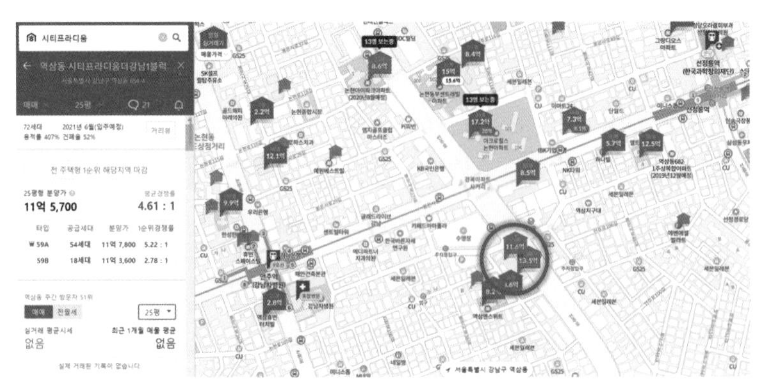

출처 : 호갱노노 / 시티프라디움 더 강남 위치

도 계약하지 못했다.

그 이유는 알려져 있지 않은 건설사 브랜드에 100여 세대의 소규모 주상복합 아파트, 그리고 분양가 10억 원대, 강남이지만 학군 지역이 아니라는 고정관념의 벽을 넘지 못했기 때문이다. 부동산 투자에서 과거를 이야기하면 마음 아픈 경우가 많은데 이 사례는 다시 생각해도 아쉽기만 하다.

강남에 신축 아파트를 계약금 10%로 살 수 있는 조건은 내 인생에서 두 번 다시 오지 않을 기회다. 브랜드 가치가 약하고 소규모 세대수 아파트라 할지라도 좋은 일자리에 대한 직주근접성과 우수한 인프라, 신축이라는 요소가 있다면 망설이지 말고 적극적으로 투자하자. 5가지 프리미엄 요소 중 1~2개 정도 부족하다면 오히려 기회가 된다는 점을 꼭 기억하자.

나 홀로 아파트, 아파트 저층, 브랜드가 아닌데 괜찮을까?

고정관념을 버리자

수강생들로부터 "나 홀로 아파트는 사도 괜찮을까요? 1층 급매로 나왔는데 사도 좋을까요? 브랜드가 아닌 아파트를 사려고 하는데 어떨까요?"라는 질문을 자주 받는다. 부동산을 잘 모르더라도 아파트는 가급적이면 최소 800세대 이상의 대단지 아파트와 로열층(통상적으로 중간층 이상에서 탑층을 뺀 층을 로열층이라고 한다. 15층 아파트면 7~14층을 말한다), 브랜드 아파트가 좋다고 알고 있기 때문에 선뜻 매수하기가 쉽지 않다.

나는 무조건 '이런 아파트는 사면 안 됩니다'라고 말하지 않는다. 잇따른 집값 상승과 나날이 발표되는 강도 높은 부동산 규제정책으로 인해 실수요자 역시 대출이 어려워져 내 집 마련의 꿈을 이루기가 점점 어려워지고 있다. 요즘 전세가격도 계속 오름세다. 먹자니 먹을 것이 없고, 버리자니 아까운 계륵으로 여겨졌던 나 홀로 아파트를 찾는 수요도 증가하고 있기 때문에 다시 검토해볼 필요가 있다.

잘 고른 나 홀로 아파트, 대단지 안 부러운 효자

나 홀로 아파트는 일반 주택가 또는 여러 아파트 단지 사이 좁은 땅을 활용해 지어진 소규모 아파트를 말한다. 통상 300가구 미만의 1~2개 동으로 이루어져 있다. 나 홀로 아파트는 부동산 시장에서 선호하는 대상은 아니다. 대단지 아파트에 비해 도로 등 기반시설이 열악하고 커뮤니티 시설이 빈약하다. 또한 가구 수가 적어 환금성이 좋지 않아 프리미엄 차익을 기대하기도 어렵기 때문에 비선호 대상이다. 하지만 이런 나 홀로 아파트도 재평가해볼 수 있다.

나 홀로 아파트는 대개 상업지역 가까이 자리 잡은 경우가 많아 교통이 좋고 인근에 편의시설이 많다. 덕분에 일반주택보다 편리한 라이프 스타일을 즐길 수 있다. 다양한 버스 노선 등 편리한 교통 여건도 장점이다. 가격 경쟁력이 좋은 편이기 때문에 신혼부부나 1~2인 가구를 중심으로 수요가 많다. 대단지 브랜드 아파트의 매매가에 자금이 못 미친다면 그 옆에 있는 나 홀로 아파트도 눈여겨보자.

다음 필수 요소를 충족하고 있다면 적극적으로 고려해볼 만하다.

첫째, 아파트가 밀집한 곳이어야 한다. 세력을 형성하는 힘이 있기 때문에 아파트 가격을 서로 주고받으며 시너지 효과가 발생하기 때문이다. 상승하는 힘이 지속되는 곳이다. 또한 대단지 편의시설도 공유할 수 있다. 대단지 아파트는 해당 단지를 중심으로 학군, 교통, 상업 시설 등이 빨리 자리 잡는다. 대단지 옆 나 홀로 아파트는 그런 편의시설이나 프리미엄을 공유함과 동시에 시세 상승을 기대할 수 있다.

둘째, 가격적인 장점이 있어야 한다. 나 홀로 아파트는 소규모의 땅에 중견 또는 중소 건설사가 짓는 경우가 많기 때문에 주변 브랜드 아파트보다 매매가가 저렴한 편이다. 하지만 대단지 옆에 있으면 가격 상승의 영향을 받아 가격이 이미 많이 올라 있거나 대단지 가격 대비 저렴하지 않는 경우가 있는데, 이는 주의해야 한다. 나 홀로 아파트는 가격이 저렴하지 않다면 사용가치는 있을지 모르지만 투자가치는 없다고 봐야 한다. 이런 단지들은 통상 전세가격이 높게 형성되어 있다. 아무리 대단지 옆에 있다고 할지라도 대단지 아파트 매매가의 최대 70%를 넘지 않는 것이 좋다.

서울시 성동구 홍익동의 청계대주파크빌은 1,702세대의 텐즈힐1단지와 1,332세대의 청계벽산과 인접해 있는 아파트다. 텐즈힐1 33평 아파트는 14억 원 이상을 호가하는 반면, 101세대의 청계대주파크빌

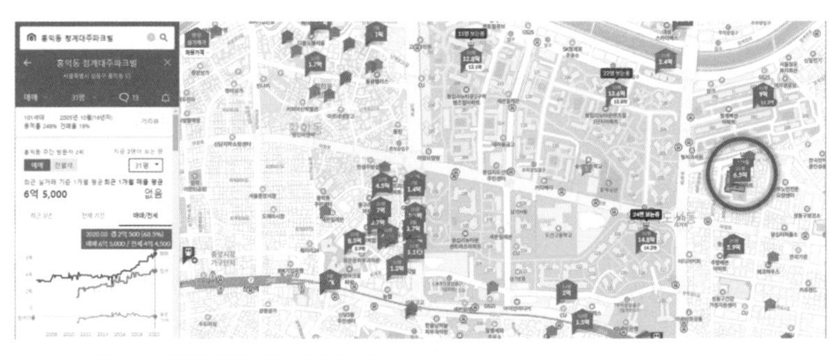

출처 : 호갱노노 / 홍익동의 청계대주파크빌

은 현재 같은 평형대 시세가 6억 원 중반 선이다. 해당 단지는 왕십리뉴타운(텐즈힐1, 텐즈힐2, 센트라스 아파트)으로 구성된 4,000세대를 가까이 하고 있는데, 1년 사이 매매가격이 6,000만 원 상승했고, 그래프상 전세가격도 꾸준히 오른 것을 확인할 수 있다.

왕십리뉴타운에 형성된 상가 내 병원. 스타벅스 등 카페, 음식점, 대형마트 등 인프라가 풍부하고 대단지 안에 있는 초등학교, 공원 등을 이용할 수 있다. 특히 지하철 2호선이 인접해 일자리가 풍부한 도심과의 접근성이 뛰어난 장점도 가지고 있다.

저층, 비로열 동도 잘 고르면 황금알을 낳는다

아파트의 저층은 수요자들의 관심을 받지 못하는 곳이었다. 사생활 침해와 범죄에 노출되기 쉽고 답답한 조망과 일조량도 부족하다는 이유로 찬밥 신세였지만 최근에는 구조적으로 많은 개선이 이루어졌다. 저층도 가격이 저렴하다면 나쁘지 않다. 저층이 로열층 대비 가격이 안 오른다는 이유로 매수를 꺼리지만 이 역시 가격적 장점이 있다면 로열층만 고집할 필요 없다. 물론 로열층보다는 덜 오르는 것이 사실이다.

그런데 이렇게 생각해보자. 싸게 매입한 대신 팔 때도 조금 저렴하게 팔면 된다. 아이나 노약자가 있는 가정은 오히려 저층을 선호한다. 1층은 어린이집으로 세를 줄 수도 있다. 1층에 특화된 공간이 있거나 앞마당을 이용할 수 있는 아파트도 있다.

로열층만 고집하는 태도는 바람직한 자세가 아니다. 지금은 다른 사람의 소비 패턴을 따라가거나 과시적인 소비 대신 경험을 중시하고 자기만족을 지향하는 가치소비의 시대다. 저층은 저층대로 탑층은 탑층대로 역과 가까운 동과 어린이집이 가까운 동, 공원이 가까운 동까지 모두 나의 생활 패턴에 따라서는 '로열'이 될 수 있다. 통상 시세 대비 20% 이상 저렴하다면 1층도 적극적으로 매수를 고려해보자.

필수 요소를 충족하면 오피스텔 투자도 좋다

주거복합단지 내 오피스텔

단지 내에서 쇼핑 및 여가 생활을 즐길 수 있는 다양한 복합단지가 들어서는 등 최근 건설업계는 '편리미엄' 트렌드에 최적화된 맞춤형 특화 상품들을 선보이고 있다. 주거복합단지 내 오피스텔이 대표적인 사례다.

주거복합단지란 주거와 상업시설이 합쳐진 주상복합의 의미를 넘어 주변 인프라와 서로 밀접하게 상호 보완하는 곳이다. 이러한 단지는 도심에 위치해 단지 내부뿐 아니라 인근에서 풍부한 생활 인프라를 누리는 원스톱 입지 환경을 갖추는 경우가 많아 편의를 중시하는 젊은 층을 중심으로 높은 인기를 끌고 있다.

현관문을 나서면 대형 백화점과 마트, 문화시설을 이용할 수 있는 주거복합단지 오피스텔은 생활의 편리함을 우선으로 추구하는 편리미엄, 욜로, 가심비, 워라밸이 실현된 가장 최적화된 공간이다. 또 나홀로 오피스텔보다 조경, 평면 및 시스템 등 상품성이 뛰어나고 관리비 부담도 상대적으로 낮아 실수요자 및 세입자의 선호도가 높고 자산가치 상승 효과까지 기대할 수 있다. 밀레니얼 세대, 1~2인 가구, 비혼 전문직 종사자들의 주거 및 매입 비중이 높다.

시그니엘, 한남더힐, 트리마제 같은 고급 주거시설은 수십억에서 수백억을 호가하기 때문에 쉽게 접근하지 못하는 것이 큰 단점이다. 하지만 초소형 프리미엄 오피스텔은 이런 고가 주택에 적용된 커뮤니티 시설과 편리한 주거 서비스를 고스란히 담고 있으면서 특화된 호텔급 서비스를 접목해 프리미엄도 누릴 수 있는데 상대적으로 기존 고가 주택보다 가격이 싸다.

주택은 자금 조달이 가장 큰 난관인데 이런 상품은 까다로운 주택대출 규제를 피할 수 있고, 3억 원 이상 주택을 매입할 때 제출하는 자금조달계획서와 9억 원 초과 시 의무적으로 제출해야 하는 증빙서류도 필요 없다. 대출이 불가능해 매입 자체가 쉽지 않아 아파트를 구매하는 수요가 점점 줄어드는 아파트피케이션(Apt-fication, 서울의 집값 상승으로 수도권으로 내몰리는 현상)으로 차별화와 희소성이 강점인 주거복합단지 내 프리미엄 오피스텔은 대체 상품을 찾으려는 수요 증가와 더불어 향후 소형 가구를 위한 새로운 주거 트렌드로 자리 잡을 전망이며, 투자가치 또한 높아질 것이다.

고밀도 업무 시설과 커뮤니티 시설

유튜버 같은 1인 사업자, 쇼핑몰 운영, 벤처 사업가 등 획기적인 아이디어나 사업을 통해 자산을 구축한 밀레니얼 세대를 일컫는 영앤리치(Young and rich)가 부동산 시장에서 큰손으로 급부상하고 있다. 과거 부자들은 강남권 대단지 아파트, 서초동과 방배동의 고급 대형 빌라를 선호했다면 영앤리치는 업무 지역의 접근성과 주거 편리성을 중요하게 여긴다. 영앤리치뿐만 아니라 1~2인 가구 역시 주택을 고를 때 출퇴근의 용이성과 주거 편리성을 눈여겨본다.

2019년 6월 마포역 초역세권에 공급된 '마포 리버뷰 나루하우스' 역시 호텔급 서비스와 인피니트풀 등 커뮤니티를 갖춘 오피스텔로 2개월 만에 완판되었다. 교통 편의성과 고소득 일자리가 많이 포진되어 있는 강남권은 분양시장에서도 고급 커뮤니티 시설을 품은 오피스텔이 강세를 보였다.

2019년 초 신사역에 선보인 '신사 멀버리힐스'는 대리석 바닥과 이탈리아산 타일 등을 사용해 풀 퍼니시드 시스템 오피스텔로 인기를 끌었는데 84 : 1이라는 높은 경쟁률로 청약이 마감되었다. 롯데건설이 짓는 '펜트힐 논현', 강남역의 '강남루덴스', 송파구 문정동의 '르피에드' 등도 속속 완판되었다. 여타 오피스텔보다 분양가격이 비싸지만 인기가 있는 이유는 고밀도 업무 지역에 수영장, 헬스장, 비즈니스 라운지, 게스트하우스 같은 호텔급의 커뮤니티 시설과 조식, 세탁, 발렛파킹 등 생활 편의 서비스를 제공하기 때문이다. 사용가치가 높아 실수요자뿐만 아니라 시세 상승을 노리는 투자자의 니즈를 충족한다.

삼성역 개발 호재

강남권 초소형 프리미엄 주거 상품의 선호 현상은 앞으로도 지속될 것이다. 특히 2020년 상반기 착공 예정인 삼성역 국제교류 복합지구 개발 사업과 영동대로 지하화 사업으로 이 지역의 유동인구와 고용 유발 효과가 상당하기 때문에 많은 수요 창출이 예상된다.

실제로 서울시와 현대자동차 등에 따르면 지난 2014년 11월부터 반년 동안 진행된 도시행정학회 용역 결과 글로벌비즈니스센터(GBC)의 경제 효과는 27년간 264조 8,000억 원, 고용 창출 효과 121만 5,000명으로 조사됐다.

삼성역에는 현대자동차 그룹의 105층 신사옥 GBC 사업이 진행 중이다. 게다가 삼성역 사거리부터 코엑스 사거리에 이르는 영동대로 지하 공간에는 지하 6층, 연면적 22만m^2 규모의 복합환승센터가 들어선다. 수도권광역급행철도 GTX A, C 노선, 위례신사선 등이 완료되면 수도권 광역 교통의 중심으로 자리매김하게 된다.

이 지역을 중심으로 반경 3km 이내의 유동인구를 상상해보자. 그 수혜를 직접 받는 강남구 삼성동은 자고 나면 집값이 뛴다고 할 정도로 매매가가 빠르게 상승하고 있다.

강남구 삼성동 힐스테이트 2단지 아파트는 전용 39m^2(약 15평) 원룸이 12억 4,500만 원에 실거래되었다. 이런 초소형 구조는 세대수가 작아서 사고 싶어도 살 수가 없다. 매물이 워낙 귀하기 때문이다.

출처 : 〈매일경제〉(위), 〈이데일리〉(아래)

부동산 규제정책의 반사이익

상황이 이렇다 보니 아파트보다 상대적으로 가격은 저렴하고 부동산 정책에 의한 대출 규제도 덜하며 커뮤니티와 특화 설계, 서비스까지 갖춘 신규 초소형 프리미엄 오피스텔은 젊은 세대들의 입맛에 딱 맞는다.

낮은 기준금리로 사실상 제로금리 시대에 접어든 만큼 강남권에 위치한 초소형 프리미엄 오피스텔은 각종 부동산 규제정책에서 자유롭고, 청약통장, 주택 수와도 무관하게 분양받을 수 있는 만큼 연이은 부동산 규제정책에서 틈새 상품으로 반사이익을 누리고 있다. 과거에는 이런 주택에 대한 수요가 많지 않았다. 조식과 발렛파킹, 세탁 같은 서비스가 주거시설에 적용된 지 몇 년 되지 않았기 때문이다. 하지만 이런 서비스를 선호하는 수요가 많아지면서 프리미엄 주거시설에는 대세가 되어가고 있다. 과거의 시각으로만 보면 미래를 보지 못하는 우를 범한다. 지금은 빠른 속도로 변화하는 사회환경 속에서 많은 변수들이 존재한다. 시시각각 변하는 부동산 트렌드를 눈여겨보고 과거와는 다른 변수가 있는 미래 부동산 시장에 대한 상상력을 키우자. 같은 것도 다르게 보는 통찰력과 더불어 상상력은 부동산 투자 안목에서 중요한 부분이다.

트렌드가 투자 패러다임을 바꾼다

내 집 마련 자금이 여의치 않으면 출퇴근하기 용이한 지역에서 최대 전세자금대출 비율 80%를 받아 최소의 비용으로 거주하면서 투자 가용 금액 1억 원 내외로 투자처를 물색해보자. 소형 아파트도 좋지만 매매가격이 많이 치솟으면서 1억 원으로 매입하기가 어렵다. 그렇다고 포기하지 말고 강남권에 위치한 주거복합 단지 내 초소형 프리미엄 오피스텔도 관심을 가져보길 바란다. 분양가 대비 10% 계약금으로 매입이 가능하고, 중도금 대출도 전액 가능하기 때문에 신축으로 분양하는 강남권 주거복합단지로 조성된 소형 프리미엄 주택(오피스텔, 도시형 생활주택)은 좋은 투자처가 될 수 있다.

강남권에서 주거복합시설을 겸비한 초소형 프리미엄 레지던스를 구현한 오피스텔이나 도시형 생활주택 분양가는 통상 9억 원에서 15억 원 선이다. '오피스텔과 도시형 생활주택이 어떻게 10억이야?' '말도 안 돼' '이런 걸 누가 사?' '미쳤나 봐'라고 생각한다면 현장을 많이 다니고 배워야 한다. 트렌드는 계속 바뀌고 있다. 트렌드는 투자 패러다임을 바꾼다. 내가 모르는 세계에 대한 막연한 두려움을 떨쳐내야 같은 것을 남들과 다르게 볼 수 있다.

수익형 vs 차익형 부동산

월세 받는 삶을 꿈꾼다고 밀레니얼 세대들이 오피스텔을 목적 없이 덜컥 사는 경우를 많이 보았다. 오피스텔은 대표적으로 월세를 받는 수익형 부동산 상품이다. 월세는 근로를 하지 못해 노동소득이 없을 때 유효하다. 경제활동을 왕성하게 하는 연령대라면 시세 차익을 노리는 '차익형' 부동산에 집중하는 것이 좋다. 사회초년생일수록 수익형 부동산보다는 매매가격이 억 단위로 오르는 차익형 부동산에 관심을 가져야 자산 증식 속도가 빠르다.

그럼 대표적인 수익형 부동산인 오피스텔도 차익형으로 접근할 수 있을까? 오피스텔은 목적이 분명해야 한다. 월세 수입이 목적이면 원룸을 선택하자. 대출을 가능한 다 받아야 수익성이 좋다. 투자금이 있다고 대출 없이 전액 현금으로 사지 말고 대출을 받아 두 채를 사는 것이 좋다. 차익형으로 투자하겠다면 1.5룸이나 투룸 이상 오피스텔에 투자하자. 다음 요건을 충족하면 충분히 시세 차익도 가능하다.

- 고밀도 업무 지역 : 반드시 좋은 일자리가 많은 지역과 비중이 늘어나는 지역에 사야 한다. 3대 업무 지역(시청·광화문의 도심권, 강남, 여의도 주변)과 같이 일자리가 풍부해야 수요가 많다.
- 초역세권 : 도보 5분 이내에 지하철역이 있어야 한다.
- 주변 아파트 가격이 10억~15억 원 이상 호가하는 지역 : 근처 아파트 가격이 비싸야 오피스텔을 주거 대체재로 접근한다.
- 1군 브랜드 : 현대 힐스테이트에코, 대림 이편한세상시티 , 롯데캐슬시티 등 1군 업체들이 시공한 오피스텔 브랜드의 선호도가 높다.

단, 오피스텔 투자 시 주의해야 할 점이 있다. 10년 이상 보유할 경우 하자 보수, 유지 비용이 많이 든다는 단점이 있다. 노후되는 속도가 빠르기 때문에 10년 이상 보유하지 않는 것이 좋다. 10년 내 매도 전략을 반드시 수립하고 투자하는 것이 좋다.

오피스텔은 오피스와 호텔을 합친 말로 사무실이나 주택으로 사용할 수 있는 '준주택'이다. 그래서 주택(1.1~3.3%)보다 취득세가 높다(4.6%). 신축 오피스텔 분양가에는 부가세가 포함되어 있다.

최초로 일반임대사업자로 등록하면 사무실 임대로 보고 주택으로 간주하지 않기 때문에 분양가에 포함된 부가세를 환급받는다. 주택으로 전월세를 받고자 하는 경우에는 주택임대사업자로 등록해야 한다. 주택임대사업자로 등록하면 주택으로 간주하기 때문에 부가세는 환급받을 수 없다.

일반임대사업자가 오피스텔을 전세로 주면 환급받은 부가세를 다시 반환해야 한다. 주택임대사업자만 전입신고가 가능하며 주택으로 간주되고 전월세를 받을 수 있다는 사실을 명심하자.

왜 부동산 가격은 등락을 반복할까?

부동산의 속성

부동산 가격이 형성되는 원리를 이해하기 위해서는 부동산이 가지고 있는 재화의 속성과 수요·공급을 파악해야 한다.

| 수요곡선과 공급곡선 |

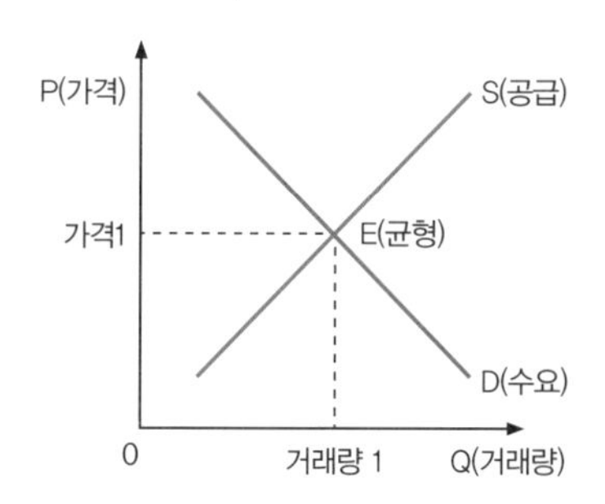

보통 재화의 가격이 올라가면 수요는 감소하기 때문에 반비례 곡선을 나타낸다. 반면 가격이 올라가면 공급을 늘리려 하기 때문에 정비례 곡선을 보인다. 일반적인 상품의 가격은 수요곡선과 공급곡선의 교차점에서 형성된다.

부동산 가격이 형성되는 원리도 이렇게 간단 명료하면 좋을 텐데 다소 복잡하다. 사람들은 부동산 가격이 올라가면 어떤 반응을 보일까?

일반적인 상품은 가격이 상승하면 수요가 줄어드는 반비례 곡선을 보이지만, 부동산은 가격이 상승하면 수요가 늘어나는 정비례 곡선을 보인다. 부동산 가격의 오름세가 지속할 것이라는 기대로 인해 부동산을 구입하려는 수요는 증가하고, 가격이 계속 상승한다.

이런 기대 심리는 가수요로 반영되는데 거주 목적으로 구매하는 실수요자와 시세 상승으로 인한 이익 실현을 기대하는 가수요자가 섞이면서 부동산 시장이 투기의 장으로 변하고, 실수요자들의 주택 구매는 더 힘들어진다.

코로나19 바이러스로 마스크에 대한 수요가 폭발적으로 증가하면서 가격도 폭등했다. 하지만 이 폭등세는 공적 마스크 공급을 통해 잠잠해졌다. 생산 라인을 증설하고 노동력을 더 투입해서 생산 가동률을 높여 공급량을 늘렸기 때문이다. 이처럼 공산품은 가격이 조금만 올라가도 공급량을 늘릴 수 있다. 이런 상품을 일컬어 '공급의 가격 탄력성이 높다'고 표현한다.

하지만 농산물의 경우 가격이 급등해도 공급량을 바로 늘릴 수 없다. 농산물은 수확하는 데까지 걸리는 시간을 인위적으로 조절할 수 없기 때문이다. 그해 흉년이면 농산물의 가격은 폭등하고, 반대로 풍년이면 농산물 가격이 폭락한다. 이처럼 공급을 마음대로 늘렸다 줄였다 하기 힘들기 때문에 농산물은 공급의 가격 탄력성이 낮다.

| 공급과 가격탄력성의 상관관계 |

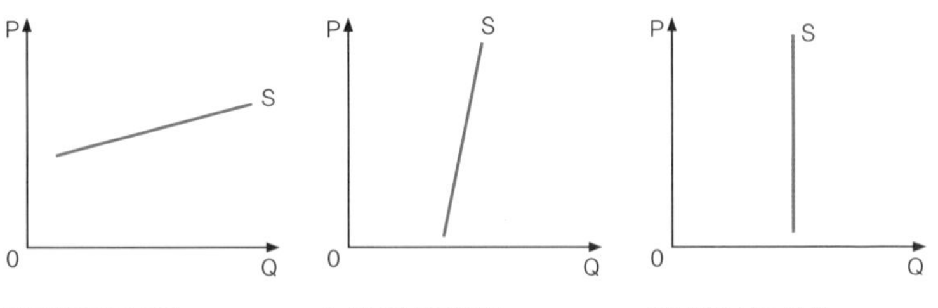

공산품의 공급 곡선
: 공급의 가격 탄력성이 높다.

농산물의 공급 곡선
: 공급의 가격 탄력성이 낮다.

부동산의 공급 곡선
: 공급의 가격 탄력성이 0에 가깝다.

그러면 부동산은 어떤 특징을 보일까? 아파트를 예로 들어보자. 아파트는 가격이 폭락하면 공급을 줄이고, 가격이 급등하면 공급량을 바로 늘릴 수 있을까? 아파트를 지으려면 먼저 토지, 집을 지을 수 있는 택지를 확보해야 한다. 토지 주인에게 보상을 하고, 그곳에 살고 있는 사람이 있다면 이주도 해야 하므로 상당한 시간이 필요하다.

이렇게 택지를 개발한 후 건설 공기에 따라 순서대로 지으려면 짧게는 3년이라는 기간이 소요된다. 붕어빵처럼 바로바로 찍어낼 수 없으므로 아파트는 공급의 가격 탄력성이 0에 가깝다.

아파트 가격이 계속 오름세를 보이면 기대 심리를 가지고 부동산을 투자하는 가수요가 발생한다. 정상적인 수요 대비 가격이 A지점, 가격1로 거래가 이루어져야 하지만, 실제로는 B지점, 가격2로 거래가 이루어지는 가격 왜곡 현상이 발생한다.

시세 차익을 기대하는 투기적 수요(가수요자)가 부동산 시장에 유입되면 실수요

| 가수요가 증가한 부동산 시장의 수요·공급 곡선 |

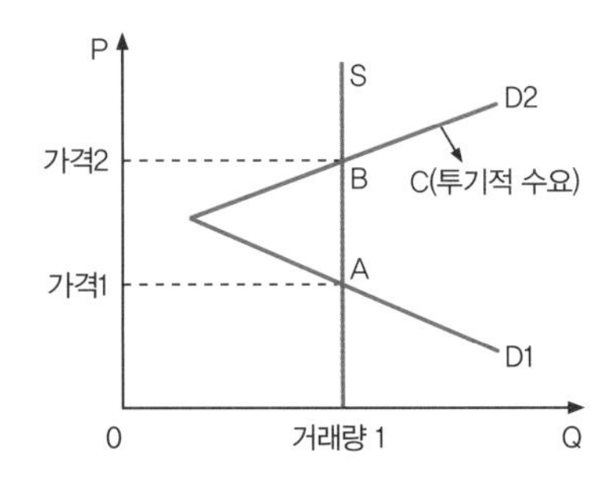

자들 입장에서는 가격1보다 더 높은 가격2로 구매할 수밖에 없다.

이렇듯 가수요가 증가하면 실수요자의 주택 구매는 더 힘들어진다. 불경기에도 최근 서울의 아파트 가격이 상승한 이유는 공급 부족으로 인해 가격이 지속적으로 상승할 것이라는 기대 심리와 불안 심리가 반영되어 실수요와 가수요가 몰리는 탓에 '점 상승' 양상을 보인다. '점 상승'이란 부동산 거래가 성사된 뒤, 다음 매물이 직전 매매가격보다 높은 가격으로 신고가를 찍는 것을 말한다. 거래량을 동반하지 않은 불안한 가격 상승인 셈이다.

유동성, 새로운 변수의 등장

지금 전 세계 경제는 뉴노멀(new normal, 저성장·저금리·저물가) 흐름 속에 있는데, 부동산 가격만 나 홀로 상승을 거듭하고 있다. 부동산 시장에 '유동성'이라는 강력한 변수가 등장했기 때문이다. 부동산 가격 하락의 모든 악재를 무색하게 할 만한 변수이다.

유동성은 어떤 자산을 얼마나 적은 비용으로 신속하게 현금화할 수 있는가 하는 정도를 나타낸다. 유동성이 높은 자산은 손쉽게 현금으로 바꾸어 지출에 이용할 수 있다.

은행의 보통예금은 정기예금에 비해 유동성이 높다. 정기예금은 만기 전에 해지하면 당초 금리보다 훨씬 낮은 중도해지금리가 적용되어 예금자가 금리 면에서 손해를 감수해야 하지만, 보통예금은 특별한 금리 손실 없이 아무 때나 현금으로 찾아서 사용할 수 있다. 물론 유동성이 가장 높은 자산은 현금이다.

미국의 신용평가사 스탠더드앤드푸어스(S&P)는 2019년 12월 4일 "디플레이션이 한국 경제를 위협하고 있다"고 경고했다. 디플레이션은 물가가 하락하는 현상으로 자본주의 경제에 암이 걸린 것과 같다는 뜻이다. 정부는 경기부양을 목적으로 돈을 풀고 있는데, 불경기에 부동산 가격이 오르는 난감한 현상이 발생하는 이유는 그 돈이 소비·투자·생산 쪽으로 흐르지 않고 오로지 부동산 쪽으로만 몰리고 있기 때문이다. 이런 불경기에는 부동산만 한 안전자산이 없다는 믿음이 초래한 결과이기도 하다.

유동성이 바로 현금화할 수 있는 자산의 속성을 나타내는 말이지만, 일상생활에서는 유동성이 '돈, 자금, 통화량' 등 금융자산 자체를 의미하는 말이기도 한다. '시중 유동성이 풍부하다'는 말은 '시중에 자금이 많다' 또는 '시중에 통화가 많이 풀려 있다'는 의미다. 2019년 11월까지 집계된 유동성이 풍부한 단기 부동자금은 무려 1,049조 9,649억 원이었다.

전 세계 경제는 유례없는 유동성 장세를 맞이하여 저성장으로 자산소득이 극대화되고 있다. 유럽은 경제성장률이 마이너스를 기록하면서 각국 중앙은행은 저금리, 제로금리 시대를 넘어 마이너스 금리를 도입했다.

독일의 GDP는 2014년 이후 급락했으나 주택매매지수는 2010년부터 현재까지 계속 상승 중이다. 런던, 프랑스도 마찬가지이며, 미국 주택가격지수 역시 경제성장률과 별개로 2012년 이후 계속 상승하고 있다. 경제성장률은 바닥인데 부동산 가격은 상승하는 과거에 볼 수 없었던 현상이 나타나고 있는 것이다.

2019년 10월 JTBC 〈썰전〉에서는 에셋파킹(Asset parking)이 전 세계 부동산 급등의 원인이라는 분석이 다뤄졌다. 전 세계 부동산을 강타한 에셋파킹이란 자산(asset)과 주차(parking)가 합쳐진 부동산 업계의 신조어로, 정치적 또는 경제적으로 불안정한 개발도상국의 부호들이 자국보다 상대적으로 안전한 선진국에 자금을 보관하는 것을 의미한다. 중국인들이 주택을 사들인 밴쿠버의 부동산 가격도 30% 이상 급등했으며 뉴욕, 런던, 시드니, 홍콩 등 선진국 주요 대도시에서 이런 현상이 벌어지고 있다.

우리나라도 마찬가지다. 한국 내에서도 서울의 아파트라는 자산으로 에셋파킹을 하는 단기 부동자금이 많이 몰렸다. 이런 유동성 장세에는 뾰족한 대안이 없다. 유일한 대안은 이 시장에 참여해서 앞으로 나타날 화폐가치 하락을 버틸 수밖에 없는 것이다.

투자 심리가 위축되면 공급을 줄일 수밖에 없고, 공급 부족이 심화되면 가격이 급등할 가능성이 커진다. 공급의 가격 탄력성이 완전 비탄력적인 0에 가까운 부동산의 속성을 꼭 기억하자. 가격 하락에 일희일비하지 않고 10년을 내다보는 안목으로 미리 준비해야 한다.

4장

내 집 마련을 위한 필수 매뉴얼

내 집 마련 뽀개기 1 - 실거주와 투자를 동시에 하자

자산 증식의 출발점이면서 가장 중요한 첫걸음인 내 집 마련을 위한 구체적인 방법에 대해 알아보자. 우선 부동산은 목적이 분명해야 한다. 거주만 할 것인지 아니면 투자 목적으로 접근할 것인지, 두 가지를 모두 충족할 것인지를 먼저 정해야 한다. 어떤 선택이냐에 따라 다

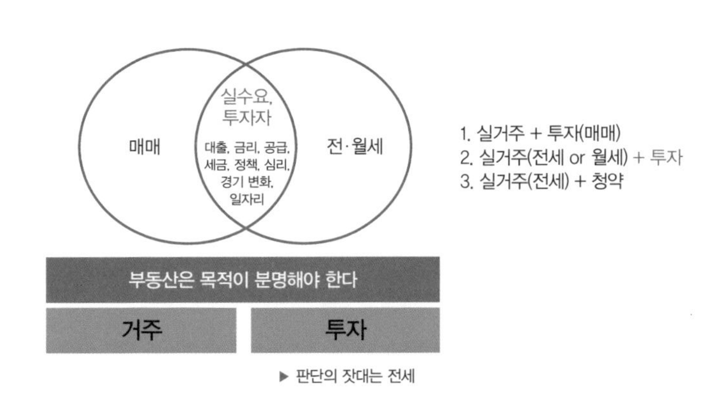

른 접근 방식이 필요하다. 내 집 마련 전략은 크게 세 가지로 분류해볼 수 있다.

실거주와 투자의 목적을 함께

첫 번째는 실거주와 투자 목적을 동시에 만족하는 전략이다. 내가 거주하는 집의 사용가치와 투자가치라는 두 마리 토끼를 잡을 수 있는 가장 이상적인 방법이다. 그러나 필요 자금이 많이 들어가는 것이 단점이다. 사용가치와 투자가치가 함께 충족되는 곳은 누구도 부인할 수 없는 서울 아파트다. 하지만 두 요소를 충족하는 서울 핵심 지역 아파트는 만만치 않은 비용이 들어가기에 매수하기가 부담스럽다.

2020년 1월 30일 KB국민은행의 월간 주택가격 동향에 따르면 1월 현재 서울 아파트 중위 가격은 9억 1,216만 원으로, 통계를 공개하기 시작한 2008년 12월 이후 처음으로 9억 원을 넘겼다. 중위 가격이란 주택 매매가격을 순서대로 나열했을 때 중간에 있는 가격으로, 전체 주택을 줄 세워 정중앙 가격만 따지기 때문에 시세 흐름을 판단하는 데 적합한 지표다.

아파트 9억 원짜리를 매입한다고 가정했을 때 LTV 40%를 적용하면 내 자본 60%에 해당하는 5억 4,000만 원이 필요하다. 이 정도 자금을 동원할 수 있다면 서울의 9억 원 이하 아파트를 마련하는 것이 좋다. 서울의 핵심 지역에, 빠르면 빠를수록 좋다. 여기서 LTV(Loan To Value ratio)는 주택담보인정비율, 흔히 주담대라고 한다. 융자액을 부동산 가치로 나눈 금액으로 주택 가격 대비 대출이 몇 퍼센트나 가능한지를 나타내는 지표다.

그럼 핵심 지역은 어디일까? 서울시 기본도시계획인 '2030서울플랜'과 그 후속 계획으로 수립된 2030 서울시 권역생활권 계획에 답이 나와 있다. 2030 서울시 권역생활권 계획은 실생활 반경을 중심으로 세분화된 서울의 지역 발전 방향을 담고 있다.

2030서울플랜 22곳인 3도심(시청~광화문, 강남, 여의도), 7광역중심(용산, 청량리·왕십리, 창동·상계, 상암·수색, 마곡, 가산·대림, 잠실), 12지역중심은 자타가 공인한 서울의 핵심 거점이다. 추가로 서울시 권역생활권 계획

| 3도심 7광역중심 12지역중심 |

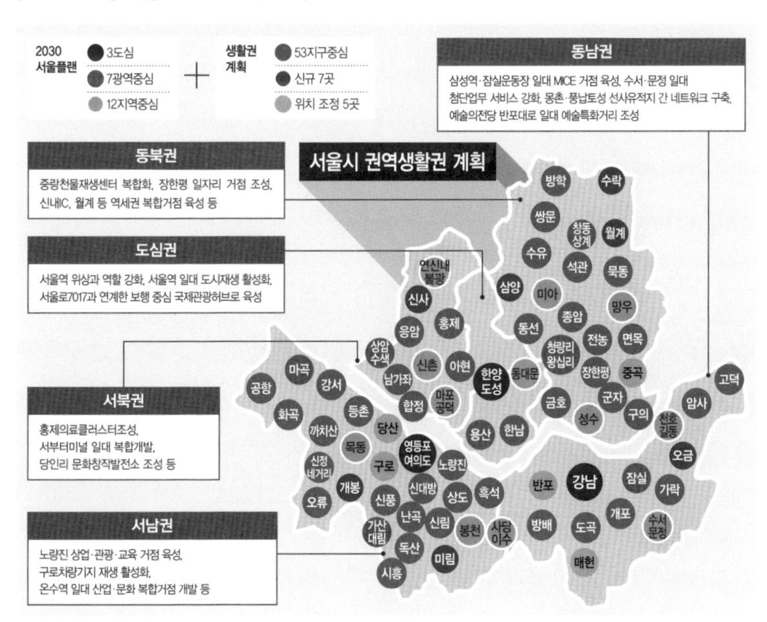

출처 : 〈모바일한경〉 2017년 5월 15일

53곳의 지구중심이 새로 포함되었다. 장한평·구의·수락·월계 등 동북권 17곳을 비롯해 홍제·응암 등 서북권 6곳, 개봉·구로·강서 등 서남권 20곳 등이다. 전체 대상 지역의 81%가 비강남권 지역이다.

75곳은 변화의 가능성이 큰 지역이기 때문에 내 자금 여력에 부합하고 출퇴근 거리가 용이한 곳이라면 실거주를 하면서 투자 목적도 겸비한 내 집 마련을 반드시 하기 바란다. 특히 이 지역에 매매가 6억 원 이하의 3룸 아파트는 매수를 적극 고려해야 한다. 실수요가 탄탄할 뿐만 아니라 투자 수요가 가장 많은 가격대가 6억 원 이하 아파트이기 때문이다.

대출 레버리지를 잘 활용하자

앞서 이야기한 부의 세계로 인도하는 사다리에는 대출과 전세가 있다. 두 가지 도구를 잘 이용해야 하는데 먼저 대출에 대해 알아보자. 주택을 구입할 때 대출은 세 가지 상품을 꼭 기억하자.

'디딤돌 대출'은 매매가 5억 원 이하, 전용면적 85m² 이하(흔히 이야기하는 32~34평)에 LTV 70%, 최대 대출한도 2억 원까지 조달이 가능하다(신혼 2.2억 원, 2자녀 이상 2.4억 원, 만 30세 이상 미혼 단독세대주 1.5억 원). '보금자리론'을 활용할 경우 6억 원 이하의 주택은 LTV 70%까지 가능하다. 대출한도는 최대 3억 원(미성년 자녀가 3명일 경우 4억 원까지)이다. 적격대출은 장기 고정금리 상품으로 주택가격 9억 원 이하 최대 5억까지 대출이 가능하다.

| 주택 구입 시 알아두어야 할 대출 상품 |

	디딤돌대출 서민층 내집마련	보금자리론 서민층 주택대출	적격대출 중산층 주택대출
소득 요건	부부 합산 연 6,000만 원 이하	제한 없음 → 부부 합산 연 7,000만 원 이하	제한 없음
주택 가격	6억 원 이하(전용면적 85m^2 이하) → 5억 원 이하	9억 원 이하 → 6억 원 이하	9억 원 이하
대출 한도	2억 원	5억 원 → 3억 원	5억 원

2019년 '12·16 주택시장 안정화 방안'이 발표되었다. 시가 15억 원을 초과하는 초고가 아파트에 대한 주택담보대출을 금지하고(LTV 0%) 시가 9억 원까지는 기존의 LTV 40%를 그대로 적용하며, 9억 원 초과분에 대해서는 LTV 20%로 축소하는 강력한 대출규제 정책이다. 따라서 9억 원 이하의 가격대를 형성한 주택들이 9억 원으로 향해가는 '갭 메우기', '키 맞추기' 현상이 나타나고 있다.

| 주택담보대출 LTV 규제현황 |

(2020년 3월 기준)

차주유형	업종	아파트 가격	규제지역			비규제지역
			투기지역	투기 과열 지구	조정대상 지역	
가계대출		15억 초과	0%	0%	50%	70%
		9억 초과	20%	20%		
		9억 이하	40%	40%		
기업대출	주택임대업 주택매매업	15억 초과	0%	0%	규제 없음	규제 없음
		9억 초과	20%	20%		
		9억 이하	40%	40%		
	기타업종		주택 구입 주담대 불가	주택 구입 주담대 불가		

투자 자금이 있는 실수요자라면 서울 핵심 지역에 있는 9억 원 이하의 10년 이내 신축 아파트는 타이밍을 보지 말고 급매 위주로 적극 매수를 노릴 필요가 있다. 단, 무리해서는 절대 안 된다. 명심하자. 사는 것(buy)보다 중요한 것은 보유(holding)하는 것이다. 영끌('영혼까지 끌어온다'는 신조어)하면 현타('현실 자각 타임, 현재 멍하고 힘들다'는 신조어)가 온다.

주택을 구입할 때 프리미엄 5요소를 꼭 기억하자. 강남과 접근성이 대폭 개선되는 교통의 호재가 있는 지역, 초품아(초등학교를 품은 아파트), 학업 성취도가 우수한 중학교, 학원가로 대표되는 학군, 그리고 백화점, 마트, 병원, 공원 등 생활 인프라가 우수한 곳, 고소득 일자리가 많은 직주근접 지역은 투자를 고려할 때 체크해야 할 중요 포인트다. 여기에 건설사 브랜드와 800여 세대 이상의 대단지, 신축이면 더할 나위 없다.

상위 지역으로 갈아타기

대다수가 좋은 지역에 좋은 집을 갖고 싶어 한다. 그것도 한 번에 사기를 원한다. 하지만 큰돈을 물려받지 않는 한 바로 서울의 강남이나 다른 좋은 지역에 내 집을 마련하기란 불가능에 가깝다. 그렇다고 포기할 수는 없다.

서울 지역만 고수하고 서울 아파트를 살 수 있을 때까지 열심히 모으기만 하는 것은 가장 피해야 할 방법이다. 내가 저축할 동안 주택가격은 가만히 기다려주지 않기 때문이다. 좀 모았다 싶으면 주택가격은

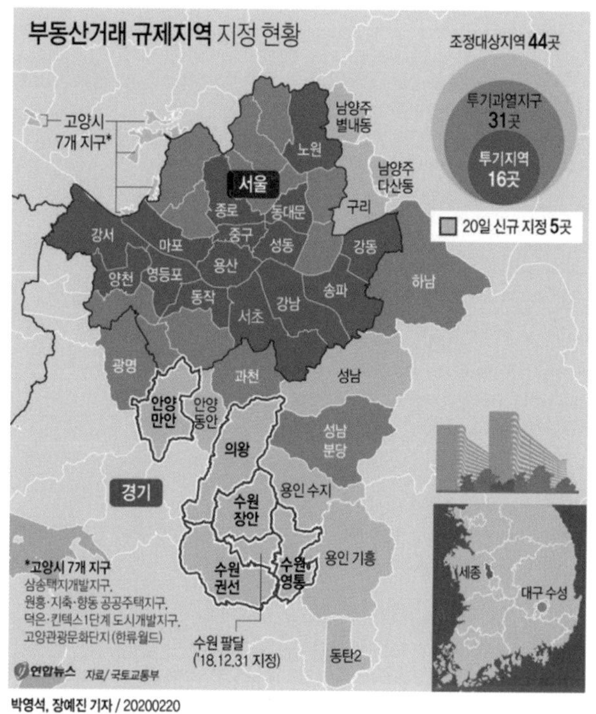

출처 : 연합뉴스

더 멀리 올라가 있는 것이 현실이다. 열심히 종잣돈을 만들고, 자기계발을 통해 연봉을 높이면서 차근차근 자산을 불려나가 목표로 정하는 지역으로 갈아타면 그 꿈을 이룰 수 있다. 내가 당장 할 수 있는 것에 집중하고, 기회가 왔을 때 한 단계씩 올라가는 것이 중요하다.

정부가 규제 지역을 설정했는데 투기지역, 투기과열지구, 조정대상지역이 여기에 해당된다. 그 외 지역을 비조정지역 또는 비규제지역이라고 한다. 투기지역은 소비자물가 상승률보다 130% 이상 오른 지역이다. 가격 상승률이 높고 가장 선호도가 높은 지역이라고 보면 된

| 정부가 지정한 규제 지역 |

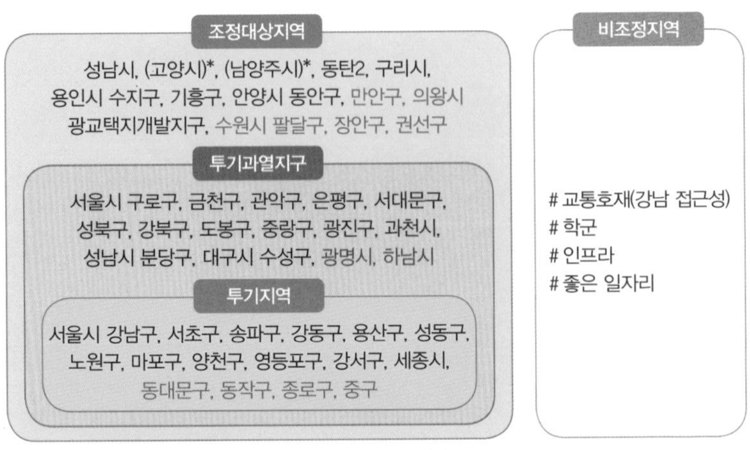

조정대상지역
성남시, (고양시)*, (남양주시)*, 동탄2, 구리시,
용인시 수지구, 기흥구, 안양시 동안구, 만안구, 의왕시
광교택지개발지구, 수원시 팔달구, 장안구, 권선구
투기과열지구
서울시 구로구, 금천구, 관악구, 은평구, 서대문구,
성북구, 강북구, 도봉구, 중랑구, 광진구, 과천시,
성남시 분당구, 대구시 수성구, 광명시, 하남시
투기지역
서울시 강남구, 서초구, 송파구, 강동구, 용산구, 성동구,
노원구, 마포구, 양천구, 영등포구, 강서구, 세종시,
동대문구, 동작구, 종로구, 중구
비조정지역
교통호재(강남 접근성)
학군
인프라
좋은 일자리

* 고양시: 삼송 택지개발지구, 원흥·지축·향동 공공주택지구,
덕은·킨텍스 1단계 도시개발지구, 고양관광문화단지(한류월드)

* 남양주시: 다산동, 별내동은 조정대상지역에 포함

다. 그다음인 투기과열지구가 좋다. 서울 25개구는 투기지역 및 투기과열지구에 속해 있고, 경기도는 분당, 광명, 하남이 포함되어 있다.

이 지역의 주택담보대출 비율(LTV)은 주택가격의 40%다. 조정대상지역은 LTV 50%, 비조정지역은 LTV 70%까지 대출을 해준다. 비조정지역이라고 해서 안 좋은 지역이 결코 아니다. 강남 접근성이 좋고, 학군과 인프라가 우수하거나 직주근접 지역이라면 LTV 70%를 적극적으로 활용해서 내 집을 마련하자.

내 집 마련은 자산 10억 원을 달성하기 위해 꼭 필요한 과정이다. 출퇴근이 최대 1시간 내로 가능한 서울 외곽 지역이나 서울과 가까운 경기도 지역을 우선 목표로 삼아보자. 사회초년생이라면 매매가 3억~4억 원 사이의 주택을 타깃으로 설정하고 부족한 금액은 신용대출과 주택담보대출, 회사 대출이나 공무원인 경우 연금 담보대출 등 가용할 수 있는 레버리지를 총동원한다.

단, 대출을 받아 매월 상환하는 원금과 이자의 총액이 나의 가처분 소득의 50%를 넘어간다면 절대 대출을 실행해서는 안 된다. 무리하면 오래 버틸 수 없다. 무리하게 돈을 빌려 내 집 마련에 나서는 것은 지양해야 한다.

그렇다고 대출을 너무 무서워할 필요는 없다. 상승하는 자산에 투자하는 건전한 대출 레버리지를 적극 활용해서 일단 출퇴근이 용이한 지역에 살면서 비조정지역-조정지역-투기과열지구-투기지역의 상위 지역으로 올라가겠다는 플랜을 짜길 추천한다.

실거주와 투자 목적을 충족하고자 한다면 가급적 2년 보유 및 2년 거주해야 그 주택을 처분할 때 양도소득세를 내지 않아도 된다. 이를 '1세대 1주택 양도세 비과세'라고 한다. 2년 보유 및 실거주를 하는 기간 동안 열심히 저축 목표를 세우고, 종잣돈을 키워 상위 지역으로 갈아타는 방법, 주거 사다리 지역을 올리는 전략을 꾸준히 실천한다면 부동산 자산은 눈덩이처럼 커져 있을 것이다.

내 집 마련 뽀개기 2 - 실거주와 투자를 분리하자

내 집 마련 두 번째 전략은 실거주와 투자를 나누는 방법이다. 주택 구입 자금이 충분하지 않다면 무리해서 실거주와 투자의 목적을 동시에 노리는 전략만 고집할 필요는 없다. 실거주와 투자를 분리하는 것도 좋은 방법이다. 출퇴근의 편의성과 사용가치를 고스란히 누리되 남는 돈으로 투자를 한다면 화폐가치의 하락에 따른 손실을 막을 수 있다.

실거주는 전세나 월세로 구하되 가급적이면 전세자금대출을 최대한 이용하자. 전세보증금의 80%까지 대출해주기 때문에 전세보증금의 20%만으로도 전세를 얻을 수 있다. 이자를 부담하더라도 저금리이기 때문에 월세보다 훨씬 저렴하고 더 큰 면적의 주택을 얻을 수 있는 장점이 있다.

전세자금대출은 무조건 이용하자

사회초년생, 신혼부부, 무주택자라면 전세자금대출을 필수로 이용해야 한다. 전세자금대출은 대출 주체에 따라 국민주택기금 전세자금대출(정책형)과 금융권 전세자금대출(일반형)이 있다. 국민주택 전세자금대출은 3가지 상품을 기억하자. 미혼인 경우 '중소기업취업청년 전세자금'과 '버팀목 전세자금', 기혼인 경우 '신혼부부전용 전세자금'을 이용하면 금리가 1%대로 매우 저렴하다.

세 가지 상품은 전세보증금액의 차이가 있다. 중소기업취업청년 전세자금(중기청)은 전세보증금 최대 2억 원에 대출 가능 금액이 1억 원인 데 비해 버팀목 전세자금은 수도권일 경우 보증금 최대 3억 원에 대출 한도 1억 2,000만 원, 타 지역은 최대 8,000만 원이다. 신혼부부전

| 정책형 주택 전세자금대출의 종류 |

상품명	중소기업취업청년	버팀목	신혼부부전용
대상	중소기업 재직 청년 청년창업자	만 19세 이상 무주택 세대주	무주택 신혼부부
연소득 조건	단독 3,500만 원 부부 합산 5,000만 원 이하	부부 합산 5,000만 원 이하	부부 합산 6,000만 원 이하
전세보증금	2억 원 이하	2억 원 이하 (수도권 3억 원)	2억 원 이하 (수도권 3억 원)
금리(이자)	1.2%	최소 2.3~최대 2.9%	최소 1.2~최대 2.1%
대출한도	최대 1억 원	최대 8,000만 원 (수도권 1.2억 원)	임차보증금 80% (수도권 2억/외 1.6억)
대출기간	최초 2년(최대 10년)		
자격요건	보증금 5% 이상 지불		
시행기관	우리은행, KB국민은행, IBK기업은행, NH농협은행, 신한은행		

용 전세자금도 버팀목과 조건은 같다. 연소득 및 재직 조건이 다르다. 중기청 전세는 1인 가구 소득 최대 3,500만 원, 부부 합산 5,000만 원 이하여야 하고, 재직 기업 규모는 중소기업에 속해야 한다. 이는 법인사업자등록번호를 입력하면 홈페이지에서 확인할 수 있다. 버팀목은 만 19세 이상 무주택 세대주에 개인 또는 부부 합산 세전 5,000만 원 이하면 가능하다. 신혼부부전용 전세자금은 보유 주택이 없고 합산 소득 세전 6,000만 원 이하만 가능하다. 모두 최초 대출 기간은 2년에 최대 10년까지 연장 가능하고, 신청 전 보증금 납입 기준도 5% 이상이라는 점은 동일하다. 정책대출의 금리는 연 1.2~2.9% 수준으로 낮은 편이다. 자격도 까다롭지 않다. 보증금 1억~2억 원대의 빌라도 전세대출이 가능하다. 월세보다 훨씬 유리하다. 사실상 저리 월세인 셈이다.

금융권 전세자금대출은 본래 신용대출을 기본으로 하고 있으며 보증금의 최대 80%까지 받을 수 있다. 제1금융권과 제2금융권 상품으로 나뉜다. 일반적으로 제1금융권은 제2금융권 대비 금리가 낮지만 대출 조건이 상대적으로 까다롭다. 국민, 신한, 농협, 우리은행 등 제1금융권의 전세자금대출은 신용등급 1~6등급까지 가능하다. 대출금리는 연 2.4%~5%로 낮은 편이다.

제2금융권은 은행을 제외한 증권회사, 보험회사, 투자신탁회사, 종합금융회사, 상호저축은행 등을 말한다. 금리는 연 4.5~26.9%로 비교적 높고 국민주택기금과는 반대로 신용등급이 낮을수록 이자가 높아진다. 이자율이 높지만 신용등급 7등급 이하도 이용 가능하다.

금융감독원의 금융상품통합비교공시를 보면 대출별 금리를 한눈에

용어 설명

검색결과

결과내 검색 전체 ▾ 검색어를 입력하세요 검색하기

검색된 금융 상품은 총 35 건 입니다. 다운로드

☑ 전체 ☑ 금리방식 ☑ 상환방식 ☑ 금리 ☑ 월평균 상환액 ☐ 첫째달 상환액 ☐ 마지막 상환액 ☐ 총 대출비용 선택항목 보기 : 10 ▾ 보기

비교 선택	금융회사	상품명	금리방식	상환방식	당월 최저금리	당월 최고금리	전월 평균금리	월평균 상환액	상세정보
☐	국민은행	KB주택전세자금대출	변동금리	만기일시상환	2.45%	3.95%	2.91%	4,409,167	상세
☐	농협은행주식회사	NH전세자금대출	변동금리	만기일시상환	2.57%	3.97%	2.90%	4,408,334	상세
☐	농협은행주식회사	채움전세우대론	변동금리	만기일시상환	2.59%	3.99%	2.79%	4,399,167	상세
☐	부산은행	BNK행복스케치전세자금대출	변동금리	만기일시상환	2.59%	3.39%	2.62%	4,385,000	상세
☐	KEB하나은행	주택신보위탁발행보증서담보대출	변동금리	만기일시상환	2.60%	4.00%	2.66%	4,388,334	상세
☐	신한은행	신한전세대출(주택금융공사)	변동금리	만기일시상환	2.61%	3.61%	2.98%	4,415,000	상세
☐	대구은행	DGB POWER 전세보증대출	변동금리	만기일시상환	2.66%	3.16%	2.69%	4,390,834	상세
☐	대구은행	DGB 전세자금대출	변동금리	만기일시상환	2.66%	3.16%	2.72%	4,393,334	상세
☐	부산은행	BNK프리미엄전세자금대출	변동금리	만기일시상환	2.74%	4.04%	3.11%	4,425,834	상세
☐	경남은행	전세자금대출(주택금융공사)	변동금리	만기일시상환	2.76%	3.50%	2.80%	4,400,000	상세

1 2 3 4

출처 : 금융감독원 금융상품통합비교공시 '금융상품한눈에' 화면

파악할 수 있으며, 뱅크샐러드 홈페이지의 '대출'란을 참고하면 도움이 된다. 또한 금융기관별로 주거래 고객, 거래 실적, 인터넷 우대 등 조건을 만족하면 우대금리를 적용하는 경우가 많은데 급여통장이 있는 주거래 은행 창구에서 상담을 받고 비교 후 결정하면 좋다.

금융권에서 전세자금대출을 받으려면 반드시 부동산 중개업소를 통해 계약해야 한다. 집주인과 세입자 간의 직접 계약도 효력은 있지만, 전세자금대출을 받을 때는 부동산 중개업소를 통한 계약서만 인정(제3자 보증 원칙)한다. 전세 계약할 때 집주인에게 전세자금대출을 받는 것에 사전 동의를 구하고 임대차계약서 하단부 특약사항에 '전세자금대출 *억 원을 받을 예정으로 임대인은 이에 최대한 협조한다'라고 기재하는 것이 좋다.

이렇게 전세자금대출을 잘 활용해 내가 거주하고 있는 집은 최소한의 비용만 지출하고 나머지는 바로 투자할 수 있도록 실탄처럼 확보하고 있어야 한다. 전셋집에서 편안히 살고 있으면 화폐가치 하락의 피해를 고스란히 입게 된다. 명심하자. 반드시 집 가진 세입자가 되어야 나의 자산을 물가 상승에 따른 화폐가치 하락에서 방어할 수 있다. 확보한 실탄으로 앞서 언급한 투자의 3요소인 안전성, 수익성, 환금성이 좋은 투자 방법은 무엇일지 고려해보자.

전세 레버리지 투자

매매가와 전세가의 차이를 이용하여 장기 보유 개념으로 전세가 상승을 통해 지속적인 현금흐름을 확보하는 투자 방식이다. 전세 레버리지 투자는 투입하는 에너지 대비 성취감이 높고, 실패할 확률이 적은 투자 방식으로 직장인들이 할 수 있는 가장 쉬운 투자다.

이 투자의 핵심은 전세가 상승분을 현금흐름으로 만드는 데 있다. 즉, 전세가가 꾸준히 상승해야 유효하다. 전세가가 지속적으로 상승하려면 전세 수요가 풍부한 지역이어야 한다. 매매가와 전세가의 차이가 적다고 가격만 보고 덜컥 사서는 안 된다. 어디에 전세 수요가 풍부한지를 분석하고 면밀히 검토해서 투자해야 한다. 다음 네 가지 요소를 잘 살펴보자.

교통 편의성

강남 접근성이 좋은 도로(경부고속도로, 강남순환도로), 지하철(2·3·4·7·

8·9호선, 신분당선), GTX-A, SRT, 광역버스(서울 도심, 삼성, 강남, 잠실, 판교 등 일자리 밀집 지역으로 가는 버스)

우수한 학군

아파트 단지 내에 초등학교가 있는 초품아, 중학교(학업 성취도 평가가 우수), 학원이 밀집된 곳

편리한 인프라

백화점·마트가 가까이 있는 몰세권, 공원, 병원, 서점, 카페, 영화관 등 생활 편의시설들이 잘 갖춰진 곳

직주근접

워라밸 시대에는 직장과 주거지의 접근성이 좋은 지역의 선호도가 높다.

위 네 가지 요소를 포함하고 있다면 전세 수요가 풍부한 곳이다. 브랜드 아파트에 800세대 이상의 대단지라면 금상첨화이다. 이런 지역은 보통 매매가격 대비 전세가격의 비율을 나타내는 전세가율이 높은 곳이다. 전세가율이 70% 이상이기 때문에 30% 자금으로 투자가 가능하다. 전세가율이 70% 이상인 지역과 아파트를 주목하자.

서울 내 아파트를 전세 레버리지로 투자하려면 평균 3억 원 이상이 소요된다. 전세 레버리지로 투자하기 좋은 지역은 서울로 통근하거나

통근·통학 비중	10% 미만	11~20%	21~30%	31% 이상
분류	비서울세력권	준서울세력권	서울세력권	준서울
시·군	수원시, 화성시, 평택시, 안산시, 시흥시, 이천시, 오산시, 안성시, 동두천시, 가평군, 연천군, 인천(강화군, 옹진군)	용인시, 파주시, 광주시, 군포시, 양주시, 양평군, 인천광역시	고양시, 남양주시, 성남시, 부천시, 안양시, 의정부시, 김포시, 의왕시	광명시, 과천시, 구리시, 하남시
구	인천(중구/동구/남구/연수구/남동구), 수원(권선/팔달/영통), 안산(상록/단원), 용인(처인)	인천(부평, 계양, 서구), 수원(장안구), 성남(중원구), 용인(기흥구)	성남(수정구), 안양(만안구, 동안구), 부천(원미구, 소사구, 오정구), 고양(일산동구, 일산서구), 용인(수지구)	성남(분당구), 고양(덕양구)

출처 : 하나금융투자 / 경기도 주요 도시의 서울 통근·통학 비중 추이

통학하기 좋은 수도권에 상당수 있는데, 하나금융투자 채상욱 애널리스트가 언급한 '서울세력권'을 참고해볼 만하다.

서울세력권이란 서울로 통근하거나 통학하는 인구의 비중이 15% 이상인 지역을 말하는데, 통상 1억 원 내외의 자금으로 투자 가능하다. 최근에는 매매가 상승으로 투자 금액이 그 이상 되는 경우가 많지만 필수 4요소를 고려해서 투자 가능한 매물을 적극적으로 물색해보자.

분양권 투자

아파트 분양권 매입은 청약 당첨이 어려운 이들에게 새 아파트를 매수할 수 있는 방법이다. 무엇보다 청약 당첨이 로또라고 불릴 정도로 쉽지 않기 때문에 분양권 매입을 할 때 웃돈(프리미엄, P라고 한다)이

계속 올라가고 있다. 그러나 분양권을 사고파는 행위를 전매라고 하는데 규제지역은 입주 시까지 분양권 전매제한이 있기 때문에 매입이 까다로운 편이다.

분양권 시세는 일반적으로 크게 두 번 가격이 뛴다. 통상 전매제한이 풀렸을 때 그리고 입주 시 수요자의 이목이 집중돼서 가격이 크게 상승한다. 신축 아파트의 선호도가 높아지고 있는 만큼 GTX나 지하철 연장 이슈가 있는 비규제지역의 분양권 매입은 한번 고려해보자. 웃돈은 전액 현금으로 준비해야 하며, 계약자가 이미 지불한 아파트의 계약금(분양가의 통상 10%)도 있어야 한다는 점을 꼭 기억하자.

재개발·재건축 투자

재개발이나 재건축 아파트의 조합원 자격을 얻어 새 아파트 입주권을 얻는 방법이 있다. 재개발 지역은 기반시설(도로, 학교 등)이 갖춰져 있지 않으며 노후화된 주택이나 단독주택의 열악한 환경으로 실거주하기 쉽지 않지만 사업 단계의 물건은 재건축 아파트보다 투자금이 상대적으로 적은 편이다(물론 1급 뉴타운인 한남, 성수, 노량진, 흑석 재개발 지역은 투자 금액이 상당히 많이 필요하다).

반면 재건축은 노후화된 아파트를 새롭게 짓는 것으로 기반시설이 잘 갖춰져 있어 실제로 거주가 가능하고, 재개발 주택과 달리 유지 관리가 상대적으로 편하다. 재건축 사업은 안전진단 강화로 인해 진행 속도가 갈수록 더뎌지는 상황이라 쉽지 않다. 재개발·재건축 사업은 정비

| 재개발·재건축의 개념 및 단계별 소요 기간 |

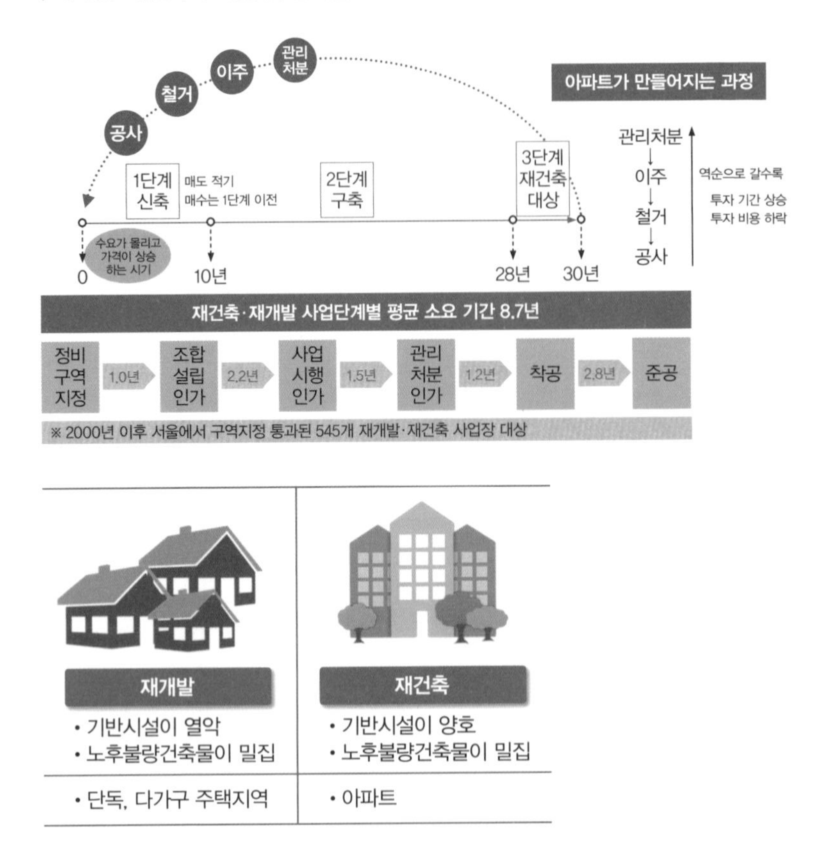

구역으로 지정되어야 가능하다.

정비구역으로 지정되는 데 최소 10년이라는 긴 기간이 소요되고, 정비구역으로 지정된 이후에도 넘어야 할 산들이 많다. 정비구역 지정 이후에도 빨라야 7~8년이 걸린다. 새 아파트를 얻기 위해서 최소 15년 이상의 '몸테크'는 각오해야 한다. 재개발·재건축 투자는 추가부담금, 사업 지연 등 돌발변수가 상당하기 때문에 초보 투자자가 접근하기에

난이도가 있다. 재개발·재건축 투자는 직접 개발로 이익이 커서 부자들이 선호하는 투자 상품이다. 평소 부동산 경험을 착실히 쌓고 재개발·재건축 학습을 충분히 한 이후에 투자하기를 추천한다.

서울특별시 평생학습포털(sll.seoul.go.kr)에 들어가면 온라인을 활용해 무료로 공부할 수 있는 알찬 내용의 강의들이 많다. 온라인학습 〉 취미/교양 〉 시민교육 코너에서 정비사업에 대한 기본 개념을 알기 쉽게 강의한 동영상이 있다. 꼭 수강해서 재개발·재건축의 이론 지식을 반드시 익혀두자.

출처 : 서울시 평생학습포털 화면

내 집 마련 뽀개기 3
- 청약에도 노하우가 있다

마지막으로 청약을 노리는 방법이 있다. 원금과 이자에 무리한 대출이 두렵다면 내 집 마련을 포기하지 말고 청약을 염두에 두자. 재무목표를 세우고 자금을 모으면서 청약자격을 만드는 전략이다. 단, 무주택 기간은 감수해야 한다. 최소 10년 이상 전세 생활을 할 각오가 필요하다. 청약자격을 만들려면 우선 사회생활 시작 단계부터 반드시 청약통장에 가입하고, 한 달에 10만 원씩 자동이체로 오랜 기간 불입하는 것이 좋다.

34세 이하라면 청년우대형 청약통장에 가입하자

국내 거주자라면 연령, 주택 소유, 거주지에 상관없이 누구나 가입할 수 있고, 1인 1통장만 개설이 가능하다. 주택청약제도는 주택을 분양받기 위해 일정한 입주 자격 요건을 갖춰 사겠다는 의사 표시로 예금에 가입하는 것을 말한다.

월 2만 원에서 50만 원 사이로 자유롭게 납입이 가능하며, 통장 잔액이 1,500만 원 미만일 경우 잔액 1,500만 원까지 일시 예치도 가능하다. 또한 주택청약통장은 만기가 없는 상품으로, 중도해지 시에도 중도해지 이율이 아닌 기간별 이율을 그대로 적용받기 때문에 장기적으로 목돈을 마련하기에 유리하다. 일정 기간 동안 일정 금액을 예금한 사람에게 국민주택과 민영주택에 청약할 기회를 주는 제도이다.

'주택청약종합저축'이란 국내 거주자라면 연령·주택 소유·세대주 여부 등에 상관없이 누구나 가입할 수 있다. 매월 약정한 날에 월 단위로 금액을 납입하는 적금식 상품으로, 청약자격이 생기면 국민주택(국가, 지방자치단체, 한국토지주택공사(LH) 및 지방공사가 건설하는 전용면적 85m² 이하의 주택)과 민영주택(국민주택을 제외한 주택)에 청약할 수 있는 기회가 주어진다.

지금은 청약종합저축만 가입할 수 있는데 민간분양(민영주택)과 공공분양(공공주택) 모두 청약할 수 있다. 민간분양은 점수가 높은 순으로 당첨되는 가점제와 무작위로 당첨되는 추첨제로 운영된다. 공공분양은 저축 인정 금액이 많은 사람이 당첨되는 순차제로 추첨이 이루어진다. 참고로 집이 있는 유주택자도 민영주택 청약이 가능하다.

만 19세 이상 만 34세 이하의 청년이라면 청년우대형 청약통장을 가입하자. 기존 '주택청약종합저축'의 청약 기능과 소득공제 혜택은 그대로 유지하면서 10년간 최대 연 3.3%의 우대금리와 이자소득 비과세 혜택을 제공한다. 기존에 이미 '주택청약종합저축'을 가입했어도, 조건만 충족되면 상품 전환이 가능하다.

무주택 세대주인 청년이 10년간 납입했을 경우, 월 10만 원 납입하면 이자는 200만 원 정도 되고, 여기에 비과세 28만 원, 소득공제 혜택이 72만 원가량 되니 총 300만 원의 혜택이 있다. 기존 청약통장과 비교해도 2~3배 정도 차이가 난다. 월 50만 원 납입 시에 총 혜택은 1,200만 원이 넘는다. 1% 저금리 시대에 청년우대형 청약통장은 최고 3.3%의 금리를 적용하니, 만 34세 미만의 청년이라면 가입하는 것이 좋다.

| 기존 청약통장과 비교했을 때 이자 차이 |

구분	10만 원	20만 원	30만 원	40만 원	50만 원
이자 (현행 청약저축)	200만 원 (108만 원)	396만 원 (216만 원)	594만 원 (216만 원)	792만 원 (432만 원)	991만 원 (540만 원)
비과세	28만 원	55만 원	70만 원	70만 원	70만 원
소득공제	72만 원	144만 원	144만 원	144만 원	144만 원
총계 (청약저축 대비 증가액)	300만 원 (120만 원)	595만 원 (235만 원)	808만 원 (340만 원)	1,006만 원 (430만 원)	1,205만 원 (521만 원)

출처 : 청년정책

국민주택 vs 민영주택 차이점

국민주택은 국가, 지자체, 한국토지주택공사, 지방공사 또는 주택

도시기금의 지원을 받아 공급되는 주택을 말한다. 면적은 전용 $85m^2$(흔히 말하는 32~34평) 이하 규모로 공급된다(단, 수도권 및 도시 지역이 아닌 읍, 면 지역은 전용 $100m^2$ 이하). 민영주택은 국민주택을 제외한 주택으로 기금 지원 없이 민간 건설 사업자가 건설한 래미안, 자이 같은 보통 브랜드를 말한다. 민영주택은 아파트 가격 상승 폭이 높아 투자가치가 있지만, 그만큼 분양가격도 높은 편이다.

| 국민주택과 민영주택 청약 1순위 조건 |

		가입조건	세대주만 청약	5년 내 당첨 無	1주택 이하
청약규제지역 (투기 / 투과 / 조정)	국민	24개월, 24회	○	○	○
	민영	24개월 경과			
비규제지역	국민	12개월, 12회	×	×	×
	민영	12개월 경과			

청약규제지역(투기, 투기과열, 조정)은 반드시 세대주만 청약이 가능하며 비규제지역은 세대원도 청약이 가능하다. 민영주택은 지역별·면적별 예치금이 있다. 이 예치금은 분양 공고일 이전이라면 한 번에 얼마

| 민영주택 지역별 청약예금 예치금액 |

(단위 : 만 원)

구분	청약가능 전용면적			
	$85m^2$ 이하	$102m^2$ 이하	$135m^2$ 이하	모든 면적
서울, 부산	300	600	1,000	1,500
기타 광역시	250	400	700	1,000
기타 시, 군	200	300	400	500
비고	선택한 전용면적 이하의 면적에는 모두 청약 가능			

를 넣든지 상관없다. 서울의 85m² 이하의 아파트에 청약하려면 통장에 300만 원이 들어 있어야 하는데, 한 번에 넣거나 나눠 넣어도 된다. 주로 공공택지에서 분양하는 국민주택일 경우는 다른데 40m²를 초과하는 아파트는 납입 금액이 많을수록 유리하다.

그런데 이때 납입 금액은 회당 10만 원까지만 인정한다. 한 번에 20만 원을 넣든 100만 원을 넣든 10만 원인 셈이다. 참고로 예치금 조건은 청약할 지역이 아니라 현 거주지 기준이라는 점도 기억하자.

주택청약 당첨 가능성 높이는 법

청약점수는 총 84점 만점으로 무주택 기간(32점)과 부양가족 수(35점), 저축 가입 기간(17) 세 가지 항목이 배점 기준이다. 제일 높은 것은 부양가족 점수다. 부양가족이 없으면 기본 5점, 1인당 5점씩 추가돼서 6명이면 최대 점수가 된다. 무주택 기간은 기본 2점에서 시작해 1년 늘어날 때마다 2점씩 가점된다. 15년 이상일 때 받는 32점이 최고다. 청약통장 가입 기간은 1년 미만부터 매년 1점씩 올라간다. 15년 이상이면 최고인 17점을 받는다. 즉, 무주택 기간이 길고, 부양가족이 많으며, 통장 가입 기간이 길수록 유리한 구조다.

신축 아파트 선호 현상은 날이 갈수록 높아지고 있다. 매물 품귀현상에 묻지 마 청약이 발생하고 비조정대상지역도 청약 열풍이 거세다. 최근 민영 인기 단지의 청약 당첨 안정권은 가점이 최소 60점 후반에서 70점 이상은 되어야 가능하다.

| 주택청약 점수 항목표 |

가점 항목	가점 상한	가점 구분	점수	가점 구분	점수
① 무주택 기간	32	만 30세 미만 미혼자	0	8년 이상~9년 미만	18
		1년 미만	2	9년 이상~10년 미만	20
		1년 이상~2년 미만	4	10년 이상~11년 미만	22
		2년 이상~3년 미만	6	11년 이상~12년 미만	24
		3년 이상~4년 미만	8	12년 이상~13년 미만	26
		4년 이상~5년 미만	10	13년 이상~14년 미만	28
		5년 이상~6년 미만	12	14년 이상~15년 미만	30
		6년 이상~7년 미만	14	15년 이상	32
		7년 이상~8년 미만	16		
② 부양 가족 수	35	0명	5	4명	25
		1명	10	5명	30
		2명	15	6명 이상	35
		3명	20		
③ 입주자 저축 가입 기간	17	6월 미만	1	8년 이상~9년 미만	10
		6월 이상~1년 미만	2	9년 이상~10년 미만	11
		1년 이상~2년 미만	3	10년 이상~11년 미만	12
		2년 이상~3년 미만	4	11년 이상~12년 미만	13
		3년 이상~4년 미만	5	12년 이상~13년 미만	14
		4년 이상~5년 미만	6	13년 이상~14년 미만	15
		5년 이상~6년 미만	7	14년 이상~15년 미만	16
		6년 이상~7년 미만	8	15년 이상	17
		7년 이상~8년 미만	9		

만 30세 이상부터 무주택 기간이 13년(28점), 부양가족 4인(25점), 저축 가입 기간 15년(17점)이 되면 가점이 70점이 되는 것이다. 가점이 낮은 사회초년생에게 청약제도는 당연히 불리하다. 그렇다고 포기할

수는 없다. 무주택 자격을 유지하면서 우회 전략을 사용해 당첨 확률을 높이는 전략을 택해야 한다.

추첨제를 공략하자

민영 아파트의 경우 투기 및 투기과열지구(서울, 분당, 광명, 하남, 세종, 대구 수성구)는 전용면적 85m²은 가점제로 100%를 추첨하기 때문에 가점이 낮은 사람은 당첨 가능성이 없다. 그러면 전략적으로 전용면적 85m² 초과 중형 이상 면적에 청약하자. 조정대상지역은 30%가 추첨제를 적용한다. 2019년 입주자를 선정할 때 추첨제 대상 주택의 75% 이상을 무주택자에게 우선 공급하기로 법령을 개정했다. 투기과열지구에서 전용면적 85m²를 초과하는 아파트 1,000가구가 일반분양이 된다고 하면 추첨제 대상 500가구의 75% 이상, 즉, 375가구 이상은 무주택자에게 돌아간다. 무주택자가 청약 추첨제로 내 집 마련을 하기가 수월해지는 셈이다.

그러나 면적이 넓은 만큼분양 가격이 상당하다. 서울은 6억 원을 초

| 민영주택 가점제 적용 비율 |

구분	85m² 이하		85m² 초과	
	현행	개선	현행	개선
수도권 공공택지	100%	100%	50% 이하에서 지자체장이 결정	
투기과열지구	75%	100%	50%	50%
조정대상지역	40%	75%	0%	30%
기타 지역	40% 이하에서 지자체장 결정		0%	0%

(국민주택은 공급 물량의 100%를 순차제 방식으로 무주택 세대에 우선적으로 공급 중)

과하는 경우가 대부분인 만큼 청약도 자금 여력이 있어야 한다. 당첨 확률을 높이기 위해 추첨제 물량이 많은 전용면적 85m² 초과에 청약할 경우 분양가가 그만큼 비싸므로 청약 전 반드시 분양가를 확인하고 자금 조달 방안을 마련해야 한다.

비청약과열지역, 비인기 타입을 공략하자

무엇보다 아파트 청약을 할 때 해당 단지가 어떤 규제지역에 속해 있는지 알아보는 것이 중요하다. 조정대상지역은 다양한 아파트 청약 및 분양 관련 규제가 적용된다. 우선 청약 1순위 자격 요건에 각종 제한이 생기는 데다 중도금 대출 조건, 분양권 전매 기간 또한 까다로워진다.

일반적으로 청약과열지역을 조정대상지역으로 생각하는데 조정대상지역도 청약과열지역과 비청약과열지역으로 나뉜다. 그래서 상대적으로 비청약과열지역에 대한 규제가 약한 편이다.

해당 지역에서는 다주택자도 1순위 청약을 신청할 수 있고 추첨제 비중이 높으며, 분양권 전매제한 기간이 6개월로 짧다. 이 같은 비청약과열지역은 경기도 남양주시, 하남시, 수원시 팔달구, 용인시 기흥구가 있다. 2019년 국토교통부가 고양시 일부 지역을 조정대상지역에서 해제하면서 남은 조정지역의 민간택지 역시 비청약과열지역이다. 청약 흥행을 했던 힐스테이트 푸르지오 역시 수원시 팔달구 민간택지 사업이라는 점에서 비청약과열지역에 속했다. 특히 전용면적 85m² 초과로 추첨제 100%였다.

외곽 지역이라는 인식이 있는 서울 중랑구에서 2019년에 '한양수자

| 청약 관련 규제 내용 |

규제항목	청약과열지역			그 외 비청약과열지역
지역구분	제1지역	제2지역	제3지역 (공공택지)	제3지역 (공공택지 외)
전매제한	소유권이전 등기일까지	1년 6개월	1년	6개월
가점제 적용 비율	$85m^2$ 이하 : 75% $85m^2$ 초과 : 25%			$85m^2$ 이하 : 40% $85m^2$ 초과 : 0%
1순위 자격	청약통장 가입 기간 : 2년 과거 5년 이내 다른 주택 당첨된 세대가 아닐 것 주민등록등본상 세대주 2주택 이상 소유세대 불가			청약통장 가입 기간 : 1년 지역별 예치금 납부 완료 다주택자 가능
재당첨 제한*	과밀억제권역인 경우 : $85m^2$ 이하 5년 ∣ $85m^2$ 초과 3년 그 외 : $85m^2$ 이하 3년 ∣ $85m^2$ 초과 1년			해당사항 없음

* 주택 공급에 관한 규칙 제54조에 따라 분양가상한제, 투기과열지구, 청약과열지역 대상 지역에 대해 재당첨을 제한함

※ 다주택자 중도금 대출 규제 및 분양권 양도소득세율(50%)은 조정대상지역에 일괄 적용

인 사가정파크'가 분양되었는데 비인기 타입이었던 전용 $84m^2$D의 당첨 커트라인이 9점을 기록했다. 택지지구로 조성되는 구로 항동지구 역시 2019년 전체적으로 가점이 낮게 나왔는데 최저 14점을 기록했다. 입지별로 커트라인 차이가 큰 만큼 서울에서도 외곽 지역이나 비청약과열지역, 비인기 타입에 도전하면 당첨 확률을 높일 수 있다.

당첨자 발표일이 겹치는 단지를 공략하자

두 단지의 당첨자 발표일이 같은 경우에는 동시 청약할 경우 중복 청약으로 당첨이 취소될 수 있으니 둘 중 한 단지에만 청약해야 한다. 사람들이 대거 몰리는 로또 단지와 당첨자 발표일이 같은 단지가 있다

면 그 단지는 청약 경쟁률이 낮을 확률이 높다. 당첨자 발표일을 반드시 확인해서 사람들이 몰릴 것으로 예상되는 단지와 중복해서 발표하는 단지에 청약해보자.

미계약분을 노려라

복잡한 청약제도로 인해 단지마다 물량의 약 10% 이내로 부적격 당첨자가 나오는 경우가 많다. 또한 당첨자의 자금이 부족한 데다 대출규제가 심해 당첨 후에도 계약을 못 하는 경우가 종종 발생한다. 미계약이나 미분양이 생기면 통장 또는 집 보유에 관계없이 무순위 청약을 하는데, 현금 부자들이 이런 물량을 통장 없이 사들이는 '줍줍현상'이 생겨났다. 이에 예비 당첨자 비율을 기존 80%에서 500%로 확대 개편했다. 유주택자나 현금 부자들의 줍줍 대상이 되었던 미계약 물량이 상대적으로 가점이 높고 무주택자인 예비 당첨자에게 돌아갈 기회가 생긴 것이다.

예비 당첨자 비율은 투기과열지구(서울, 과천, 분당, 광명, 하남, 대구 수성구, 세종)에서 500% 적용되고, 조정대상지역이나 비규제지역에서는 종전 규정(40%)이 적용된다. 사업장마다 다를 수 있지만, 예비 당첨자에게 우선 청약 기회를 주는 제도를 적극 활용하자. 예비추첨까지 종료된 후 시공사 홈페이지에서 인터넷 청약을 받는다. 공공분양도 미계약분이 발생한다. 공공분양에서 미계약분이 나오면 한국토지주택공사 사이트에 공고하고 접수를 받는다. 공공분양은 분양가가 낮기 때문에 가격적인 장점이 크다. 수시로 들어가서 미계약분 모니터링을 해보자.

특별공급을 공략하자

특별공급이란 정책적 배려가 필요한 사회계층 중 무주택자의 주택 마련을 지원하기 위해 일반공급과 청약 경쟁 없이 주택을 받을 수 있는 제도다. 특별히 평생 단 한 번만 누릴 수 있는 제도로 여기서 '배려가 필요한 세대'란 기관 추천(국가보훈처), 다자녀 가구, 노부모 부양 가구, 신혼부부, 생애최초 주택구입이 해당한다.

특히 신혼부부 특별공급을 눈여겨보자. 신혼부부로 인정받는 혼인 기간은 5년에서 7년으로 늘어났다. 또한 기존에는 자녀가 필수조건이었다면 개정 후에는 자녀 유무 관계없이 무주택 세대주라면 신청이 가능하다. 혼인 신고한 뒤에는 계속 '내 집'이 없어야 한다. 결혼을 앞둔 예비 신혼부부 역시 특별공급 신청이 가능하지만 이 경우에는 국민주택(전용면적 85m² 이하)만 해당되며, 입주 전까지 혼인 사실을 증명해야 한다. 신혼부부 특별공급 내에서도 자녀가 있다면 1순위가 된다. 임신을 했거나 입양 및 재혼한 배우자가 데리고 온 자녀도 인정되며, 임신진단서, 입양관계증명서, 가족관계증명서 등 증명서류를 제출해야 한

| 2019년 도시근로자 가구당 월평균 소득 |

(단위:원)

가구원 수	50%	70%	80%	100%	120%	130%
3인 이하	2,700,907	3,781,270	4,321,451	5,401,814	6,482,177	7,022,358
4인	3,082,601	4,315,641	4,932,162	6,165,202	7,398,242	8,014,763
5인	3,349,933	4,689,906	5,359,892	6,699,865	8,039,838	8,709,825
6인	3,674,446	5,144,224	5,879,113	7,348,891	8,818,669	9,553,558
7인	3,998,959	5,598,542	6,398,334	7,997,917	9,597,500	10,397,292
8인	4,323,472	6,052,860	6,917,554	8,646,943	10,376,332	11,241,026

| 대상자별 공공&민영주택 공급 방식(85m² 이하) |

<table>
<tr><th colspan="2" rowspan="2">구분</th><th colspan="2">비율</th><th rowspan="2">신청 자격 및 당첨자 선정 방법</th></tr>
<tr><th>공공분양</th><th>민간분양</th></tr>
<tr><td colspan="2">특별공급 계</td><td>80%</td><td>43%</td><td></td></tr>
<tr><td rowspan="2">기관 추천</td><td>국가유공자</td><td>5%</td><td>–</td><td>국가보훈처장이 추천하는 유공자 또는 유족</td></tr>
<tr><td>장애인 등</td><td>10%</td><td>10%</td><td>입주자 저축 6개월(장애인 제외), 관련 기관의 장이 추천하는 장애인, 군인, 중소 기업근로자 등</td></tr>
<tr><td colspan="2" rowspan="2">다자녀 특별공급</td><td rowspan="2">10%</td><td rowspan="2">10%</td><td>입주자 저축 6개월, 미성년 자녀를 3명 이상 둔 무주택 세대구성원</td></tr>
<tr><td>배점 기준에 따른 고득점 순으로 선정(공공, 민영 동일 기준)
동점자 처리: ①다자녀 → ②고령 세대주</td></tr>
<tr><td colspan="2" rowspan="2">노부모 부양 특별공급</td><td rowspan="2">5%</td><td rowspan="2">3%</td><td>청약 1순위, 65세 이상 직계존속을 3년 이상 계속 부양한 무주택 세대주</td></tr>
<tr><td>경쟁 시 일반공급 당첨 순차에 따라 선정(민영 : 가점제 / 공공 : 순차제)</td></tr>
<tr><td colspan="2" rowspan="2">신혼부부 특별공급</td><td rowspan="2">30%</td><td rowspan="2">20%</td><td>입주자 저축 6개월, 혼인 기간 7년 이내 무주택 세대구성원으로 소득 및 자산보유 기준 충족자</td></tr>
<tr><td>순위에 따라 선정: 1순위: 유자녀, 2순위: 무자녀
동일 순위 경쟁 시 처리: 민영: ①다자녀 → ②추첨 / 공공: 신혼특공가점제</td></tr>
<tr><td colspan="2" rowspan="2">생애최초 특별공급</td><td rowspan="2">20%</td><td rowspan="2">–</td><td>생애 최초로 주택을 구입하는 자로서 청약저축 또는 종합저축 1순위, 600만 원 이상 납입, 혼인 중 또는 미혼 자녀가 있는 자, 근로자 또는 자영업자로 5년 이상 소득세 납부자로 소득 및 자산보유 기준 충족자</td></tr>
<tr><td>경쟁 시 추첨으로 선정</td></tr>
<tr><td colspan="2">일반공급</td><td>20%</td><td>57%</td><td>무주택 세대구성원. 동일 지역 동일 순위 내 경쟁 시 순차제에 의해 입주자를 선정함.(민영: 가점제&추첨제 / 공공: 순차제)</td></tr>
</table>

– 민영 85m² 초과 주택은 기관 추천, 신혼부부 특별공급 물량 없음.
– 분양가 9억 원 초과 주택은 특별공급 제외(2018. 5. 4. 시행)

다. 자녀를 둔 신혼부부 신청자가 많아 1순위 내에서 경쟁이 발생한다면 해당 지역 거주자, 미성년 자녀 수가 많은 순으로 당첨이 정해진다. 미성년 자녀 수까지 같을 경우 추첨을 통해 당첨자를 가린다.

우선공급 15%는 전년도(2019년) 도시근로자 가구당 월평균 소득 기준 100% 이내가 배정되며, 일반공급 5%는 월평균 소득 120% 이내에 해당하니 이 점도 명심하자. 신혼부부 특별공급 청약 시 전용면적 85m² 이하 타입만 공급된다.

정확한 월평균 소득을 알고 싶다면 건강보험공단 사이트 '개인민원 → 직장보험료개인별조회' 화면에서 보이는 평균보수월액이 월평균 소득이다. 근로자는 근로소득원천징수영수증 21번을 보면 된다. 사업자는 전년도 종합소득세 소득금액증명원의 과세대상급여액 기준에 해당한다. 신혼부부라면 청약 기준이 완화되고, 신청 절차도 간단해졌으니 소득 요건을 충족한다면 신혼부부 특별공급을 무조건 노려보자.

신혼희망타운을 노려라

신혼희망타운은 신혼부부 특별공급과는 별개로 육아·보육을 비롯한 신혼부부 수요를 반영하여 건설하고, 전량을 신혼부부에게 공급하는 신혼부부 특화형 공공주택을 말한다. 혼인 기간 7년 이내의 무주택 세대구성원인 신혼부부, 1년 이내 예비 신혼부부, 만 6세 이하 자녀를 둔 한부모 가정을 대상으로 전용면적 60m² 이하로 공급되며, 소득 기준은 전년도 도시근로자 가구당 월평균 소득 기준 맞벌이 130% 이하, 외벌이 120% 이하면 지원이 가능하다.

분양형으로 공급하되, 신혼부부가 자금 여건에 따라 임대형(분양전환형 공공임대)도 선택 가능하다. 목돈이 부족한 무주택 실수요 신혼부부를 위하여, 초기 부담 30%(임대형 선택 시 10%)만 부담하면 되고, 거주기간에도 1%대 초저리 대출 지원으로 월 부담액을 경감받을 수 있다. 수익공유모기지 제도를 도입하여 최대 70%까지 대출이 가능하다.

신혼희망타운은 주변 시세보다 저렴한 분양가로 공급되며, 기존 택지 활용 및 신규 택지 개발을 통해 교통이 편리하고, 주거 여건이 좋은

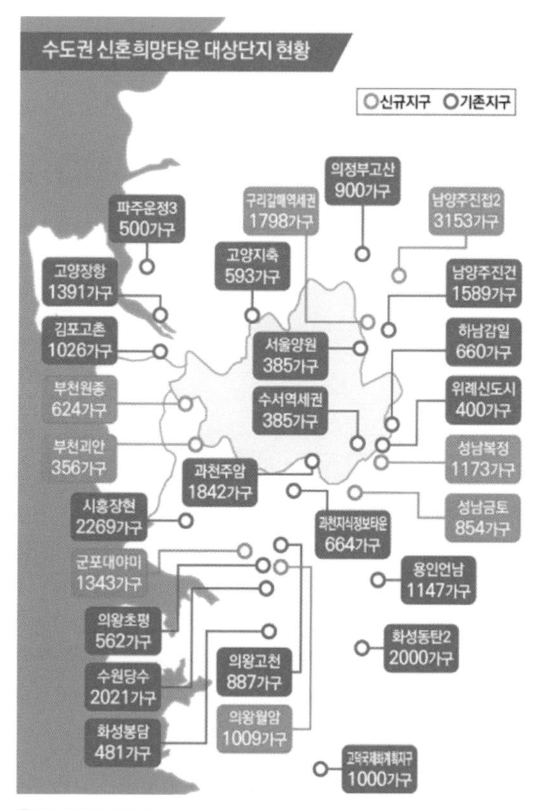

출처 : 국토교통부

도심 내외에 2022년까지 누적 7만 호가 공급될 예정이니 해당 기준을 충족하면 좋은 기회를 반드시 잡기 바란다.

청약은 실거주를 우선으로 염두에 두고 시세차익은 덤으로 여기는 자세로 내가 선호하는 거주지만 보지 말고, 넓은 시야로 바라보고 전략을 짜는 것이 좋다. 꾸준한 관심을 기울이고 공부한다면 청약 당첨과 내 집 마련의 꿈을 계획보다 앞당길 수 있을 것이다.

[청약 TIP1] 입주자 모집공고문을 반드시 확인하자

청약 단지의 입주자 모집공고문은 반드시 다운받아 확인해야 한다. 청약할 아파트의 모든 정보를 수록하고 있다. 평형별 분양가는 물론 특별공급, 일반공급에 대한 사항, 확장 옵션, 단지 내외부 설계에 대한 내용을 반드시 체크하고 청약해야 한다. 특히 아파트 분양가가 9억 원을 초과하면 중도금 집단대출 보증을 받을 수 없다. 당첨자 스스로 중도금을 신용대출 등 순수 자력으로 마련해야 하므로 분양가와 면적을 반드시 확인해야 한다.

입주자 모집공고문은 깨알 같은 글씨로 작성되어 있으니 반드시 출력해서 꼼꼼히 읽어봐야 한다.

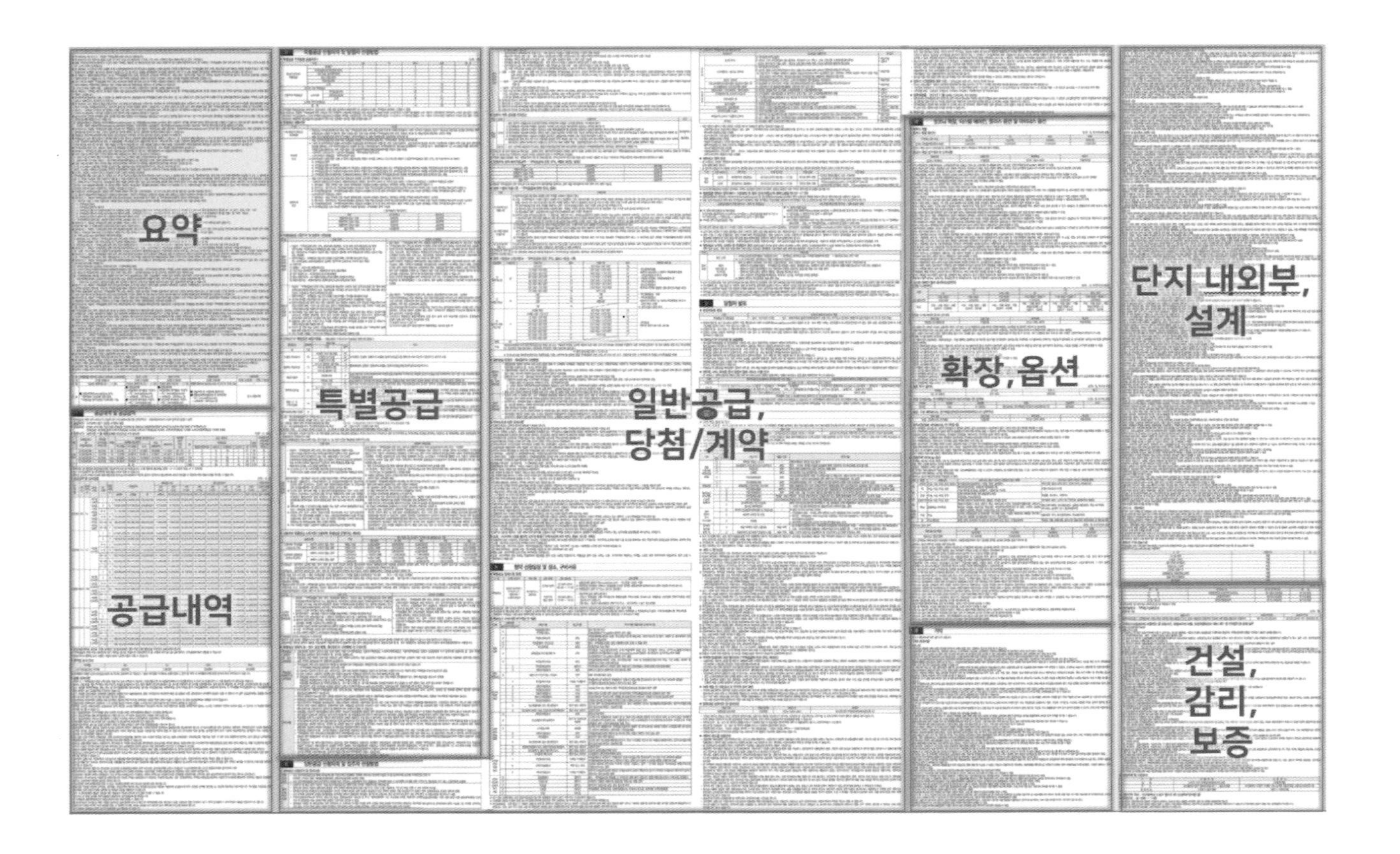

요약
공급내역
특별공급
일반공급,
당첨/계약
확장, 옵션
단지 내외부,
설계
건설,
감리,
보증

[청약 TIP2] '청약홈' 어플리케이션과 사이트를 활용하자

'청약홈' 앱과 웹에서 주택청약이 가능하다. 청약통장이 국민은행인 경우 국민은행 앱과 웹을 통해서도 청약이 가능하다. 반드시 공인인증서가 있어야 한다.

출처 : 청약홈 앱과 사이트

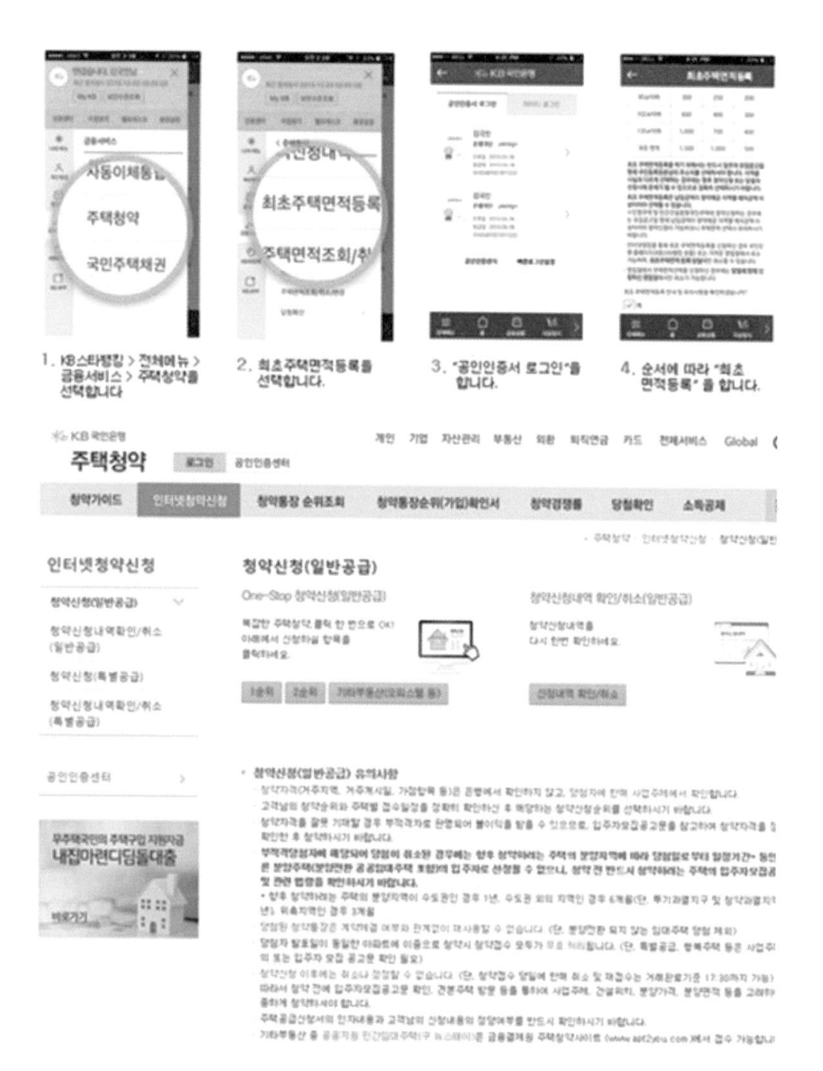

출처 : 국민은행 앱과 사이트

미래가치가 높은 수도권 유망 지역과 교통축

하남시 미사신도시

'창을 열면 한강, 문을 열면 서울'. 경기도 하남시에 위치한 미사강변지구는 경기 하남시 망월동, 풍산동, 선동, 덕풍동 일대 그린벨트를 해제해 조성한 신도시다. 약 4만 가구 규모로 2009년 첫 분양이 시작됐다. 당시 미분양이 발생하고 크게 인기가 없던 곳이었다. 현재 미사강변도시는 2014년부터 입주를 시작해 총 3만 7,535세대가 입주한 상태다.

미사강변도시에는 총 3개의 지하철이 들어올 예정으로 교통 호재가 풍부하다. 2020년 6월 개통 예정인 5호선 '미사역'(상일역~강일역~미사역~풍산역), 지난 10월 발표한 9호선 연장선(한영외고~고덕역~강일역~미사역), 3호선 연장선(오금역~감일지구~5호선 덕풍역 환승)이다. 또한 북쪽과 동쪽 등 2면이 한강으로 둘러싸여 있고 올림픽대로, 서울외곽순환도

로, 구리암사대교 등 도로망 이용이 편리해 서울 접근성이 매우 우수한 신도시다. 스타필드 내 신세계 백화점, 이마트, 코스트코 등 상업시설을 이용하기 편리해 사용가치와 투자가치가 뛰어나다. 2022년 상반기 분양 예정인 3기 신도시 '교산지구'에 청약 대기 수요가 전세 수요로 몰리고 있다. 기존 아파트 매수뿐만 아니라 미사역 주변 브랜드 오피스텔 투자, 3기 신도시 청약을 위한 전입 등 반드시 관심을 가지고 준비해야 할 곳이다.

성남시 구도심(수정구, 중원구) 재개발·재건축 지역

경기 성남시 구시가지인 수정구와 중원구는 노후 주택들이 밀집한 난개발 지역으로 재개발·재건축 사업을 통해 도시가 탈바꿈하게 된

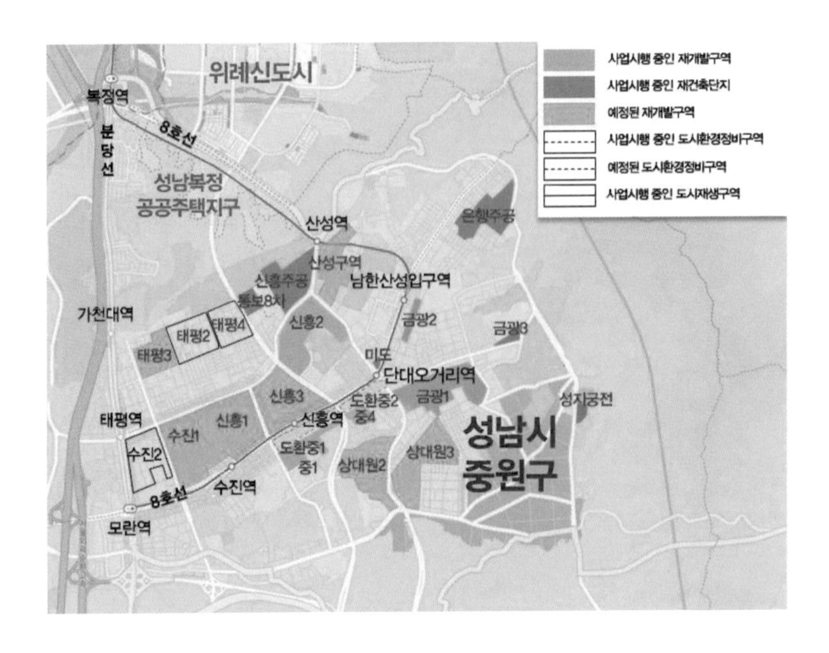

다. '2030 성남시 도시·주거환경정비 기본계획' 초안에는 판교 지역(8.9㎢)을 제외한 성남 구시가지 5개 구역을 2030년까지 재개발하고 아파트 10개 단지를 재건축할 계획이 수립되었다.

성남 구시가지는 노후 주택과 낡은 기반시설이 많아 향후 정비사업으로 도시의 가치가 대폭 상승될 것으로 예상된다. 성남시와 서울 송파구 경계에 속해 판교, 분당보다 서울이 가까워 입지가 매우 뛰어나기 때문이다. 특히 산성역에서 8호선을 이용하면 잠실역(지하철 2·8호선)까지 약 20분, 강남역(지하철 2호선·신분당선)까지 약 40분 걸린다. 지하철 9호선 3단계 연장 노선(종합운동장~보훈병원) 개통으로 잠실에서 전철을 갈아타면 여의도 등 서남권 각지를 전철로 이동할 수 있는 특장점이 있다. 또한 8호선 연장이 판교로 계획되어 신축 아파트촌으로 탈바꿈하면 엄청난 지역으로 변모할 가능성이 높다. 성남시는 현재 조정대상 지역으로 청약 전략을 적극 활용해야 한다. 분양권 투자를 하거나 재개발·재건축 가능성이 있는 물건에 투자하는 것도 고려해볼 만하다.

성남시 고등·금토지구

성남시 고등지구는 성남시 서북부의 그린벨트 한복판에 놓인 공공택지지구로 여러 개의 고속도로가 교차하는 도로교통의 요충지다. 반경 3km 이내에 나들목과 분기점만 6곳이 위치해 있다. 대왕판교로(23번 국도)로 판교에 바로 진입이 가능하며, 수서로 직행할 수도 있다. 고등나들목의 분당내곡 간 도시고속화도로를 통해 도곡동으로 바로 접근할 수 있고, 금토 분기점을 통과하면 서초까지 도달할 수 있다.

주요 수요층이 출퇴근하게 될 제2·제3판교 테크노밸리는 대왕판교로를 타고 1.5km면 도달 가능하다. 현재는 인프라가 부족하지만 풍부한 일자리와 입지가 우수하기 때문에 미래가치가 매우 뛰어난 곳이다. 향후 분양 예정인 성남고등자이나 분양권 매수를 적극 고려해보자.

성남 금토지구는 수정구 금토동 일원의 58만 3581m²에서 개발제한구역(41만 2076m²)을 해제하고 한국토지주택공사가 오는 2023년까지 젊은 층과 무주택자 등을 위한 맞춤형 공공주택 3,417가구를 짓는 사업이다. 아울러 핀테크, 블록체인 등으로 대표되는 미래 금융산업이 들어설 '혁신클러스터'와 ICT 첨단산업이 입주할 '융복합클러스터', 문화·근린생활 시설의 '근린 클러스터' 등 3개 구역도 함께 조성되기 때

문에 포스트 판교의 일자리 특수를 누릴 수 있는 곳이다.

고양시 덕은지구

고양시 덕은지구는 상암동과 접한 미니 신도시급으로 총면적 64만 6,000m²로 4,815세대(1만 2,711명)가 들어서는 도시개발지구다.

옛 국방대학원 부지에도 아파트 등 주거시설 2,400세대가 들어올 예정으로 약 7,500세대 규모의 신흥 주거지가 탄생된다. 고양시 덕은지구는 행정구역상 고양시에 속하지만, 서울시 마포구 상암동과 맞붙어 있어 사실상 서울 생활권에 속한다. 서울 서쪽의 대표적인 업무지구인 마포구 상암동 디지털미디어시티(DMC)와 강서구 마곡지구까지 10~15분이면 도착할 수 있다. 2019년 7월 첫 아파트가 분양된 이후 이달부터 본격적인 공급에 들어간다. 고양에서 서울 접근성이 좋다고 평가받는 삼송지구(2만 4,000가구)나 지축지구(8,955가구) 등과 비교하면 규

모가 작다. 경기 고양시에 위치한 데다 공공택지지구라서 분양가 상한제가 적용되기 때문에 분양가가 비교적 저렴하다. 지하철 노선이 없어 지상 대중 교통망에 의존하는 점과 인근 물재생센터 두 곳에서 발생하는 악취가 약점이지만 뛰어난 입지가 이런 단점을 충분히 뛰어넘는 곳이다.

남양주시 다산·별내 신도시

남양주시 진건읍, 지금동, 도농동 일원에 보금자리주택 택지지구 도시개발사업으로 475만m² 면적에 조성된 다산신도시는 진건지구와 지금지구로 이루어져 있다. 2009년 12월부터 1단계 사업이 진행되어 수용 인구 약 8만 6,000여 명, 3만 2,000여 가구로 조성되었다. 지금지구는 강변북로를 따라가면 서울 접근성이 좋고 한강과 가깝다. 또한 남양주 제2시청사와 교육청, 경찰서, 법원 등 공공청사가 들어서는 행

정타운과 중심상업지구도 조성될 예정이다.

지금지구의 분양가는 토지조성 원가부터 차이가 나기 때문에 진건지구보다 높게 책정됐다. 진건지구는 한강과 거리가 떨어져 있지만 2022년 개통 예정인 서울지하철 8호선 연장선인 별내선 다산역(가칭)의 장점이 있는 곳이다. 서울로 이동할 때는 북부간선도로를 타기 수월하며 외곽순환도로와 구리~포천 간 고속도로가 2021년쯤 완공될 예정으로 도로교통망이 우수하다. 현대프리미엄아울렛과 다산역 주변과 그 외 지구 관문 포인트마다 대규모 상권이 형성될 것으로 보인다.

별내신도시는 같은 남양주시에서 다산신도시와 경쟁 관계에 있다.

2012년 1월 첫 입주를 시작으로 총 509만m²에 약 2만 5,000가구, 7만 2,000명을 수용하게 될 신도시다.

별내의 가장 큰 약점은 서울 도심으로 가는 교통이 불편하다는 것이다. 별내에서 잠실로 가는 직행버스를 제외하면 서울 중심부까지 한 번에 도착하는 대중교통이 없다. 그나마 이용할 수 있는 경춘선도 상봉행 열차뿐이어서 서울 도심으로 이동하려면 경의중앙선이나 7호선, 1호선 등으로 갈아타야 한다.

그러나 교통 여건이 대폭 개선될 전망이다. 별내지구 북쪽으로 서울지하철 4호선 연장 별내북부역(2021년 개통 예정)과 남쪽에 8호선 연장(2023년 개통 예정)이 계획되어 있다. 현재 운행 중인 별내역 경춘선과 더불어 8호선 연장선, GTX-B 등 3개 노선이 지나는 트리플 역세권으로 거듭날 예정이다. 외곽순환도로 별내IC와 경춘선 별내역이 주요 교통 인프라였지만 2019년 6월 구리~포천 간 고속도로가 개통돼 서울 접근성이 좋아졌다.

별내는 입주 8년 차 신도시로 인프라가 완성 단계에 접어들어 생활이 편리하고 거주 환경이 쾌적하기 때문에 다산신도시의 가격이 부담스럽다면 별내 신도시와 비교우위에 있는 매물을 선택하자.

화성시 동탄신도시

역전세난, 마이너스 프리미엄으로 인한 깡통 주택으로 오명을 쓴 동탄2신도시가 2019년을 기점으로 입주 물량이 급감하고 있어 가격

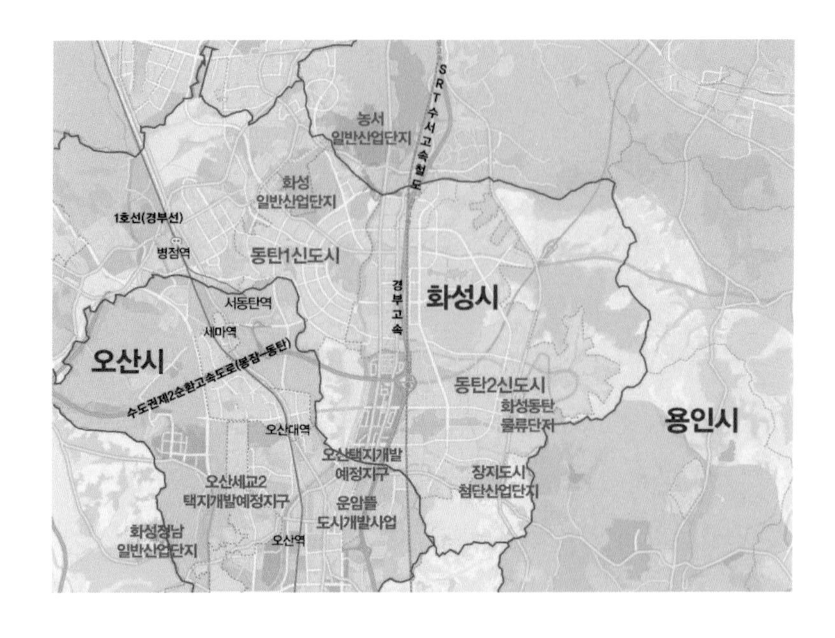

상승세를 이어가고 있다. 동탄1신도시(13만 5,000명)와 동쪽인 동탄2신도시(29만 명)로 나누어 동탄1신도시(반송동, 석우동, 능동 지역)가 먼저 조성되었고, 동탄2신도시(청계동, 영천동, 오산동, 신동, 목동, 산척동, 장지동, 송동 지역)가 조성 중이며 수도권 신도시 중 가장 면적이 크고 기반시설과 녹지율 등 주거환경이 쾌적한 곳이다.

동탄은 화성의 신흥공업지역으로 삼성전자 나노시티 화성 캠퍼스와 평택 캠퍼스, 삼성디스플레이, LG전자와 현대자동차 연구소, 기아자동차 화성공장, 3대 대기업들의 협력업체들이 포진되어 상주 근로자 수가 현재만 약 20만 명을 상회하고 있어 직주근접의 풍부한 일자리가 강점이다. 경기도 내 지자체 중 재정 자립도 1위의 위상을 실감하게 한다. 또한 국내에서 가장 많은 자원과 인력이 지나다니는 광역도로망인 경부선 외에, KTX·SRT, GTX-A 동탄역을 이용해 서울 접근성이 우수하다.

향후 인덕원~동탄 복선전철(2026년 개통 예정), 동탄 트램(2027년 개통 예정) 등의 교통 호재도 예정되어 있다. 동탄 신도시는 올해부터 입주 물량이 크게 줄어들고 2023년에는 GTX-A 개통도 예정되어 있어 앞으로도 상승세가 예상된다. 인근 용인 처인구에 SK하이닉스가 입주하면 동탄의 세력은 더 커질 전망이다. 인구 44만의 동탄신도시는 현재 87만 명의 화성시 인구를 100만 시대로 성장하게 하는 대장주 지역으로 우뚝 설 것이며, 단순히 베드타운이 아닌 스스로 일자리와 문화를 창출하는 자급자족의 신도시로 거듭날 가능성이 높아 지속적인 관심이 필요한 곳이다.

용인시 플랫폼시티

베드타운의 오명을 썼던 용인시가 플랫폼시티를 통해 새로 거듭날 예정이다. 플랫폼시티는 기흥구 보정동·마북동·신갈동 일원 270만m^2 규모로 판교테크노밸리의 약 5배에 달하는 부지에 지식 기반의 미래형 첨단산업단지와 이를 뒷받침할 상업 및 업무시설, 주거시설, 문화복지시설 등이 어우러진 미래형 복합자족도시를 조성하는 사업이다.

국토부가 2019년에 발표한 '수도권 주택 30만 호 공급안-제3차 신규택지 추진 계획'에 분당선 구성역(GTX-A 용인역)이 포함되면서 사업이 탄력을 받게 되었다. 이에 따라 1만 1,000여 세대의 주택이 공급될

예정이다. 1, 2기 신도시와는 달리 단순한 주택 공급이 아닌 자족도시 기능을 강화하고, 광역교통 개선대책 방안이 수립되었다. 가용지 대비 35% 이상의 자족 기능을 확보하는 등 주거 비율을 최소화해 자족도시 기능이 강화되기 때문에 주목할 필요가 있다.

2022년 분당선 구성역 일대 착공 예정인 '용인플랫폼시티'는 인근 보정동·마북동·구성동을 아우르며 인접한 동백동·죽전동까지 교통과 함께 주택가격에 큰 영향을 미칠 것으로 예상된다. 2기 신도시인 동탄보다 지리적으로 서울에 가깝고 영동고속도로와 경부고속도로가 지나고 GTX 용인역과 분당선 구성역이 교차하는 수도권 남부의 교통 요충지다. GTX 개통 이후에는 용인에서 삼성역까지 15분이면 갈 수 있다. 또한 자급자족도시로 급부상한 광교신도시와도 차로 10여 분 이내에 인접해 지리적 이점이 있다.

GTX 용인역이 개통되면 광교에서 용인역을 이용하게 되어 대중교통의 연결로 부동산 가격이 높게 형성된 광교신도시의 영향권에 들어오게 된다. SRT 개통으로 인해 크게 변모한 수서와 KTX 개통으로 급부상한 광명을 고려했을 때 GTX가 부동산에 미치는 영향은 매우 클 것으로 예상된다.

3기 신도시 포함으로 구성역 일대에 교통의 결절지인 특성을 살려 수도권 남부 교통 허브가 될 복합환승센터를 조성하고 경부고속도로와 연결되는 스마트 IC가 신설될 예정으로 서울 접근성이 개선될 전망이다. 현재 녹십자, 일양약품 등 대형 제약사와 연구개발시설 등이 이곳에 있고 인근 마북연구단지에 현대모비스, 현대자동차연구소 등 9개 기업이 있어 이미 산업기반이 탄탄하다. 분당선 구성역 주변에 실거주 가능한 아파트에 입주하면서 3차 신규택지로 공급되는 신규 아파트 입주를 노려보는 전략을 세우면 좋은 결과를 얻을 것이다.

3기 신도시에 기회가 있다

3기 신도시는 준공까지 최소 5년, 최대 10년 이상 남아 있어 아직 갈 길이 멀지만 2기 신도시보다 서울과 가까운 입지 여건에 교통망까지 확충하고, 신도시의 약점인 일자리 문제도 자족용지 확보를 통해 보완하는 계획이 수립되었기 때문에 투자가치가 매우 높다. 특히 무주택자들에게 좋은 청약 기회가 많으니 꼭 관심을 가져야 한다.

3기 신도시는 서울 도심까지 30분 내 출퇴근 가능 도시, 일자리를 만드는 도시, 자녀 키우기 좋고 친환경적인 도시, 전문가와 지방자치단체가 함께 만드는 도시 개발을 내걸었다. 여기서 출퇴근과 일자리가 매우 중요한 포인트다. 분양 일정은 지역별 차이는 있지만 2022년까지 7만 가구, 2023년 6만 7,000가구, 2024년 5만 8,000가구, 2025년 6만 1,000가구, 2026년 이후 4만 4,000가구의 입주자 신청이 이뤄질 예정이다.

면적 330만m²(100만 평) 이상의 택지로 구성된 3기 신도시는 서울의 동쪽에 공급되는 하남 교산지구, 남양주 왕숙지구와 서쪽에 공급되는 인천 계양테크노밸리, 부천 대장지구, 고양 창릉지구로 나뉜다.

3만 2,000가구가 건설되는 하남 교산지구(649만m²)는 북쪽에 5호선 연장과 남북으로 관통할 3호선 연장선이 계획되어 있어 하남에서 잠실역까지 30분, 수서역까지 20분 거리다. 강남 접근성이 제일 우수한 신도시로 주목해야 할 곳이다.

왕숙지구는 진접읍·진건읍·양정동 일대 1,134만m²(343만 평)에 6만 6,000가구의 공공택지에 조성된다. 신도시 조성이 완료되면 인근 별내와 다산신도시까지 합쳐서 총 2,000만m²(605만 평)가 넘는 매머드급 신도시로 탈바꿈한다. 서울지하철 8호선 연장과 GTX-B가 연결된 예정이다.

부천 대장지구는 대장동과 오정동, 원종동 일대 343만m²(104만 평)에 2만 가구의 아파트가 들어서고, 68만m²(20만 5,700평) 규모의 자족용지가 조성된다. 이 지역에 9호선과 5호선 김포공항역과 7호선 부천종합운동장역 17.3km 구간을 연결하는 'S(Super)-BRT' 노선이 생긴다.

| 3기 신도시의 위치와 개요 |

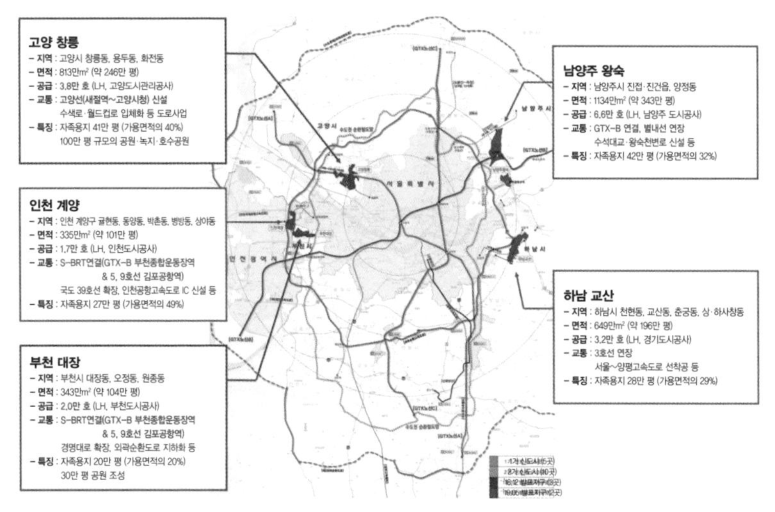

출처 : 〈중앙일보〉

이 노선이 만들어지면 대장에서 서울역까지 30분, 여의도까지는 25분 걸린다.

인천 계양지구 인천시 계양구 귤현동을 비롯한 동양동·박촌동·병방동·상야동 등에 걸쳐 1만 7,000가구가 공급된다. 지구 가용 면적의 49%(약 90만m²)는 자족용지로 조성한다. 마곡, 상암DMC, 마포 공덕, 서울역까지 이어지는 도시공항철도가 이미 개통되어 있다. 고양 창릉지구는 813만m²(246만 평) 면적에 3만 8,000가구가 들어선다. 자족용지가 판교 제1테크노밸리의 2.7배 규모(135만m²)이며, 330만m²는 공원과 녹지 등 호수공원으로 조성할 계획이다. 일자리가 풍부한 상암DMC와 접근성이 좋고 GTX-A 노선인 대곡역과도 가깝다.

똘똘한 대출 활용법

절대 갚는 게 아니다

많은 사람들이 빚지고는 못 산다는 생각으로 이자와 원금을 빨리 갚기 위해 은행의 노예가 된 것처럼 하루하루 열심히 일하고 돈을 모은다. 그리고 상환을 하면 이내 안도감이 몰려온다.

'빌린 돈은 빚'이라는 고정관념에 사로잡혀 있는 사람들은 이해가 되지 않겠지만 대출은 자산관리의 수단이 될 수 있다. 생각의 전환이 필요하다. 원금은 절대 갚는 것이 아니다. 대출을 하면 죽을 때까지 원금은 갚지 말고 이자만 내도록 하자.

그러면 언제 갚아야 할까? 원금은 팔 때 갚는 것이다. 그래야 부자가 될 확률이 크다. 부자들은 돈의 원리를 잘 알기 때문에 이를 최대한 사용해왔고, 죽을 때까지 이자만 낼 뿐 원금은 갚지 않는다. 원금을 일시에 전부 상환하면 그 돈으로 자산가치를 끌어올릴 수 있는 많은 매수 기회들을 놓치기 때문이다.

실제로 부자들을 보면 대출받은 돈을 활용해 적극적으로 자산을 불린다. 돈 걱정 없이 살 것 같은 부자들이 의외로 빚이 많은 이유가 바로 여기에 있다. 돈을 빌리는 것을 무조건 두려워하지 말자.

핵심은 좋은 빚과 나쁜 빚을 구분하는 데 있다. 좋은 빚이란 나에게 훗날 더 많은 수익을 가져오는 빚이다. 싼 이자를 내고 대출을 받아 그 돈을 가지고 대출이자보다 많은 수익을 낼 수 있는 상품에 투자하는 것이다. 이런 빚은 잘 활용하면 독이 아니라 빛이 될 수 있다. 반대로 나쁜 빚이란 한번 샀을 때 나중에 절대 구입한 가격보다 높은 가격에 팔 수 없을 때 내는 빚이다. 이는 나의 자산가치를 떨어트리는 행위다. 주택담보대출은 주택을 구입할 때 저금리로 대출받아 주택을 살 수 있는 좋은 빚이자 훌륭한 레버리지가 된다.

알아야 할 주택대출 용어

LTV(Loan To Value ratio)

집을 담보로 얼마까지 빌릴 수 있는지에 대한 비율로 지역과 받는 사람의 조건에 따라 달라진다.

$$\text{담보인정비율} = \frac{\text{융자}}{\text{부동산 가치}}$$

예를 들어 5억 원짜리 주택을 담보로 빌릴 때 LTV가 70%라면 5억 원×0.70로 계산해서 3억 5,000만 원까지 대출받을 수 있다. 그런데 5억 원의 기준은 호가가 아닌 KB시세를 적용한다.

보통 일반 평균가 기준으로 대출 가능 금액을 계산한다. 단, 아파트 1층이면 KB시세의 하위평균가를 적용하는 점을 참고하자. 부동산 가격 상승기에는 일반평균가가 시세를 반영하지 못하는 경우가 많다.

공급/전용 (m^2)	매매가		
	하위평균가	일반평균가	상위평균가
38.72/28.16	38,750	40,500	42,500

출처 : KB리브온 부동산 시세

5억 원은 호가이지만 KB시세 일반평균가를 확인하니 4억 500만 원이라면 대출 가능 금액은 4억 500만 원×0.70이 된다는 것을 주택 구입 시 염두에 두어야 예산에 차질이 생기지 않는다.

DTI(Debt To Income)

총부채상환비율을 의미한다. 연소득에서 갚아야 하는 돈이 차지하는 비율이다. 즉 상환액이 소득의 일정 비율을 넘지 않도록 하기 위해 채무 상환 능력을 고려한다는 것인데 DTI가 낮을수록 대출 가능 금액이 줄어든다.

$$총부채상환비율 = \frac{원리금\ 상환}{연소득}$$

예를 들어 DTI 50%, 연소득이 5,000만 원이라고 가정하면 연간 원금과 이자 상환 금액이 2,500만 원 이내로만 대출이 가능하다. DTI 수치가 낮을수록 대출 가능 금액이 줄어든다. 단, 은행에서는 LTV와 DTI를 둘 다 계산했을 때 둘 중 더 적은 비율을 대출 가능 금액으로 적용한다.

DSR(Debt Service Ratio)

총부채원리금상환비율이다. 이는 차주의 상환 능력 대비 원리금 상환 부담을 나타내는 지표로, 차주가 보유한 모든 빌린 금액의 연간 원리금 상환액을 연간 소득으로 나누어 산출한다. DSR은 DTI와 비슷한 개념이지만 DTI가 주택을 담보로 빌린 돈을 기반으로 상환 원리금 한도를 계산한다면, DSR은 신용, 학자금, 자동차 할부 등 빌려간 금액의 총원금과 이자를 고려해 상환 능력을 심사하기 때문에 부채의 폭을 넓게 잡아 DSR이 적용되면 대출 한도는 더 줄어든다.

$$총부채원리금상환비율 = \frac{모든\ 가계대출의\ 연간\ 원리금\ 상환액}{연간소득}$$

DTI와 비슷한 것 같지만 DTI가 주택담보대출 기반으로 상환 원리금 대출한도를 계산했다면, DSR은 내가 갖고 있는 모든 대출(신용카드 대출, 마이너스통장, 자동차 할부 등)의 원금과 이자를 고려해 대출 상환 능력을 심사하는 까다로운 규제다.

대출 방식별 특징을 파악하자

대출을 받을 때는 상환 방식을 선택해야 한다. 크게 원금균등상환, 원리금균등상환, 만기일시상환이 있다.

원금균등상환

매월 상환하는 원금이 동일하며, 매월 원금이 상환되기 때문에 이자가 점점 줄어들어, 결과적으로 매월 상환하는 총금액이 조금씩 줄어든다. 한 푼이라도 이자를 덜 내고 싶다면 초기 부담은 크지만 원금균등상환이 유리하다.

원리금균등상환

원금과 이자를 처음부터 균일하게 설정해서 만기일까지 다달이 일정한 금액을 내는 구조다. 원금 상환액이 매달 일정하기 때문에 자금 계획을 세울 수 있다. 고정적인 수입이 있어 규칙적으로 대출금을 상환할 수 있는 사람에게 적합하다. 대출금액을 갚아나갈수록 총대출 규모가 줄어들어 매달 부담하는 이자가 감소하기 때문이다.

만기일시상환

거치 기간을 설정하면 그동안 원금을 제외한 이자만 납부하는 방식이다. 말 그대로 이자만 내다가 만기에 한꺼번에 원금을 갚는 방식이다. 한 번에 원금을 내야 하는 부담이 따르지만 대출 기간 동안 투자수익이 대출이자보다 많고 만기 시 원금을 갚고도 투자수익을 낼 수 있는 상품에 투자할 때 이용하면 유리하다.

대출금 중도상환 시 수수료가 얼마인지 미리 따져봐야 한다. 대출 기간 중에 여유 자금이 생겨 중간에 빚을 갚고자 하거나 지금보다 더 유리한 조건의 대출 상품으로 바꾸려고 할 때 예상치 않게 대출금 중도상환 수수료가 생각보다 많이 부과될 수 있으니 미리 체크하자.

변동금리 vs 고정금리 선택 여부

자신의 소득과 자산 규모에 적합한 대출 규모를 파악한 후 대출 상품을 고를 때 가장 먼저 고려해야 하는 것이 금리 적용이다. 그때그때 상황에 따라 변동금리 대출 상품이 이익일 때가 있고, 반대로 고정금리 대출 상품이 이익일 때가 있다. 금리 상승기에는 고정금리 대출 상품을 선택하는 것이 좋고, 금리가 떨어질 때는 변동금리 대출 상품을 이용하는 것이 바람직하다. 또 금리가 상승할 가능성이 크면서 변동금리와 고정금리의 차이가 0.5% 이내라면 고정금리 대출 상품을 선택하고, 그렇지 않을 경우에는 변동금리 대출 상품을 선택하는 것이 유리하다.

대출 잘 받는 노하우

대출을 잘 받으려면 어떻게 해야 할까? 무엇보다 본인의 신용점수를 잘 관리해야 한다. 카드대금, 공과금 등 각종 대금을 연체하지 않고, 키드론, 현금 서비스를 받지 않는 등 평소 자신의 신용등급을 높이는 습관을 들이자. 가급적 시중은행에서 대출을 받고 제2금융권도 나쁘지 않다.

다만 제3금융권에서 소액을 잠시라도 빌리면 신용회복이 불가능할 수 있다는 점을 기억하자(러시**, 미즈** 등 귀여운 애니메이션 캐릭터, 착한 여성이 나오는 광고를 보고 혹해서는 안 된다). 한번 손상된 신용등급은 회복하기가 쉽지 않다.

| 금융권 구분 |

제1금융권	제2금융권	제3금융권
시중은행 (국민, 신한, 우리, 농협 등)	저축은행, 캐피털사, 새마을금고, 증권사, 보험사, 신협, 단위수협, 단위농협, 우체국	대부업체

평소에 신용정보를 확인하고 관리하는 슬기로운 신용 생활을 하자. 신용등급이 높을수록 낮은 금리로 대출받을 수 있기 때문에 좋은 경쟁력을 확보할 수 있다. 카카오뱅크 앱에서 안전하게 무료로 나의 신용정보를 확인하는 방법이 있다. '내 신용정보' 서비스에 들어가면 신용점수 확인, 카드, 대출, 연체, 보증내역 같은 정보를 한눈에 확인할 수 있다. 또한 알림 서비스로 변동 내역도 빠르게 확인할 수 있어서 보다

효과적이고 편리하다.

신용점수를 조회하기만 해도 점수가 떨어진다고 오해할 수 있다. 하지만 걱정하지 않아도 된다. 2011년 10월 이후부터는 신용조회기록 정보가 개인 신용평가에 반영되지 않도록 변경되었기 때문이다. 신용등급은 걱정 말고 자주 확인하고 관리하는 습관을 들이자. 1등급과 5등급의 신용대출 금리는 약 4~5% 이상 차이가 난다. 나의 신용등급은 자본주의 사회에서 아주 중요한 신용지표가 된다. 나의 신용은 곧 돈이다.

대출을 받을 때는 금융기관 중 가장 낮은 금리를 제공하는 은행을 선택해야 한다. 생애최초 주택구입자금, 근로자, 서민주택구입자금, 전세자금대출처럼 국민주택기금을 통한 대출은 금융기관을 선택할 수 있는 여지가 없다. 취급 기관이 신한은행, 기업은행, 하나은행, 우리은행, 농협으로 한정되어 있기 때문이다.

앞서 설명한 주택금융공사의 보금자리론은 시중은행 및 삼성생명 등에서 취급하고 금리나 한도는 동일하므로 자신의 주거래 금융기관을 선택하거나 거래하기 편한 것을 고르면 된다. 하지만 이 두 경우를 제외한 일반 담보대출은 금융기관에 따라 금리와 한도가 천차만별이므로 어떤 곳을 선택하느냐에 따라 부담하는 이자 금액이 달라질 수 있다. 최저 금리를 제공하는 금융기관을 찾는 가장 좋은 방법은 발품을 파는 것이다.

그러나 시간이 여의치 않을 때는 인터넷을 검색해서 비교하고, 주거래 금융기관의 금리우대를 적용받을 때 어떠한지도 비교하면 좋다. 컴퓨터 활용이 익숙하면 인터넷 전용대출을 적극 활용하자. 인터넷을 통해 대출을 받을 경우 직접 창구를 방문할 때보다 시간이 절약되는 것은 물론 금융기관과 금액에 따라 창구대출에 비해 연 1.0% 이내에서 금리 할인 혜택을 받을 수 있다.

대출은 어떻게 운용할지에 대한 명확한 투자 계획을 수립하고 자신의 자금 계획이나 재정 규모를 따져서 적합한 상환 방식을 택하면 자산 상승에 큰 힘이 된다. 자본주의 사회에서 빚은 양날의 검이다. 부자들은 빚을 누구보다 잘 이용하지만, 빚으로 힘들어하는 사람들도 많다. 대출을 잘 활용하면 빚이 아니라 빛이 된다는 사실을 기억하자. 모든 것은 양날의 검을 다루는 나에게 달려 있다.

내 집 마련 노트4

정부별 부동산 시장의 흐름을 파악하자

과거는 현재의 거울이고, 현재는 미래를 보는 거울이 된다. 30년 전부터 역대 정부별 서울의 아파트 가격 변화를 통해 언제 크게 올랐고, 언제 떨어졌는지 국내 경제·사회 상황을 정리해보면 현재 위치가 어디쯤인지 한눈에 파악할 수 있어 내 집 마련과 부동산 투자에 많은 도움이 된다. 정책은 나에게 보내는 신호이므로 이 흐름을 읽을 수 있어야 한다.

2015년 12월 말, 서울 내 아파트의 매매가격 지수 100을 기준으로 1986년 20.3이었던 것이 2018년 7월 115.9로 30여 년 동안 5배 넘게 상승했다. 그래프를 보면 서울 아파트 가격은 등락은 있지만 꾸준히 우상향해왔다는 것을 알 수 있다. 물론 조정 시기도 있었는데 30년 동안 서울 아파트 가격은 크게 3차례 조정을 받았다.

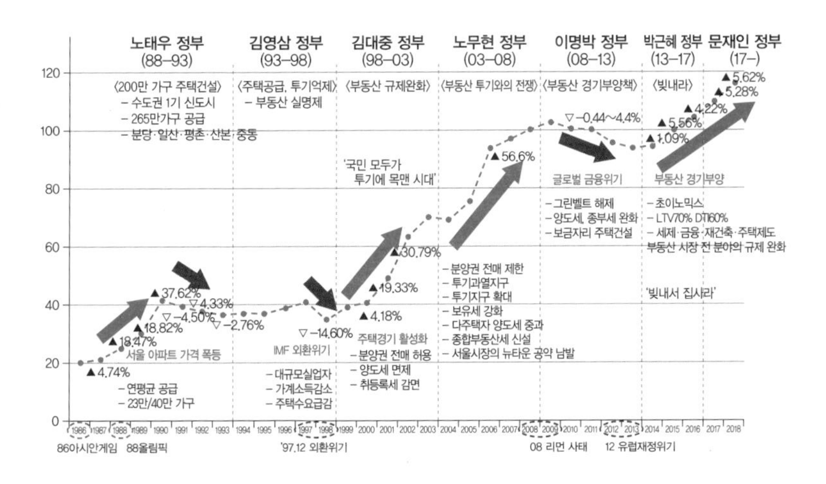

노태우 정부 : 1기 신도시 건설로 폭등하던 주택가격 안정화(1988~1993년)

서울은 1986년 아시안게임과 1988년 올림픽을 연달아 개최하면서 인프라 건설 등 정부 차원의 전폭적인 지원이 이루어졌다. 그런데 막상 주택 공급은 인프라 건설

만큼 따라오지 못했다. 우리나라 전체 주택 수요가 매년 40만 가구 정도였는데, 연평균 23만 가구만이 공급되어 수요 대비 공급이 매우 부족한 시기였다. 서울 아파트는 1987년부터 과열되기 시작해 1988년부터 1990년까지 매년 18.47%, 18.82%, 37.62% 폭등해서 매년 주택가격의 급등이 사회적 문제로 급부상했다.

여기에 불을 끈 것이 노태우 대통령의 200만 호 주택 건설 공약이었다. 수도권 1기 신도시인 분당·일산·평촌·산본·중동에 1988년부터 1992년까지 265만 가구의 주택을 공급했다.

하늘 높은 줄 모르고 치솟던 부동산 가격은 공급량이 폭증하자 곧바로 안정되면서 1991년 서울 아파트 가격 상승률은 마이너스(-4.50%)로 돌아섰다. 1992년 -4.33%, 1993년 -2.76%로 가격 하락이 계속되었으며, 정부의 정책으로 서울 아파트 가격을 잡았던 유일한 사례로 기록된다. 당시 전국의 주택이 600만 호가 채 안 되었는데 1/3 이상의 물량을 공급하면서 서울 아파트 가격은 장기적으로 안정세를 유지하게 되었다. 지금 시기에 시사하는 바가 크다.

김영삼 정부 : 정권 말기 IMF 외환위기의 충격(1993~1998년)

265만 호 1기 신도시 건설로 노태우 정부의 안정된 서울 아파트 가격의 흐름은 이후 김영삼 정부까지 이어졌다. 김영삼 정부도 주택 공급을 확대하고 1995년 도입한 부동산 실명제 등 투기 억제책으로 안정세를 계속 유지했다. 그러다 1997년 12월 IMF 외환위기가 닥치면서 국가경제가 부도 위기에 직면했다. 당시 1금융권의 금리는 21%, 원-달러 환율이 2,000원이 넘는 시기였다. 100위권 내의 대기업들 중 30% 이상이 파산하고, 재계 서열 2위인 대우가 부도 사태에 이르렀다. 대규모 실업자가 발생했고, 가계소득이 감소하면서 주택 수요도 급감했다. 결국 다음 해 서울 아파트 가격이 -14.60%로 급락하는 역사적인 기록을 세웠다.

김대중 정부 : 외환위기 극복 이후 급등한 주택가격(1998~2003년)

정부의 적극적인 부양정책을 통해 김대중 정부는 외환위기의 충격을 불과 2년 만에 극복했다. 외환위기 극복 차원에서 경기부양을 위해 대대적인 부동산 규제 완화에 나섰는데, '주택경기 활성화' 대책을 발표하고 한시적으로 분양권 전매를 허용했다. 양도소득세까지 면제해주었으며, 1999년 10월에는 주택건설촉진대책을 발표해 청약자격을 완화하고, 취득세를 감면해주는 등 35차례의 주택 관련 특별 조치를 시행하였다.

다시 말하지만 부동산 규제를 완화하는 이런 정책들은 놓치면 후회한다. 다시는 오지 않을 기회임을 명심하고 적극적인 주택 매입을 행동으로 옮겨야 한다.

그러자 적극적인 정부정책의 효과가 나타나기 시작했다. 서울 아파트 가격은 2000년 4.18%로 반등하더니 2001년에는 19.33%, 2002년에는 무려 30.79%로 폭등 수준에 이르렀다. 현재도 서울에 '내 집 마련'이 점점 꿈이 되어가고 있는데, 그 시작은 외환위기 이후 2000년대부터였다.

노무현 정부 : 부동산 투기와의 전쟁 선포(2003~2008년)

서울 아파트 가격이 급등할 때 취임한 이 정부는 투기를 억제하는 정책을 10여 차례 이상 발표하면서 과열된 부동산 시장을 잡는 데 총력을 기울였다. 분양권 전매제한을 비롯해 투기과열지구·투기지구 확대, 보유세 강화, 다주택자 양도세 중과, 종합부동산세 도입 등 강력한 부동산 규제정책을 잇달아 발표했다. 현재 문재인 정부의 각종 규제정책은 이때 시행된 것들이다.

그러나 시장은 정부 의도와 정반대로 서울 아파트 가격 폭등 현상이 잠잠해질 기미가 보이지 않았다. 게다가 이명박 당시 서울시장이 서울시 뉴타운을 건설하면서 중앙정부와의 엇박자 시정(市政)이 집값을 더 끌어올린 계기가 되었다. 노무현 대통령 임기 시절 서울 아파트 가격은 무려 56.6%나 폭등하는 오명을 썼다. 하지만 당시는 전 세계적으로 부동산 가격이 모두 급등했던 시기이기도 했다.

이명박 정부 : 서울 부동산의 5년간 역대급 침체기(2008~2013년)

끝도 없이 상승할 것만 같았던 부동산 가격이 조정을 받게 된 계기는 2008년 글로벌 금융위기였다. 미국의 리먼 브라더스의 서브프라임 모기지 사태로 촉발된 글로벌 금융위기로 인해 미국의 경제가 무너지고, 꺼질 줄 몰랐던 부동산 거품이 붕괴하기에 이르렀다. 이 여파는 전 세계로 퍼졌고 세계적인 경제위기의 폭풍이 우리나라를 덮쳤다. 이명박 정부는 발표한 부동산 관련 정책만 20건이 넘을 만큼 부동산 경기부양을 위해 총력을 다했다. 수도권 인근의 그린벨트를 해제하고 양도세, 종부세 등 각종 세금을 완화했다.

하지만 정부의 적극적인 부양책은 글로벌 경기침체를 뛰어넘지 못했고, 부동산 수요는 계속 줄어들었다. 게다가 강남구 세곡동, 내곡동에 일명 '반값 아파트'로 불리는 보금자리주택를 건설하면서 공급량도 늘렸다. 수요는 줄고 공급은 늘었으니 가격의 조정세는 줄곧 5년간 이어졌다. 2008년부터 2013년까지 5년 동안 서울 아파트 가격은 강남 –10.1%, 송파 –12.7%, 양천 –10.6% 등 평균 –3.2% 이상 하락했다. 서울에 불어닥친 부동산 침체는 일본의 잃어버린 20년이 우리나라에도 실현될 것이라는 공포와 하우스 푸어 사태를 양산하며 극심한 침체기, 서울 부동산의 흑역사 시기로 기록되었다. 위기에는 항상 기회가 있는 법이다. 다음 정권에서 극적인 반전이 이루어진다.

박근혜 정부 : '빚내서 집사라', 가계부채 1,300조 시대(2013~2017년)

박근혜 정부가 들어서자마자 세제·금융·재건축·주택제도 등 부동산 시장 전 분야의 규제를 풀었다. 주택담보대출의 걸림돌로 지적되던 LTV 70%, DTI 한도를 60%로 최고치까지 올려 시중에 막대한 돈을 풀고, 시장 활성화를 촉진했다. 두 번 다시 오기 힘든 매수하기 좋은 정책들이 연이어 나왔다.

그 결과 하락하던 서울 아파트 가격은 다시 상승세로 돌아섰는데 2014년 1.09%의 가격 상승을 시작으로 2015년 5.56%, 2016년 4.22% 상승했다. 가격 상승을 이끈 것은 바로 '빚'이었다. 박근혜 대통령 취임 직전인 2012년 말 963조 8,000억 원 수준이던 우리나라 가계부채는 2016년 말 1,342조 5,000억 원으로 폭등했다. 그 이전 노무현 정부가 도입한 각종 규제를 대폭 풀었다. 느슨하게 하는 정도를 넘어 일부는 사실상 유명무실하게 만들었고, 아예 폐지를 추진하기도 했다. 주택시장 규제 완화는 문턱을 낮추고 문을 활짝 열어놓으며 투기 등 가수요의 놀이터를 만든 셈이다. 지금 시장의 서막을 열게 되었다.

문재인 정부 : 노무현 정부의 데자뷰, 유동성의 폭발(2017~2022년)

출범 당시 노무현 정부의 과오를 범하지 않겠다는 신념으로 부동산 투기 세력을 잡겠다는 목표를 부동산 정책 기조로 삼았다. 역대 가장 강력한 부동산 규제 종합선물 세트라 불리는 8·2부동산대책을 포함해 강력한 9·13대책, 2019년 초유의 12·16부동산대책까지 19차례 쏟아냈다.

하지만 서울 아파트 가격은 이에 아랑곳하지 않고, 문재인 정부가 들어선 2년 반 동안 실거래 가격이 평균 40% 상승했다. 2017년 5.28%, 2018년 13.56% 급등한 것이다. 집값 잡기에 힘을 쏟아부은 이번 정부에서 수많은 정책이 발표됐지만 대책이 나올 때만 '반짝 효과'를 보였다. 특히 2020년에는 '가격 상승 → 부동산 대책 발표 → 가격 조정기 → 가격 재상승'의 패턴이 반복되고 있다. 수많은 대책에도 불구하고 시장의 반응은 무뎌졌다. 서울 아파트 중위 가격이 9억 원을 돌파했다. 강남 아파트는 이제 15억 원 이하를 찾아보기 힘들다. 급등한 서울 아파트 가격에 많은 사람들이 피로감을 느끼고 있다.

5장

아직도 망설이는 당신을 위하여

당신은 어떤 삶을 살고 싶은가?

나에게는 신념이 하나 있다. 나이가 어릴수록 돈이 없을수록 부동산에 관심을 가지면 여유 있는 삶을 살 수 있다는 신념이다. 부동산 투자를 시작한 지 11년 차가 되었다. 부동산 고수들에 비해 그리 많은 경력은 아니지만, 그래도 이른 나이에 부동산 투자를 빨리 시작했다. 덕분에 현재 부동산 투자를 통해 머니 파이프라인을 구축했고, 직장인들이 꿈꾸는 월 1,000만 원 이상 수입이 들어오는 재정적인 자유를 달성했다. 부동산을 통한 자본소득과 지금 하고 있는 사업을 통한 사업소득 시스템을 통해 안정적인 수입을 구축했다. 이렇게 이야기하면 평탄하고 순조로운 인생을 산 것처럼 보인다.

한강에서 다시 태어나다

대학 진학 후 학업에는 별 관심이 없어 9년 만에 졸업장을 받았다. 대학 재학 중에 반드시 작더라도 내 사업을 해야겠다는 욕심에 이것저것 시도해보는 것을 좋아했다.

학문에 대한 호기심보다 세상이 돌아가는 원리와 부는 어디로 흘러가는지, 도대체 어떤 사람들이 부를 축적하는지, 그들은 왜 여유 있는 삶을 사는지, 어떤 사업으로 부를 축적했는지 책에서 볼 수 있는 뻔한 내용이 아닌 실제로 그들의 이야기를 생생하게 들어보고 싶었다. 부자가 되려면 부자 옆에 서라는 말은 듣고 부자들을 한번 만나봐야겠다고 마음먹었다.

아무런 계획 없이 무작정 휴학을 하고 아르바이트를 검색하다 ○○화재의 보험왕 개인 사무실에서 함께 일할 비서 모집 공고를 보았다. 여의도의 유명 빌딩에 사무실이 있었다. 보험왕이 뭐지? 설계사가 어떤 사람이기에 유명 빌딩에 개인 사무실을 냈는지 궁금했다. 지원하고 면접을 보러 갔는데, 여의도 큰 빌딩의 한 층 중 3분의 1을 단독으로 사용하고 있는 것이 아닌가?

그는 연간 최다 보험 유치를 한 사람에게 주는 연도상을 수년간 연속으로 받은 자동차 보험영업 전문가였다. 그와 함께 일하면 부자들을 많이 만날 수 있을 거라는 생각에 5개월을 근무했다. 그 역시 강남에서 부유한 생활을 누렸는데, 일을 그만두고 1년 뒤 나쁜 소식이 들려왔다. 그가 목숨을 끊었다는 것이었다.

당시 그는 많은 돈을 벌었지만 안정적이지 못한 곳에 투자를 하고 고리로 이자를 받다가 결국 그 돈을 회수하지 못해 참담한 결과를 초래했다. 돈을 통제하지 못하면 돈이 아니라 독이 된다는 것을 그때는 미처 몰랐다.

이후 휴학을 한 학기 더 연장하고 지인이 제안한 사업을 호기롭게 시작했다. 그러나 장밋빛 청사진만 그렸던 미래와는 달리 수익 한 번 내보지 못하고 큰 위기를 맞았다. 당시 사업성이 좋다고 친척들에게도 투자하라고 적극 권유를 했는데, 결국 부도를 맞았다. 서비스 출시조차 못 하고 개발만 하다 끝이 났다. 내 돈은 물론 친척들이 투자한 돈도 모두 허공에 날렸다. 나는 친척들에게 나쁜 놈, 죽일 놈, 하라는 공부는 안 하고 겉멋만 든 시건방진 자식이 되었다. 날린 돈도 돈이지만 친척들에게 사기꾼 취급을 받았다. 스스로 무너지는 기분에 매일 너무 힘든 시간이었다.

돈보다 신뢰를 잃은 것이 더 큰 아픔이고 고통이었다. 사람들이 나를 보고 비웃고 손가락질하는 것 같아 얼굴이 보이는 밝은 대낮이 싫었다. 밤이 되어 세상이 어둠에 가려지면 오히려 마음이 편안했다. 낮과 밤이 바뀐 생활이 이어졌고, 내 인생은 나락으로 떨어지는 것 같았다.

죽지 못해 사는 게 이런 거구나, 어떻게 하면 이 상황을 피할 수 있을까, 이 상황이 지나갈 수 있을까 두렵고 무서웠다. 낮에 자고 밤에 일어나는 폐인 같은 생활을 한동안 계속했다. 공황장애가 왔고, 좌절과 분노, 세상에 대한 원망들로 가득했다.

대출까지 받아 빚이 수억 원이었다. 갚을 길이 막막하기만 했다. '이 많은 돈을 어떻게 다 갚지?' 내가 죽으면 고통이 한순간에 사라질 것

같은 생각이 들었다. '죽으면 그만인데 뭘 고민하니.' 내 귀에 속삭이는 소리가 생생하게 들렸다. '그래 죽자!' 모든 것을 포기하고 내려놓으면 마음이 편할 거라는 어리석은 생각을 품고 한겨울 밤 양화대교로 가는 버스에 몸을 맡겼다. 버스 안 라디오에서는 신나는 노래가 흐르고 내 눈에서는 눈물이 계속 흘렀다. 눈앞에 양화대교가 보였다.

내 인생의 마지막 정거장, 양화대교. 한겨울 밤 볼을 강타하는 강바람은 정말 매섭게 벼린 칼날이었다. 차갑게 달궈진 나의 볼때기를 마구 베어 난도질하는 것만 같았다. 양화대교 난간에 발을 하나 올렸는데 도무지 움직이지 않았다. 사시나무 떨듯 몸이 바들바들 떨렸다. 두 칸을 딛고 올라섰더니 심장이 쿵쾅쿵쾅 요동쳤다. 혈관을 통해 피가 심장으로 미친 듯이 용솟음치는 걸 느꼈다.

한 칸만 더 올라가면 떨어져 죽을 것만 같아서 도저히 난간에 올라설 수 없었다. 죽으러 갔는데 죽을 것만 같다니? 죽으러 갔는데 내 안의 또 다른 나는 그렇게 살고 싶었나 보다.

맹목적으로 돈만 벌려고 했던 과거의 시간들이 주마등처럼 스쳐 지나갔다. 너무나도 부끄러웠다. 난간을 내려와 주저앉아 목청이 터지도록 울었다. 사랑하는 어머니 주검 앞에서 그렇게 성공하겠다고 다짐을 했는데 떨어져 죽을 용기조차 없는 놈이라는 것을 깨달았다. 그리고 한강에 뛰어내릴 용기가 있다면 다시 한 번 어머니께 했던 다짐을 보란 듯이 지켜야겠다고 마음먹었다.

그렇게 마음을 다잡고 앞을 바라보니, 신기하게도 양화대교 중간에 보라색 간판의 카페가 보였다. 흐른 눈물과 콧물을 훔치고 퉁퉁 부은 얼굴로 카페 안으로 들어가서 따뜻한 카페라테를 주문했다. 본능적으로 나도 모르게 살고 싶었던 것이다. 이때 마신 카페라테는 내 인생에서 가장 따뜻한 카페라테였다. 자식에게 아낌없이 베풀고 떠나신, 한없는 사랑으로 키워주신 어머니가 만들어준 것같이 따스했다. 얼었던 몸도 마음도 녹아내렸다.

이날 이후로 이전의 내 삶, 맹목적으로 돈만 좇던 삶, 돈을 왜 벌어야 하는지도 모른 채 돈만 많으면 무조건 좋다는 생각, 남의 이목과 시선이 중요했던 삶, 과거의 껍데기 모두를 한강에 던지고 다시금 새로이 태어나겠다고 다짐했다.

휴학한 지 1년 반 만에 복학했다. 사업을 할 무렵 중퇴를 고려했는데 그동안 다닌 3년이 아까워 휴학을 했었다. 지금 할 수 있는 최선의 선택은 졸업이라는 생각이 들어 복학하기로 결심했다. 그런데 등록금이 없었다. 사업할 때는 아무렇지도 않았던 사립대학 등록금 몇백만 원이 이제는 너무나 큰돈이었다. 다행히 학자금 대출을 받아 등록금을 납부했다.

졸업하려면 남은 두 학기를 21학점씩 빼곡히 들어야 했다. 1, 2학년 때 4학년처럼 수업을 적게 들어서 이수하지 못한 많은 과목을 들어야 졸업이 가능했다. '공부는 다 때가 있구나'를 뼈저리게 느꼈다.

이 책을 읽는 독자들 중 대학 중퇴를 고민하는 사람이 있다면 꼭 졸업하라고 말하고 싶다. 빌 게이츠, 스티브 잡스와 같이 독창적인 사람은 중퇴해도 좋다. 대학을 졸업하지 않고도 성공한 사람들도 많지만 대학 졸업은 많은 기회를 열어주는 통로이다. 간판을 떠나서 대학 수업이 쓸모없고 지루한 내용 일색이라도 과제를 제출하고, 발표하고, 중간시험과 기말시험을 준비하는 과정에서 배우는 것들이 있다.

당시 졸업을 하려고 마음먹은 나의 선택이 옳았음을 느낀다. 전공도 이수하기 바쁜 상황이었는데 3학년 때 부전공까지 신청해서 필수 학점을 채우려면 계절학기까지 들어야 했다. 제대로 다녀보자 작정하고 대학 4학년 1년 동안 무려 45학점을 이수하는 불가사의한 학창 시절을 보냈다.

대학 입학과 동시에 나는 늘 장학금 면제였다(수업료 면제가 아닌). 대학 4학년 남은 두 학기 모두 성적 우수 장학금을 받았다. 패배감에 짓눌렸던 나의 삶에 자신감이 조금씩 붙었다. '그래, 인간이 이렇게도 할 수 있구나.' '벼랑 끝에 서면 안 되는 게 없구나.' 나의 벼랑 끝은 바로 양화대교 난간이었다. 나를 한계에 몰아넣으면 뭐라도 할 수 있다는 성취감과 자신감으로 회복되고 있었다.

월급만으론 수억 빚을 갚을 수 없다

9년 만에 대학 졸업과 동시에 운 좋게 대기업에 입사했다. 입사지원서를 50여 차례 쓰고 면접을 봤다. '나를 불러주는 회사가 우리나라에 이토록 없나? 내가 그렇게 헛되게 살았나' 하는 자괴감이 들기도 했지만 전혀 힘들지 않았다. 양화대교에서 마신 카페라테 한 잔의 힘이었다.

그런데 드디어 나를 불러준 회사가 나타났다. '사랑해요 LG', 이 CF 카피는 마치 나의 속마음을 고스란히 반영한 문구 같았다. 궁핍했던 나를 받아준 회사, 이런 회사라면 충성을 다하겠다고 맹세했다. 나를 인정해준 회사에 목숨도 바칠 기세였다. LG그룹의 전자계열사에 취업 후 새벽같이 나가 밤늦게 들어오는 생활을 2년 반 정도 했다.

하지만 나의 재무 상황은 노력만큼 나아지지 않았다. 안정적인 수입이 들어왔지만 더 일한다고 많은 수입이 들어오지는 않는 구조였다. 신입사원 월급의 실수령액이 250만 원이었는데, 이 중 200만 원은 빚을 갚는 데 쓰고 남은 50만 원은 한 달 생활비였다. 한달 한달을 생존하기 위해 발버둥쳤다. 찬란한 미래는 보이지 않았지만 그래도 200만 원이라도 대출금을 상환할 수 있다는 사실에 감사했다. 매달 월급이 들어오기에 희망이 있었다.

그러나 대기업 배지가 나의 양복 상의에서 반짝반짝 빛나고 목에 걸린 입출입 카드를 찍고 들어갈 때의 소속감, 만족감은 오래가지 않았다. 한번 사는 인생인데 평생 월급쟁이로 200만 원씩 대출금만 갚다가 죽고 싶지는 않았다. 어머니께 다시 일어서겠다고 다짐도 했다. 연봉이 늘어나는 속도만으로는 절대 수억 원의 빚을 갚지 못한다. 빚 갚는 기간을 무조건 단축해야만 했다. 그러면 급여 생활이 아닌 다른 일을 찾아야만 했다.

하지만 바로 회사를 나와 사업할 수는 없었다. 아이템도, 사업 자금도 없었다. 설사 다시 사업을 한다고 해도 지금은 아니라고 생각했다. 통장은 비었지만 생존을 위해서는 투자를 해야만 했다. 나에게 투자는 선택이 아닌 필수였다. 사업에 실패했을 때 내가 잘 모르는 분야인데도 비전이 있다고 덤벼들어 시행착오를 겪은 과거 경험으로 다시는 내가 잘 아는 분야가 아니면 섣불리 발을 들이지 않겠다고 다짐하고 다짐했기에 주식은 쳐다보지도 않았다.

부동산이 인생역전의 도구라고 굳게 믿었다. 평소 관심도 많았고 좋아했기 때문이다. 일단 무조건 주말마다 모델하우스를 미친 듯이 찾아다녔다. 한 달 생활비 50만 원 중 일부를 투자해 들을 수 있는 부동산 강의는 모조리 들었다. 주말에는 강의에서 언급한 현장들을 찾아다니면서 눈으로 익혔다. 당시 2011년은 서브프라임 모기지 사태 이후 부동산 경기 하강기로 많은 사람들이 부동산에 관심이 없던 시기였다. 수강생들은 그리 많지 않았다. 그래도 아랑곳하지 않고 미친 듯이 돌아다녔다. 나에겐 그만큼 절실했기 때문이다. 부동산 현장에서 늘 주문처럼 외쳤다.

나는 부동산으로 인생역전의 기회를 잡고야 만다.
다시 사는 인생, 나는 반드시 부자로 산다.
지금 상황은 무조건 극복할 수 있다.
나에게는 찬란한 미래가 있다.
내게 기회는 반드시 온다.
잡고야 만다. 꼭!

월급의 80%는 대출금을 상환하고 월 50만 원으로 생활하면서 투자를 할 수는 없는 노릇이었다. 돈이 돈을 버는 시스템을 만들어야 했다. 투자를 하기 위해서는 소득을 늘려야만 한다는 고민 속에서 살았다.

건물 전면이 LED 전광판 캔버스로 멋있는 모습이 연출되는 서울스퀘어 빌딩으로 출퇴근을 하고 있을 때였다. 서울역 바로 전인 남영역을 지날 때마다 눈앞 건물 상단에는 자동차 로고가 반짝반짝 빛나고 있었다. 방패 모양의 격자 원 안에 흰색, 파란색이 칠해져 있는 자동차 브랜드, BMW.

문득 이런 생각이 들었다. 독일 브랜드 자동차 영업을 하면 부자들을 만날 수 있고, 그들을 통해 사업 아이디어도 얻을 수 있을 것 같았다. 그리고 시간에 제약을 받지 않기 때문에 남는 시간은 부동산 강의를 들으러 다닐 수도 있고, 현장을 다니기도 좋은 최고의 직업으로 보였다. 죽을 각오로 피땀 흘려 영업하면 많은 고객을 유치할 수 있고, 그러면 월급을 받는 것보다 노력하는 것만큼 수입도 더 늘어날 거라는 생각을 했다.

한 번도 해보지도 않은 세일즈, 그것도 가장 힘들다는 자동차 영업이지만 주저하지 않았다. 내게는 망설일 시간이 없었다. 망설이는 시간조차 사치라고 생각했다. 그러고는 취준생들이 선망하는 대기업의 ID카드를 뒤도 돌아보지 않고 던졌다. 재직 중에 입사지원서를 넣어보고 붙으면 다니는 것이 아니라 무모하리 만큼 퇴사부터 하고 다시 한 번 벼랑 끝에 선다는 각오로 자동차 영업사원으로 입사지원서를 냈다. 32세라는 적지 않은 나이였다.

부동산 투자에서 가장 중요한 것은 자금력이 아니다

추진력을 키워라

면접 때 반응이 썩 좋지 않았다. 영업하기에는 나이도 많고 대기업을 다니다 나왔기 때문이다. 험한 세일즈 세계에서 나를 한없이 나약한 존재로 여겼다. 그래도 나의 간절함을 봐주었는지 영업팀 막내로 입사의 기회를 얻게 되었다. 내가 경험한 자동차 세일즈 현장은 군대와 다를 바 없었다.

아침 7시 30분에 전시장에서 조회로 하루를 시작한다. 32세 막내의 생활은 이등병같이 혹독했다. 막내의 역할은 먼저 전시장 바닥을 쓸고 닦는 일이었다. 고객을 상담할 수 있는 기회는 좀처럼 주어지지 않았다. 그래도 감사했다. 회사 다닐 때보다 아침에 더 일찍 일어날 수 있는 조직체계에 감사했고, 전시장 바닥을 닦으면서 양화대교에서 다짐했던 결의를 늘 떠올릴 수 있었다. 초심을 잃지 않고 바닥부터 다지고 올라갈 수 있는 환경 속에서 해낼 거라는 다짐과 긴장의 끈을 놓지 않았다.

그렇게 고객을 한 명, 두 명 만나고 계약을 하면서 세일즈 방법을 현장에서 몸으로 익혀가기 시작했다. 그러면서 계약 고객들 사이에서 친분이 생기고 나의 열정에 기름을 부어주는 사람들을 많이 만났다. 그 사람들은 경제적 자유로움이 있는, 말 그대로 부자들이었다. 부동산 강의를 하는 지금도 그때 만난 법인 대표님, 변호사님, 회계사님, 자영업 사장님, 부동산 임대업을 운영하는 사장님, 젊은 IT 기업가들과 연락을 주고받고 있다. 내 인생에서 밝은 등불이 되어준 감사한 분들이다.

"나와서 하는 게 고작 이거였어?" 지인들을 만나면 호기롭게 대기업을 나와 겨우 하는 일이 수입차 세일즈냐고 핀잔을 주고 은근히 하대하는 분위기가 역력했다. 우리나라는 영업을 한다고 하면 낮게 보는 경향이 있다.

영업은 위대하다. 모든 직업은 영업과 관련되어 있다. 의사, 변호사, 회계사 같은 전문직도 결국 영업이고, 기업의 최고경영자도 대표 세일즈맨이다. 모든 일의 본질은 영업이다. 영업력이 없으면 어떤 사업도 하지 못한다. 영업은 종합예술이다. 사람을 설득해야 하고 협상하고 최종 계약을 이끄는 사회과학의 종합예술이다.

나는 자동차 영업을 통해 현장에서 고객 관계를 배웠고, 세일즈 마케팅을 배웠고, 인생을 배웠으며, 여유 있는 사람들과 교류하면서 그들의 부자 마인드를 책이 아닌 현장에서 직접 보고 배웠다. 이때의 경험은 부에 대해 이야기하고 부동산 투자를 하는 데 매우 귀한 밑거름이 되었다. 내가 세상을 바라보는 관점에 따라 내 인생의 결과는 달라진다.

스타벅스 CEO 하워드 슐츠는 현재 세계적인 경영자이지만 처음에는 주방용품 세일즈맨이었다. 당시에 스타벅스는 작은 원두 판매점이었다. 모든 것은 마이너로부터 메이저가 나온다. 지금 내가 마이너라도 상관없다. 지금 작은 것이 나중에는 큰 것이 된다. 모든 일은 바닥부터 시작해야 한다. 스스로 주저앉고 포기하지 마라. 스스로에게 이것밖에 할 수 없다고 말하지 마라. 목표를 세우고 내가 어떤 일을 하든 지금 하는 일을 통해 성장하겠다고 작정해라.

목표를 세우는 단계에서는 추진력이 절대 발생하지 않는다. 그렇게 매일 일을 해나가고 마치 밑 빠진 독에 물을 붓는 것같이 아무 일도 발생하지 않는 것 같아 보이지만 포기하지 않고 꾸준히 해나가면 조금씩 인맥이 형성되면서 나도 모르는 사이에 추진력이 생긴다. 계속 일하고 인맥을 쌓다 보면 어느 순간 내가 원하던 일들이 조금씩 실현될 조짐이 보인다. 마침내 큰 고객과의 계약이 성사되고 큰 프로젝트도 따내게 된다.

추진력이 생기면 아마존 창업자 제프 베조스가 말했던 플라이휠(Flywheel) 효과가 나타난다. 처음에는 플라이휠을 돌리기 쉽지 않다. 그러나 계속 움직이다 보면 서서히 회전되고 추진력이 점점 강해지면서 결국 원심력이 발생해 알아서 돌아간다. 우리 인생에서도 플라이휠 효과가 발생한다. 내가 경험한 부동산 투자도 이와 같다.

| 아마존 CEO 제프 베조스가 냅킨에 그렸다는 플라이휠 이론 |

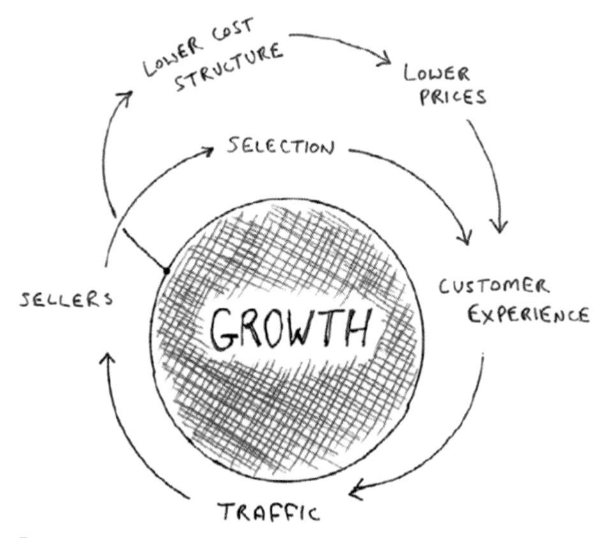

출처 : DBR

부동산 투자를 하겠다, 내 집 마련은 언제 하겠다는 목표를 세워야 한다. 그런데 목표를 세운다고 추진력이 바로 발생하지 않는다. 막막하지만 목표를 계속 생각하고 구체화하다 보면 투자 예산을 짜게 되고 돈을 모으려는 의지가 생긴다.

부동산 공부도 해야겠다는 각오가 생기면 인터넷을 검색하다가 오프라인 강의를 찾아 들어보게 된다. 아무것도 몰라 막막하지만 부동산 세계에 발을 들이면 그런 고민을 같이하는 동기들과 그 세계를 먼저 경험한 멘토도 만난다. 지역의 부동산 중개사도 만나면서 서서히 부동산 관련 인맥이 형성된다. 현장도 다니면서 감각을 조금씩 키워나가고 용기를 내어 투자에 첫발을 내딛는다. 이런 경험들이 쌓이면 추진력이 서서히 형성되면서 꿈꾸었던 목표를 점점 실현해나갈 수 있다.

성장을 추구하자

좋은 고객들과 함께하면서 다시금 추진력이 생겼고 플라이휠 효과가 발생했다. 덕분에 최단기간에 진급을 했다. 긍정적으로 생각하려고 노력했고 긍정적인 결과가 나왔다. 점차 좋은 고객들을 만나면서 소개를 받는 비중이 높아졌고 수입이 늘어 월급을 받던 시절보다 부채도 더 많이 갚았다. 상환 속도에도 탄력이 붙었다. 하는 일도 신났지만 무엇보다 여유 있는 고객들과 친분을 쌓으면서 얻은 동기부여와 그들의 삶을 벤치마킹하려고 했던 것은 인생에 큰 힘이 되었다.

내 시간을 알아서 쓸 수 있다는 것이 영업의 큰 매력이다. 직장생활을 할 때 생활비 50만 원이라는 한정된 예산에 맞는 강의를 찾아들었다면 이제는 부동산 강의뿐만 아니라 세일즈와 마케팅, 부자 수업, 마인드 변화에 관한 강의를 많이 들었다. 이때 카네기CEO과정, 성공하는 사람들의 7해빗, 크라운 재정교육, 랜드마크 포럼, CBMC창업학교 등 나의 의식 수준과 영성을 한 단계 올려주는 교육과정을 이수하는 데 많은 비용을 사용했다.

나 스스로를 세일즈던트(Salesman+Student)로 규정했다. 오직 돈만 벌기 위해 잘 알지도 못한 상태에서 시작했던 사업의 실패로 추락한 내 삶을 변화시키고야 말겠다는 절박한 심정으로 나를 한 단계 성장시킬 수 있는 교육과정을 병적으로 찾아서 들었다. 이때의 배움은 나의 인성에 결정적인 영향을 미쳤다. 삶을 바라보는 관점, 돈을 대하는 태도, 인생을 어떤 자세로 살아나가야 하는지에 대한 인문학적 해답을 많이 얻는 귀한 시간이었다.

당신은 지금 성장 계획을 가지고 있는가? 앞으로의 스케줄에 3개월, 6개월, 12개월 내에 성장을 위한 시간이 얼마나 있느냐에 따라 자산 크기, 투자의 결과도 달라진다. 먼저 직장인이건 전문직이건 직종을 불문하고 나만의 시간을 갖도록 노력해야 한다.

보통 현대인들은 아침에 일어나서 허겁지겁 양치하고 세수하고 출근하기 바쁘다. 하루 종일 업무로 정신없이 보내고 녹초가 되어 퇴근한다. 열심히 살지만 제대로 살고 있는 것은 결코 아니다. 업무로 바쁘게 살지만 정작 나의 성장은 소홀하게 된다.

꿈, 목표를 실현하려면 반드시 나 자신이 성장해야 한다. 성공하고 싶은가? 그러면 성장해야 한다. 오늘의 나는 어제보다 성장해 있고, 내일의 나는 오늘보다 성장해 있을 것이다. 성장하려면 컴포트존(comfort zone)을 벗어나야 하고, 실수할지도 모른다는 두려움의 벽을 뛰어넘어야 한다. 새로운 것을 시도하면 실패할지도 모른다는 걱정, 새로운 시도를 하면 지금 삶의 안정을 포기해야 하는 무서움, 경험해보지 못한 미지의 세계에 대한 공포가 존재한다. 하지만 이 모든 것을 무릅쓰고 성장하기로 마음먹고 최소 1년만 나의 성장에 집중해보자.

내가 지금보다 좀 더 변화하고 성장했느냐 아니면 별반 차이 없느냐에 따라 앞으로 삶의 결과물이 달라진다. 가만히 있으면 편하다. 아무것도 하지 않으면 아무 일도 일어나지 않기 때문이다. 실패도 없지만 성장도 없다. 더 발전하고자 마음먹고 성장을 추구하자. 나의 성장에 미래가 걸려 있다. 지금 나의 한계를 인정하고 더 나은 미래 속에 있는 나를 상상하며 지금 변화하겠다고 작정하자. 절박함이 있어야 한다. 나의 인생을 지금보다 한 단계 더 업그레이드하겠다는 열망과 다짐! 그런 나의 성장 계획 안에서 부동산 투자 계획을 세워야 한다.

나의 뜨거운 성장 열망이 있다면 부동산 투자는 알아서 따라온다. 부동산은 인생을 역전시키는 최고의 도구이기 때문에 성장 계획에 반드시 부동산 스터디 플랜을 세우자. 부동산을 학문적으로 공부할 필요는 없다. 큰 흐름을 볼 줄 알고 다르게 볼 줄 아는 안목을 구축한다는 목적으로 공부하면 된다. 아는 만큼 보이고 보이는 만큼 투자의 결과도 만족스럽다.

고정관념을 깨라

내가 만난 부자들은 거의 부동산으로 부를 일군 사람들이었다. 재산을 물려받은 것이 아니라 자수성가해서 부를 이룬 사람들이 다수다. 물론 금융 상품에도 많은 투자를 한다. 결국 그 돈들은 부동산으로 흘러들어 간다. "어떻게 그런 부를 일구셨어요?"라고 비결을 물어보면 하나같이 이렇게 대답한다. "그저 운이 좋았어요."

특별한 기술이 있는 것이 아니라 단지 운이라니, 처음에는 겸손으로 하는 말인 줄 알았다. 하지만 그들은 이구동성으로 운칠기삼(運七技三)을 이야기한다. 모든 일의 성패는 운이 70%이고, 재주(노력)는 30%라는 뜻이다.

운 = 준비(성장) + 자세 + 기회 + 행동

운은 한 음절의 단어에 불과하지만 그 안에는 깊고 오묘한 뜻이 포함되어 있다. 먼저 성장하겠다고 작정하자. 세상을 긍정적으로 바라보고 늘 배우고자 하는 자세를 지속해야 한다. 기회를 볼 줄 아는 안목을 갖추고 때가 오면 행동하는 과감성이 있어야 운이 따른다. 물론 실력과 노력이 30%가 있어야 운이 빛을 볼 수 있다. 실력과 노력의 비중도 만만치 않다는 것을 기억하자.

부동산 투자를 잘하기 위해서는 자금력, 실력, 실행, 운, 네 가지를 갖춰야 한다. 네 가지 중 가장 우선시되는 것이 무엇일까? 거의 모두 자금력을 우선으로 꼽는다. 그다음 실력, 실행, 운 순서라고 생각한다.

최근 부동산 투자를 하면서 드는 생각은 운이 50%, 실행은 30%, 실력 15%, 자금력은 5%로 자금력의 비중이 가장 낮다는 것이다. 자금력이 5%라니 부동산 투자를 하려면 돈이 있어야지 무슨 소리냐고 반문한다. 자금력이 충분하면 부동산 투자를 잘할 수 있을 것 같지만 결단하고 실행하지 못해 기회를 목전에서 놓친 경우를 많이 봤다. 돈이 많으면 잃어버릴지도 모른다는 불안감에 오히려 투자를 주저한다.

자금은 어느 정도만 있으면 레버리지를 활용해서 충분히 할 수 있는 것이 부동산 투자다. 은행을 내 편으로 잘만 이용하면 20% 정도의 금액으로도 부동산을 취득할 수 있다. 이는 투자에서 엄청난 장점이다. 부동산은 목돈이 있어야 할 수 있다는 고정관념만 넘어서도 그동안 경험해보지 못한 큰 세계를 경험할 수 있다. 꿈꾸는 자산 목표를 한 달음에 이룰 수도 있다.

부자들의 부동산 투자 전략은 매우 간단하고 단순하다. 투자는 복잡하면 오래 하지 못한다. 투자는 오래 해야 한다. 그러려면 지극히 단순해야 한다. 단순해야 오래간다.

잘 사서 잘 파는 전략으로는 큰돈을 벌 수 없다. 우선 잘 사기가 어렵다. 언제가 바닥인지를 모른다. 바닥인지 아닌지를 언제 알 수 있을까? 전문가도 모른다. 바닥은 지나봐야 알 수 있다. 잘 팔기도 어렵다. 가격이 오를 때는 팔지 못하고 떨어지면 더 팔기 어렵다. 남들은 더 기다리기 때문이다. 명심하라. 부동산은 한번 사면 최소 10년을 가지고 있을 미래가치가 큰 지역, 도시기본계획에서 변화의 가능성이 큰 곳에 사두고 버텨야 한다.

부동산 투자를 잘하려면 의식을 바꿔야 한다

부동산은 소비재이자 투자재다. 대개 투자를 잘하는 사람은 먼저 진을 치고 들어가 있다. 흔히들 선점한다고 한다. 남보다 앞서 차지하려면 일단 반 박자 이상 빨라야 한다. 부동산 투자를 잘하는 사람은 미래를 보는 안목이 뼛속 깊이 체득되어 있다. 그리고 멀리 내다볼 줄 안다. 꾸준한 공부를 바탕으로 한 이론적 지식과 현장감으로 다져진 직감 위에 앞을 내다보는 훌륭한 상상을 더하기 때문이다.

2~3년 전에 깃발을 꽂은 사람은 계약금 10%나 중도금 무이자 대출 등 유리한 조건을 이용해서 선점을 하고, 세입자는 2~3년 뒤에 완공되면 비로소 지어진 건물을 보고, '와~ 좋다'며 전세나 월세로 전체 금액의 50% 이상 되는 돈을 지불하고 들어간다. 눈에 보여야 안심하고 확신을 갖기 때문이다.

투자하지 못하는 이유는 두려움 때문이다

"부자들은 투자할 때 장화를 신고 들어가서 구두를 신고 나온다"는 말이 있다. 생각의 틀과 의식을 바꾸지 않으면 절대 그들을 이길 수 없다. 모든 일이 그렇지만 특히 두려움을 극복하지 않으면 절대 얻지 못하는 것이 부동산 투자의 세계다. 의식을 바꾸지 않고서는 아무리 그 세계를 경험한 사람이 이야기해도 투자를 결정하고 실행하기가 매우 어렵다. 그 세계를 경험해보지 않았기 때문에 아무것도 없는 흙바닥, 비가 와서 질퍽거리는 곳에 절대 장화를 신고 들어가지 못한다.

나는 내집마련아카데미에서 부동산 멘토라는 직분으로 강의를 통해 많은 사람들을 만나고 있다. 정규 스터디 회원들과는 현장 답사도 함께 가고 함께 투자한다. 내 집 마련에 성공하고 투자를 통해 자산가치 상승을 체험하고 있는 수강생들이 많다. 그들이 두려움을 극복하고 실행에 옮겼다는 사실만으로도 보람과 감사함 그리고 자부심을 느낀다. 투자하기 좋은 물건이 있으면 투자를 희망하는 수강생들에게 권하는데, 결단하고 투자를 실행하는 사람들도 있지만 그렇지 못한 사람들이 더 많다. 그 이유는 두렵기 때문이다. 미래가 보이지 않기 때문에 투자한 원금을 날려버릴 것 같은 두려움에 투자를 실행하지 못하는 것이다.

서울 아파트 가격 하락 시기에 대다수 사람들이 투자를 하지 못했다. 2008년에 분양했던 강남 대장주 아파트 중 하나인 반포 래미안 퍼스티지의 경우 당시 85m2 분양가는 10억 5,000만 원이었다. 평당 3,300만 원. 지금은 너무 저렴하게 느껴지지 않는가? 2020년 현재 이 아파트의 가격이 약 25억 원이라는 것을 알고 있기 때문이다. 당시 누구라도 청약했을 것 같은데, 청약 결과는 우리의 예상을 한참 빗나간다.

0.92:1

청약 당시보다 두 배 이상 오른 이 아파트가 미분양이었던 것이다. 2008년 리먼 브라더스 사태 때 세계 경제뿐만 아니라 국내 경기 역시 상당히 좋지 않았다. 부동산 경기는 말할 것도 없었다. 이런 상황에서 청약을 넣고 계약한 사람들이 있다. 그 이유가 도대체 무엇일까? 돈이 많아서? 오를 걸 알고 있어서?

불경기에도 투자하는 사람은 무엇이 다를까?

이런 상황에서 어떻게 공포 심리를 극복하고 두려움을 떨치고 계약을 했을까? 언제 어디에 살까, 어떻게 살까를 고민하기보다 왜 남들이 안 살 때 사게 되었는지 이유를 먼저 분석하는 것이 더 중요하다.

이 의문을 풀어준 책 한 권이 있다. 정신과 의사 데이비드 호킨스 박사는 《의식 혁명》에서 인간의 의식 단계를 구체적인 수치로 나타내고 이를 도표로 제시하고 했다.

이 책은 근육 반응 시험을 통한 내면의 잠재의식에 대하여 상세하게 설명하고 있다. 우리가 긍정, 이성, 자발성, 통찰력, 기쁨, 감사로 대표되는 힘(power)을 따르느냐, 무감정, 두려움, 욕망, 분노, 후회로 표현되는 위력(force)을 따르느냐에 따라 사회, 문화, 정치 분야에서 얻는 결과가 달라질 수 있음을 보여준다. 동시에 이 둘의 차이를 구별하지 못하고 위력에 따라 행동할 때 우리의 삶은 폭력, 전쟁, 죽음으로 대표되는 부정적 에너지를 끌어들일 수밖에 없다. 힘과 위력은 숨어서 우리의 행동을 결정한다. 투자의 결과도 마찬가지다. 투자를 실행하기까지 우리는 많은 의식의 단계를 거치고 결정한다.

호킨스 박사는 의식에는 밝기가 있다고 말한다. 깨달음은 700~1,000, 평화 600, 기쁨 540, 사랑 500, 이성 400, 포용 350, 자발성 310, 중용 250, 용기는 200LUX스다. 의식의 밝기가 200LUX 이상일 때부터 비로소 내면의 참된 잠재력이 발휘된다.

| 인간의 의식 단계 |

내용	의식의 밝기 (LUX)	의식의 상태 (Level)	감정 상태 (Emotion)	행동 (Action)
사람에게 힘을 주는 긍정적인 에너지	700~1000	깨달음	언어이전	순수의식
	600	평화	하나/축복	인류공헌
	540	기쁨	감사/고요함	축복
	500	사랑	존경	공존
POWER	400	이성	이해	통찰력
	350	수용/포용	책임감	용서
긍정적 의식 / 전체 의식 신뢰와 조화 / 비전 일체화	310	자발성	낙관	친절
	250	중립/중용	신뢰	유연함
	200	용기	긍정	힘을 주는
부정적 의식 / 개별 의식 조화 부재 / 분열과 갈등	175	자존심/자만심	경멸	과장
	150	분노	미움	공격
	125	욕망	갈망	집착
FORCE	100	두려움	근심	회피
	75	슬픔	후회	낙담
	50	무기력	절망	포기
사람을 약하게 만드는 부정적인 에너지	30	죄의식	비난	학대
	20	수치심	굴욕	잔인함

출처 : 《의식 혁명》, 데이비드 호킨스

반면 200LUX보다 낮은 의식 수준에서는 능력 발휘가 제한된다고 한다. 부자들은 보통 일상생활에서 의식의 밝기를 200LUX 이상 유지하려고 의식적으로 노력한다. 자존심은 175, 분노 150, 욕망 125, 두려움 100, 슬픔 75, 무기력 50, 죄의식 30, 수치심은 20LUX다.

부동산 투자에 대해 상담하다 보면 많은 사람들이 두려움의 레벨인 100LUX를 넘지 못한다는 것을 발견한다. 진작 했어야 했는데 후회(75LUX)하고 낙담한다. 그럼에도 불구하고 투자를 실행하는 사람은 이 벽을 뛰어넘는다. 이것이 바로 통찰력(洞察力, insight)이다. 통찰은 의식의 밝기가 400LUX이다. 두려움의 밝기 100LUX과의 차이가 단순히 300LUX이 아니다. 무려 2의 100제곱과 2의 400제곱의 차이다. 호킨스 박사는 의식의 밝기 차이는 단순히 한 칸의 차이가 아닌 2의 거듭제곱의 차이라고 말한다.

2^{400} vs 2^{100}

통찰력 vs 두려움

2의 100제곱 값은 1,267,650,600,228,229,401,496,703,205,376이다. 2의 400제곱과의 차이를 짐작해볼 수 있다. 부자 마인드를 가지고 있는 사람은 같은 것을 다르게 본다. 부동산 가격이 하락하면 대부분은 패닉과 공포에 빠지지만 부동산 투자를 잘하는 사람은 가격 하락은 공포가 하니라 일시 조정으로 보고 이를 기회로 만든다.

기회 vs 공포

불경기에도 투자하고 먼저 내다보고 선점하는 이유는 단순히 돈이 많아서가 아니다. 이들은 시장을 긍정적으로 보고 기회를 발굴한다. 되는 사람은 되는 이유만 찾고, 안 되는 사람은 안 되는 이유만 찾는다. 긍정의 에너지를 가진 사람은 확신이 서면 바로 실행에 옮기지만 부정적인 에너지를 가진 사람은 막연한 두려움에 사로잡혀 기회를 잃어버린다.

긍정 vs 부정

같은 것을 바라보더라도 시야가 다르니 결과가 다를 수밖에 없다. 긍정적인 생각은 긍정적인 결과를 가져다준다. 마음을 열고 의식을 바꾸자. 나를 사로잡고 있는 생각의 틀을 깨고 밖으로 나와야 한다. 언제 사고 어디에 사고 어떻게 사야 하는지에 대한 답이 있는 것이 아니다. 해답은 먼저 나의 의식을 혁명하는 데 있다.

재미있게 오래 꾸준히 공부하자

주변에 어떤 사람이 있느냐에 따라 인생이 바뀐다

스펀지를 물에 담그면 젖어들듯이 내가 만나는 사람이 누구인지, 속한 환경이 어떠한지가 그 사람에게 지대한 영향을 미친다. 나는 감사하게도 어머니 덕분에 부동산에 빨리 눈뜨게 되었다.

어릴 적 어머니의 심부름을 하거나 함께 현장을 따라다녔는데 이것이 지금 큰 자산이 되었다. 은행에 중도금을 넣는 심부름을 하고, 조합 사무실에서 조합원 변경 신고를 하고, 분양권을 팔아봤으며, 잦은 매매와 전세를 놓은 경험을 수차례 반복했다. 이 경험은 무엇과도 바꿀 수 없는 인생 공부요 돈 공부였던 것이다. 당시 너무 귀찮고 하기 싫은 일이었다. 하지만 지금 생각해보면 어찌나 감사한 일인지. 남들은 평생 한 번 매매 계약을 해볼까 말까 한데 어린 나이부터 이런 환경에 처해졌다는 것은 무엇과도 바꿀 수 없는 큰 행운이었다. 어깨너머로 나도 모르게 부동산 세계에 흠뻑 빠져들었던 것이다.

과거 돈만 벌겠다는 욕심으로 시작한 사업은 수억 원의 채무를 지는 결과를 가져왔다. 힘들었던 지난 세월은 나도 모르게 배운 부동산 투자를 통해 회복되었고, 재기할 수 있는 발판이 되었다. 나를 질곡의 세월에서 벗어나게 해준 도구는 한 단계 성장하겠다는 열망과 절박함, 그리고 부동산이었다.

지금 내가 만나고 있는 사람이 곧 나의 미래다.

인생의 막다른 길에서 성장하려고 몸부림쳤고, 변화하려고 긴장을 놓지 않았다. 의도적으로 성공한 사람들을 만나려고 노력했고, 늘 부자들을 만나 그들의 마인드와 사고방식을 배우려고 애썼다. 분야별로 나보다 더 성장한 분들을 '멘토'로 모시고 있다. 부동산은 물론 사업, 마케팅, 세일즈, 지식·인재경영 분야의 스승을 통해 계속 배우고자 노력한다.

모든 투자가 그렇지만 부동산 투자는 특히 경험을 필요로 한다. 다만 목돈이 들어가기 때문에 두렵고 막막해서 쉽사리 그 경험에 접근하지 못한다. 그래서 부동산은 거부감 없이 무조건 재미있게 배워야 한다. 재미가 있어야 오래 할 수 있다. 부동산 투자는 1~2년 안에 단기로 승부를 보는 게임이 아니다. 물론 프리미엄을 받고 치고 빠지는 투자가 가능하지만 대다수는 직장인이기 때문에 에너지가 많이 소모되는 투자는 처음부터 하지 말라고 권한다.

부동산을 재미있게 배우고 자연스럽게 접하다 보면 결코 부담스러운 투자가 아니다. 함께 공부하고 교류하고 고민도 서로 나누면 서로에게 동기부여가 된다. 성장과 변화에 목마른 사람들이 모이면 열심히 하는 모습에 자극을 받는다. 그래서 무리가 중요하다. 내가 어떤 무리에 속해 있는가? 내가 주로 만나는 사람은 어떤 생각을 하고 무엇을 추구하는지 생각해보자.

양에 집중하라

'양질전환의 원리'라는 것이 있다. 헤겔(Hegel)의 변증법에서 나온 개념으로 일정한 양이 누적되면 어느 순간 질적인 비약이 이루어진다는 것이다. 이 과정에서 양적 변화는 서서히 점진적으로 진행되지만 질적 변화는 급격히 폭발적으로 진행된다.

상온에서 물은 99°C까지 액체 상태로 보존되지만 100°C라는 임계점에 도달하면 수증기가 되어 질적으로 변화한다. 그런데 여기서 100°C라는 임계점도 중요하지만, 더 중요한 것은 물이 100°C가 될 때까지 지속적으로 끓어왔다는 것이다. 이는 우리 삶에도 그대로 적용된다.

오랫동안 우직하게 산을 옮긴다는 우공이산(愚公移山), 도끼를 갈아 바늘을 만드는 마부작침(磨斧作針), 작은 물방울이 돌을 뚫는다는 수적천석(水滴穿石) 같은 사자성어나 1만 시간의 법칙이 그런 의미다. 말콤 글래드웰의 《아웃라이어(Outliers)》에 소개된 '1만 시간의 법칙'이란 한 가지 일에 큰 성과를 이루기 위해서는 1만 시간 동안의 학습과 경험을 통한 사전 준비 또는 훈련이 이루어져야 한다는 뜻이다. 양질전환은 개인이 변화 발전하기 위한 기본 원리이면서 성공의 핵심 원리이기도 하다.

양이 채워지지 않으면 임계량까지 도달하지 않는다. 채워지지 않으면 변화가 없다. 그냥 양이 아니다. 압도적인 양이 중요하다. 내가 읽은 책의 수, 공부에 투자한 시간, 흘린 눈물과 땀의 양, 투자를 준비하기 위한 노력, 그것을 얻기 위해 지불한 비용까지 포함된다.

나를 바꾸고 싶은가? 한 단계 더 나은 인생을 살고 싶은가? 그러면 부자를 꿈꿔라. 퀄리티(quality, 질) 이전에 퀀티티(quantity, 양), 다시말해 압도적인 양을 채우자. 꾸준함으로 버티고 양을 채워나가야 한다. 꾸준히 하는 자만이 내공을 쌓고 대가가 된다. 부동산 공부도 꾸준히 해야 한다. 갑자기 생긴 열정도 좋지만 지속하는 끈기가 중요하다. 1만 시간은 10년 정도 된다. 10년이라는 기간 동안 부동산은 상승-과열-침체-하락을 반복한다. 부동산 가격이 상승하고 시장이 과열되면 사람들은 자연스럽게 관심을 갖는다.

하지만 시장이 침체되고 하락세라면 언제 그랬냐는 듯이 관심을 끊는다. 10년이라는 세월 동안 오롯이 부동산에 관심을 갖기란 여간 어려운 일이 아니다. 그래도 꾸준히 부동산 관련 신문기사를 보고, 경제뉴스에 관심을 기울이고, 부동산 이론을 공부하고, 현장에 가보자. 조금씩 자주 10년간 꾸준한 관심을 가지고 공부하면 당신의 인생은 꿈의 크기만큼 커져 있을 것이다.

혼자만의 시간을 가져라

현대인에게 스마트폰은 빛이요 소금이다. 카톡으로 채팅을 하고, 유튜브를 보고 예능과 드라마를 다시 보기도 한다. 인스타그램, 페이스북 등 SNS가 우리 일상을 장악한 지 오래다. 앱애니가 발표한 '2017년 1분기 소비자 앱 사용 보고서'에 따르면, 한국인의 모바일 앱 평균 사용 시간은 하루 3시간 이상으로 세계 1위다. 그중 상위 20% 사용자들은 하루에 무려 약 5시간 동안 앱을 쓴다. 스마트폰을 사용하면서 생각하는 시간을 갖는다고 한다면 큰 착각이다. 온전한 생각은 사색에 빠져들 시간과 공간을 확보해야만 얻을 수 있다.

《빌 게이츠는 왜 생각 주간을 만들었을까》(대니얼 패트릭 포레스터)는 사색에 대한 해답을 던진다. 이 책에서 기업과 비즈니스맨들의 성공을 좌우하는 핵심 열쇠는 '싱킹 타임(thinking time)'이라고 말한다. 일과 삶의 전체적 흐름을 통찰하고 성공하려면 '생각의 시간'을 반드시 확보해야 한다는 것이다. 빌 게이츠, 워런 버핏은 '생각의 시간'을 갖고 있는 대표적 인물이다.

"경쟁자는 두렵지 않다. 경쟁자의 '생각'이 두려울 뿐이다."

– 빌 게이츠

성공하고 싶은가? 지금보다 한 단계 나은 삶을 살고 싶은가? 그러면 배우는 시간을 갖고 방해받지 않는 나만의 고유한 시간을 갖자. 집중하는 시간은 생각하는 힘을 길러주고 이 힘은 나를 성장시킨다. 배우는 이유는 나를 한 단계 성장시키기 위함이다.

기회는 준비된 자에게만 주어지는 열매다

그리스어로 '시간'을 뜻하는 말로 카이로스와 크로노스가 있다. 카이로스는 '특별한 시간, 때'를, 크로노스는 '평범한 시간'을 의미한다. 카이로스는 그리스 신화에 나오는 제우스의 아들을 일컫는데 그의 모습이 우리에게 시사하는 바가 크다.

카이로스의 모습을 보면 앞머리는 풍성하고 뒷머리는 없으며 등과 발에는 날개가 달려 있다. 그리고 두 손에는 칼과 저울을 들고 있다. 이탈리아 토리노 박물관에 전시된 '카이로스' 조각상에는 이런 글이 적혀 있다.

내 앞머리가 무성한 이유는
사람들이 나를 쉽게 붙잡을 수 있도록 하기 위함이고,
뒷머리가 대머리인 이유는
내가 지나가면 다시 붙잡지 못하도록 하기 위함이며,
어깨와 발뒤꿈치에 날개가 달린 이유는
최대한 빨리 사라지기 위함이다.
나는 기회다.

출처 : google / 기회의 신 카이로스

카이로스가 저울과 칼을 들고 있는 이유는 기회를 알아보는 판단(저울)과 칼처럼 결단하라는 의미를 상징하는 것이다. 기회는 아무나 잡을 수 있는 행운이 아니다. 누구에게나 기회의 신은 순식간에 다녀간다. 내 앞에 와 있는 카이로스를 알아보지 못하고 얼마나 많은 기회를 놓쳐버렸는지 한번 생각해보자.

바람처럼 사라진 카이로스의 대머리를 보며 아쉬워하지 말고 내 곁으로 또다시 오고 있을 기회를 잡기 위해 지금 이 순간부터 준비하고, 노력하며 기다리자. 어떤 안목과 시야를 가지고 있느냐에 따라 모든 것이 기회로 보이게 마련이다. 기회는 볼 줄 아는 자만이 얻게 되는 달콤한 열매이다. 독이 든 사과인지 꿀이 든 사과인지는 평소에 내가 공부하고 준비하지 않으면 절대 알지 못한다. 순식간에 사라지는 기회를 알아보는 빠른 판단과 결단력을 기르자. 함께 부를 꿈꾸고, 공부하고, 성장해서 성취하는 행복한 미래를 열망하자.

여유 있는 인생, 나누고 기여하는 삶

정체성을 명확히 하자

이 책을 읽는 당신은 지금 가난하다고 생각하는가? 그러면 눈을 감고 생각해보자. 가난을 염려하지 말고, 부를 머릿속에 한가득 떠올리기 바란다. 내 집 마련이 고민이라면 내 집 마련 이후의 임대사업을 하고 있는 나 자신을 상상해보자. 설사 지금 쪼들린다고 해도 여유 있는 인생을 꿈꿔야 한다. 잠재의식은 나의 생각을 움직이고 행동하게 하며 나의 정체성을 형성한다.

전문가(PRO, Professional)

나 스스로에게 선언하라. '나는 프로다.' '내 분야에서 최고가 되겠다.' 내가 하고 있는 일을 누구보다도 전문성 있게 할 수 있도록 깊게

파고들면 반드시 당신을 찾게 되어 있다. 연봉을 높이는 가장 좋은 방법은 현업의 전문성을 구축하는 것이다. 전문직은 내 업(業)에서 전문성이 있음을 국가공인 자격증으로 인정해준 것이다. 의사, 변호사만이 전문직이 아니다. 직장인도 사무직도 영업직도 모두 전문직이다.

| 정체성의 사분면 |

전문가	경영자
사상가	투자가

내가 하고 있는 일에 대해서는 나 아니면 안 될 정도로 대체 불가능한 존재가 되어야 한다. 오늘 하루를 그저 그런 날로 때우지 말자. 내 일에 전문성을 갖게 되면 나의 그릇을 키우게 되는 것이다. 부(富)는 내 그릇의 크기만큼 들어오게 되어 있다.

경영자(CEO, Chief executive officer)

반드시 경영자의 정체성을 가져라. '나는 CEO다.' 경영자는 자신의 과업에 스스로 책임지는 사람이다. '사람'을 통해 성과를 내는 자가 경영자다. 꼭 사업을 해야 경영자가 아니다. 회사의 최고 자리에 올라가야 경영자인 것만은 아니다. 내 인생은 그 누구도 아닌 내가 책임지고 경영하는 것이다. 현재 내가 하고 있는 일의 전문성을 바탕으로 책임감 있게 성과를 내기로 마음먹자. 주부, 학생, 공무원, 직장인, 자영업자 누구를 막론하고 내 인생의 경영자가 되면 모든 것이 달라진다. 모든 일은 남 탓이 아니고 내 탓이라는 마인드는 여기서 나온다. 남 탓을 하면 진정한 경영자가 아니다.

투자가(investor)

투자가의 정체성을 가져라. 내가 버는 근로소득 이외의 자본소득 시스템을 구축하겠다고 다짐하자. 자고 있어도 수입이 나오는 구조를 만들지 못하면 절대 여유 있는 삶을 살 수 없다. 무슨 수를 쓰더라도 돈이 돈을 버는 시스템, 머니 파이프라인을 구축하겠다고 각오하고 결단하고 실행에 옮기자.

급여 생활자일수록, 미래가 불투명할수록 더욱더 투자를 공부하고, 부동산을 공부하고, 돈을 공부하고, 자본주의를 공부해야 한다. 절대로 돈에 끌려가는 삶을 살면 안 되고 돈이 나에게 끌려오게 해야 한다. 나의 배움에 미래가 달려 있다. 학벌을 이야기하는 것이 아니다. 세상은 엄청난 속도로 변하고 있다. 지난 10년간의 일들이 1년 만에 일어나는 지금, 과거에 안주하거나 현재에 만족한다면 자본주의 사회에서 도태될 수밖에 없다. 세상은 아는 만큼 보이고 투자의 결과는 이에 비례한다.

사상가(the greatest thinker)

사상가의 정체성을 의식적으로 생각하자. 성공하는 투자가들은 본인의 사유와 철학이 확고하다. 자수성가한 사람들은 부자이지만 대개 철학가이자 사상가이기도 하다. 풍부한 경험을 바탕으로 체득한 결과물인 '부'를 이루기까지 터득한 인생의 지혜가 있다. 워런 버핏은 훌륭한 투자가이면서 동시에 사상가이다.

성공하는 사람은 본인만의 철학을 가지고 있다. 경험이 쌓이면 지식이 되고 지식이 쌓이면 지혜가 된다. 훌륭한 사상가들은 이를 적극적으로 나누고 공유하여 선한 영향력을 미친다. 부모라면 자식에게 좋은 영향력을 주겠다고 마음먹어야 한다. 큰 기업이든 조그마한 사업체든 조직의 장이라면 함께 일하는 직원들에게 좋은 영향을 준다는 책임의식이 있어야 한다. 조직에 속해 있어도 사상가가 될 수 있다. 내가 만드는 제품과 서비스를 통해 사회에 선한 영향을 주겠다는 정체성의 최고 단계가 사상가 레벨이다. 나의 좋은 생각과 이념을 공유, 확산, 전파하자.

성공하고 싶은 열망이 있는가? 지금 나의 삶을 바꾸고 싶은가? 그렇다면 위의 네 가지 정체성을 가져라. 지금 내가 부족할수록, 보잘것없을수록 먼저 전문성을 갖추려고 노력하자. 어떤 분야이든 하고 있는 일에서 전문가가 되어야 한다. 그다음 자본소득 시스템을 구축한 투자자가 되겠다는 목표를 세우자. 그리고 내가 하고 있는 일을 완수하겠다는 경영자가 되고, 더 나아가 선한 영향력을 미치는 사상가의 삶을 꿈꾸자.

세상은 내가 생각하는 대로 이루어진다. 문을 두드려라. 혼자 하기 힘들다면 그런 꿈을 꾸는 무리, 꿈과 열망으로 가득 찬 사람들이 있는 리그에 들어가라. 함께 공부하고 두려움을 극복하면 지금의 삶을 뛰어넘을 수 있다. 함께 가면 멀리 갈 수 있다. 빨리 가려면 혼자 가고 더 멀리 가려면 함께 가야 한다. 함께 인생역전을 하고 싶다면 오라. 내가 적극적으로 돕겠다. 당신의 여유로운 인생을 위해 선한 영향력으로 다시 삶을 한 단계 도약할 수 있는 계기를 만들어주겠다고 약속한다.

존재 이유가 먼저다

부동산은 인생을 역전시킬 수 있는 최고의 도구이자 수단이다. 그 첫걸음은 종잣돈 마련이고, 종잣돈을 불리는 소액투자이며, 내 집 마련부터 시작된다. 그러나 부동산은 목적이 아니라 과정이다. 서울에 내 집 하나 갖는 것이 내가 열심히 일하는 이유가 되면 내 삶의 끊임없는 추진력을 일으키는 데 한계가 있다.

돈은 내 인생의 이유가 될 수 없다. 부동산은 내 꿈을 실현하는 도구이고 수단이고 과정일 뿐 목적이 되어서는 안 된다. 금전적인 이유가 내 인생의 목적이 되면 어느 순간 힘에 부칠 때가 온다. 계속 RPM을 높여 달릴 수만은 없다. 살면서 힘든 순간이 반드시 오게 되어 있다. 추진력에 끊임없는 동력을 부여하는 무언가를 찾아야 한다. 다음 세 가지 질문에 막힘없이 대답하면 당신은 누구도 부인할 수 없는 여유 있는 인생을 살 수 있다.

1. 나의 꿈은 무엇인가?(what)

2. 나는 어떤 삶을 살 것인가?(how)

3. 나는 왜 사는가?(why)

1, 2번에 답하는 것도 만만치 않지만 3번에 답하기는 매우 어렵다. 내가 어떤 삶을 꿈꾸는지는 말하기 쉬워도 내가 사는 이유를 말하라고 하면 정말 난해하다. 다들 '뭐 그냥 열심히 사는 거지, 인생 별거 있어'라고 말한다. 내가 생각하는 대로 살지 않으면 사는 대로 생각한다. 당신은 왜 이렇게 아침 일찍 출근하고 저녁 늦게 들어오는가? 당신이 열심히 사는 이유는 무엇인가?

내가 하는 일은 내 삶의 소명이다. 소명(召命)은 우리말로 부르심, 영어로는 콜링(calling)인데 두 단어 모두 직업이라는 의미를 가지고 있다. 지금 내가 하는 일에서 존재의 이유를 찾아야 한다. 하는 일과 존재의 이유가 같다면 삶에 엄청난 추진력을 얻게 된다.

여기에서 사명(使命, mission)이 나온다. 사명은 말 그대로 임무이자 나의 존재 이유, 대의명분, 내가 나아가고자 하는 삶의 이정표를 제시하는 깃발이 된다. 내 삶의 존재 이유와 깃발이 있으면 인생의 비바람이 불어도 절대 흔들리지 않는다. 현대인들이 방황하는 이유는 존재 이유를 찾지 못한 채 생존에만 급급하기 때문이다.

내가 현재 하는 일을 통해 나의 존재 이유를 발견하고 '자기사명 선언문'을 작성한 이후부터 나의 삶은 더 크게 성장했다. 나는 고민 끝에 성장, 변화, 동기부여라는 세 가지 키워드를 존재 이유이자 깃발, 대의

명분 그리고 사명으로 삼았다. 개인의 성장, 자산의 성장, 삶의 긍정적 변화, 나로 말미암아 선한 영향력을 미치겠다고 마음먹었다. 돈만을 좇았던 성숙하지 못한 지난 세월, 당시 느꼈던 좌절과 절망을 긍정과 희망으로 바꾼 소중한 인생 경험, 부동산 투자를 통해 부채를 모두 상환하고 재정적 자유를 달성한 경험을 고스란히 전하고 싶었다.

자기사명 선언문

다음은 인생을 가치경영하기 위해 작성한 자기사명 선언문이다. 월말, 분기별, 연말에 이 선언문대로 살고 있는지를 되돌아본다. 선포하면 이루어진다. 말과 글에는 우리가 생각하지 못한 엄청난 견인력과 창조력이 있다. 부끄럽지만 이 선언문을 공개한다.

나는 대한민국 2030세대가 내 집 마련과 임대사업을 할 수 있도록 기여하는 것이 내 삶의 존재 이유이며, 멘티들이 재정적인 자유를 달성하고 나누는 삶을 실천할 수 있도록 공헌하는 것이 나의 사명이다. 나는 부동산 멘토이기 이전에 '꿈 멘토'로서 그들이 꿈에 도전할 수 있도록 긍정의 영향력을 미치고 내적 동기를 유발하는 것이 내 평생의 깃발이다.

수년째 나는 자기 전과 아침 명상을 통해 자기사명 선언문과 나의 목표를 반복하고 있다. 자기 전 30분과 일어나서 10분은 잠재의식을 발현해서 나의 인생을 바꾸는 가장 좋은 시간대다. 믿기 어렵겠지만 많은 것을 이루었고 완성을 향해 달려가고 있다. 내가 부족한 부분이

| 부동탁의 가치경영·자기사명 선언문 |

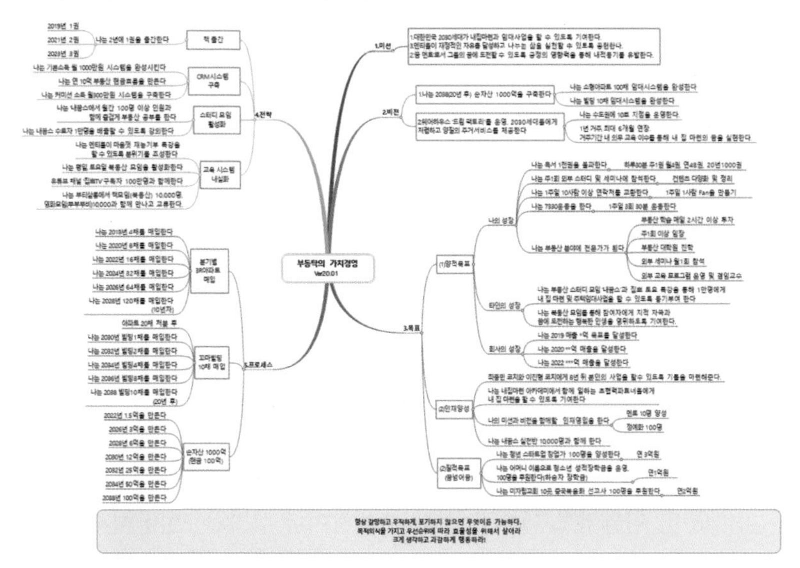

존재의 이유를 종이에 적어 반복해 읽는다.

있다면 나보다 뛰어난 역량을 가진 분들이 조력해준다. 너무 놀랍지 않은가?

이 모든 것은 결코 내가 잘나서 이루어진 것이 아니다. 이 모두는 뜨거운 열망과 열정이 가득한 여러분이 있기에 가능한 것이다. 참으로 감사한 일이다. 나는 지금 내 일을 사랑하고 주변에 감사하며 나로 말미암아 변화가 시작된다는 사실에 가슴이 뛴다. 어떻게 하면 지금 하고 있는 일을 더 잘할 수 있을까, 더 쉽고 재미있게 알려줄 수 있을까 고민하고 연구한다.

부동산은 자산가치의 성장, 부유한 삶을 이루는 최고의 수단이다. 하지만 부동산은 나의 최종 목표를 이루는 도구일 뿐 인생의 목표가 아니다.

나의 자산가치가 상승하려면 먼저 의식과 마인드를 바꿔야 한다. 존재 이유를 찾으면 아이언맨의 심장처럼 꺼지지 않는 불꽃 같은 삶을 살게 된다. 가슴 뛰는 삶을 사는 것이다. 신바람이 난다. 그러면 남들이 말려도 나 스스로 오래 할 수 있다. 나의 존재 이유를 먼저 찾는 그 순간은 내가 다시 태어나는 날이다.

꿈 너머 꿈이 있을 때 더 채워진다

아무리 힘들어도 나누고 공헌하고 기여할 생각을 먼저 하자. 지금 당장 힘든데 무슨 소리냐고 반문할지도 모르겠다. 이 사실을 명심하자. 나눠야 더 채워진다. 나중에 여유가 생기면 하겠다고 하는 사람은 돈이 생겨도 아까워서 나누지 못한다. 지는 게 이기는 것이고, 지금 당장의 손해는 나중에 더 큰 이익을 가져다준다. 내어줄 때 비로소 나의 곳간이 더 채워지는 역설의 법칙이 우리 삶에 적용된다.

이 법칙은 혈기 왕성한 시절에는 절대 깨달을 수 없다. 혈기가 왕성하면 약간의 미성숙 단계이고, 우리 인간은 모두 이기주의자이기 때문이다. 무릇 인간이란 나와 나의 이익을 우선으로 생각하는 존재다.

그러나 정말 자신을 위한다면 이웃을 도와야 한다. 이웃을 도울 때 진정한 이기(利己)가 완성된다. 결국 남을 돕는다는 것은 나를 위하는 길이다. 나누고 기여하는 것은 나의 생존을 넘어 발전과 성장을 위한 길이다. 이타(利他)는 궁극의 이기를 완성한다. 나눌 생각을 하면 이상하게 좋은 기운이 생기고 안 되던 일도 더 잘되고 술술 풀리는 경험을 한다. 좋은 기운이 생기고 나를 회복시킨다. 이는 내가 실제로 체험한 간증이요, 주변에서도 어렵지 않게 찾아볼 수 있다.

요리연구가이면서 활발한 방송을 하고 있는 백종원 대표. 한때 그도 주택사업을 벌였다가 17억 원의 빚을 지고 홍콩에서 극단적인 선택을 하려고 했다. 일단 '허기나 채우고 죽자'며 갔던 홍콩에서 다시 살기로 결심하고 외식사업의 흐름을 보았다고 한다. 얼마 전 백종원 대표의 인터뷰를 보았다.

"예전에는 외식문화를 정착하겠다는 것이 목표였는데
요즘엔 조금 커졌어요. 우리나라 성장 동력은 관광업이에요."

관광 한국을 만드는 데 기여하고 공헌하겠다는 것이 백종원 대표의 꿈 넘어 꿈인 것이다. 〈골목식당〉이니 〈맛남의 광장〉이니 방송으로 자영업자와 농민을 돕는 것은 외식업과 관광업의 파이를 키우는 일이고, 결국 '나 살자'고 하는 일이라고 말한다. 혹자는 프랜차이즈 사업을 하니까 '너나 잘하세요'라며 빈정거린다. 가맹점이 1,000개가 넘지만 방송을 통해 포괄적으로 메시지를 전달할 수 있다. 방송에서 하는 일은 저가 시장의 경쟁자를 키우는 것이지만 강한 경쟁자가 들어오면 점주들도 강해진다. 욕심을 버리니 더 채워지더라고 고백한다. 마지막으로 주변 사람들에게 어떤 태도를 권장하느냐고 물었을 때 이런 말을 했다.

"척이요. 착한 척, 겸손한 척, 멋있는 척.
처음엔 허언이고 허세라도 일단 내뱉고 나면 보는 눈들이 무서워
행동이 따라가요. 어찌나 효과가 좋은지 제 인생의 모토가
'척 척 척'이 됐어요."

요리의 멘토, 사업의 멘토, 더 나아가 대중들의 삶의 멘토로 가히 인정받을 만하다. 피그말리온 효과, 타인이 나를 존중하고 나에게 기대하는 것만큼 나 자신이 노력하기 때문에 마침내 그렇게 된다는 의미다. 공헌의 법칙이 내 삶에 긍정의 부메랑이 되어 돌아오는 것이다.

목표를 성취하고 더 나은 삶을 살려면 지금 행동하면 된다. 일단 성장하겠다고 마음먹자. 더 나은 삶을 위한 내 인생의 위대한 도전을 지금 시작하자. 내가 성장하겠다고 생각하면 행동이 바뀌고, 행동이 바뀌면 습관이 바뀐다. 습관이 바뀌면 인격이 바뀌고, 인격이 바뀌면 운명까지 바뀐다. 내 안에는 내가 미처 모르는 무한한 잠재된 거인이 있다. 그 거인을 깨우기만 하면 된다.

나의 미래는 내가 생각하는 대로 열린다. 좋은 일만 생각하면 좋은 일이 일어나고, 나쁜 일을 생각하면 나쁜 일이 일어난다. 좋은 일을 생각하고, 좋은 일이 일어나기를 바라고 기다리는 마음에는, 좋은 일을 끌어당기는 일종의 자석과 같은 힘이 작용한다.

당신이 좋은 일이 일어나기를 간절히 원한다면, 잠재의식은 결국 좋은 기회를 잡도록 당신을 자연스럽게 이끌어준다. 작은 성공을 이루고 자수성가한 사람들에게는 공통점이 있다. 반드시 긍정적인 사고를

한다는 점, 인생의 어두운 면보다 밝은 면을 보려는 성향이 매우 강하다는 것이다. 나의 찬란한 미래를 밝고 긍정적으로 보자.

욘스의 삶, 젊고 부유하지만 굳이 과시하거나 드러내지 않아도 밝게 빛나는 인생, 삶에 여유가 넘치고 주변에 나누고 기여하는 삶. 여러분은 해와 같이 빛나는 인생을 살기를 바란다. 그럴 자격은 이미 충분하다. 지금 함께 꿈꾸고 도전하자.

"꿈을 품고 뭔가 할 수 있다면 그것을 시작하라.
새로운 일을 시작하는 용기 속에 당신의 천재성과 능력과
기적이 모두 숨어 있다."

– 요한 볼프강 폰 괴테

생각의 지도를 그리자 – 마인드맵, 에버노트 활용법

마인드맵

마인드맵은 머릿속의 생각을 지도를 그리듯 이미지화해서 펼쳐나가는 마인드 매핑(mind mapping)을 통해 새로운 아이디어를 만들어내고 생각을 정리하기에 좋은 기록 도구다. 마인드맵은 좌뇌 요소인 핵심 단어와 우뇌 요소인 색, 그림 등을 사용하여 머릿속에 지도를 그리는 것처럼 기록하는 것이다. 좌우 양쪽 뇌가 상호 협력하면서 생각을 표현하고 기억하기 때문에 학습 능력을 최대한 발휘할 수 있고, 머릿속의 생각을 한 페이지로 일목요연하게 정리할 수 있다. 맥북에는 마인드맵이라는 프로그램이 탑재되어 있고, '싱크와이즈'에서 윈도우 버전을 무료로 다운로드할 수 있다.

[활용 예]

- 내 인생의 목표를 마인드맵으로 정리하면 일목요연하게 이미지화할 수 있다.
- 책을 다 읽고 중요 내용을 목차와 함께 한 페이지로 정리하면 내용이 한눈에 들어온다.
- 시험 과목을 정리할 때 능동적 학습법의 도구로 10장짜리 내용을 한 장에 요약한다.
- 해결해야 하는 문제, 고려할 사항, 여러 변수들을 유형별로 한눈에 정리한다.

[How to use]

1. 한가운데 주제를 써라

습관적으로 왼쪽에서 오른쪽으로 글을 읽는데 가운데 주제를 적으면 무의식적으로 전체를 한 번 훑어보기 때문에 아이디어 발상과 기억에 도움이 된다.

2. 큰 가지를 사용해 주제를 확장하라

중심 주제에서 시작해 큰 가지들로 한 단계 뻗어나가자. 생각의 가지인 시냅스를 그려나가면 두뇌의 효율을 극대화할 수 있다.

3. 가지를 계속해서 쳐나가자

더 확장하면서 가지를 쳐나가고, 생각이 안 나면 빈 가지를 만들자. 단어가 떠오르지 않거나 더 확장하고 싶다면 빈 가지로 내버려둔다. 다른 곳에서 가지치기(branching)를 하다가 아이디어가 떠오르면 다시 쓰자.

4. 가지들을 연결하거나 다른 곳에 붙여보자

연관성 있는 단어, 일련의 규칙을 가지는 내용을 적은 가지를 다른 곳에 붙여보거나 떼어보면 내용이 일목요연하게 정리된다.

5. 완성된 마인드맵을 출력해서 시각화하자

한번 시도했던 마인드맵들은 반드시 보관하고 출력해두자. 늘 곁에 두고 생각이 막힐 때마다 체크하면 새로운 아이디어가 떠오를 것이다. 목표를 연상할 때 시각화된 마인드맵을 눈으로 보며 실천을 다짐하고 구체화한다.

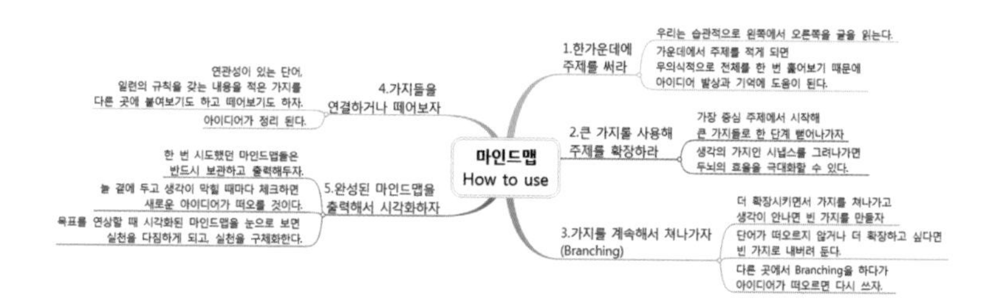

마인드맵으로 정리하면 앞서 적은 문장들보다 한눈에 정리되어 뇌의 연상작용에 큰 도움이 된다. 나의 목표와 꿈 또는 나의 존재 이유를 한가운데 적고 생각의 시냅스들을 가지치기해보자. 여러분의 꿈은 상상이 아니라 현실이 된다.

기억의 보물창고 에버노트(Evernote)

21세기는 콘텐츠의 시대다. 방대한 정보 속에서 나만의 정보를 수집하고 나만의 정보로 가공하는 툴(tool)이 있다면 생산성 향상에 큰 도움이 된다. 스마트폰이나 PC를 통해 누구나 에버노트 앱과 웹을 사용할 수 있다. 인터넷 네트워크 서비스를 기반으로 클라우드 시스템을 통해 기록한 모든 것을 동기화하고 백업하는 기능이 있어서 저장해둔 정보를 잃어버릴 염려가 없다.

또한 수집(web clipper) 기능을 통해 클릭 몇 번으로 인터넷 화면을 그대로 에버노트에 저장해 지식 보관이 가능하다. 저장된 자료는 검색 기능을 통해 몇 개의 키워드로 원하는 노트를 쉽게 찾을 수 있는 편리한 도구이다. 모든 일상을 기록하고 지식을 저장하는 데 탁월하며, 특히 부동산 투자에 활용도가 높다. 현장답사(임장)를 갈 때 모든 사진 기록을 일목요연하게 정리하는 데 요긴하게 활용할 수 있다.

[활용 예]

- 웹에서 기억하고 싶은 인터넷 기사가 있다면 웹 클리퍼(web clipper) 기능으로 스크랩할 수 있다.
- 각종 서류, 명함, 영수증을 스캔 기능으로 사진은 찍어 저장하고 바로 검색이 가능하다.
- 부동산 계약서(전월세), 분양권 계약서를 저장해놓으면 찾을 때 아주 유용하다.
- 현장답사를 갔을 때 사진을 찍어두면 폰의 갤러리에 무분별하게 방치되는데, 에버노트로 날짜별 매물 사진과 부동산 브리핑 내용, 매물 특징 등을 바로 기록할 수 있다.
- 강의 내용을 문자나 음성으로 기록할 수 있어 다시 정리하기 좋다.

[How to use]

1. 앱을 다운로드하고 무료 계정을 만든다.
2. 앱 화면 오른쪽 하단의 + 버튼을 눌러 텍스트 노트를 형성한다.
3. 노트상 카메라 아이콘을 눌러 현장 사진이나 계약서를 찍고 업로드한 후 사진 하단에 텍스트를 입력한다.
4. 텍스트 노트 제목에 규칙을 정해두면 좋다. 2020년 4월 1일 다산신도시 임장을 다녀왔다면 '20.04.04.토 다산 임장' 식으로 제목을 작성한다.
5. 강의 메모나 지도, 음성녹음 기능을 사용해서 노트를 많이 누적해보면 손쉽게 직관적다로 이용할 수 있다.
6. 스마트폰 위젯 기능으로 메인 화면에 세팅해두면 떠오르는 아이디어를 바로 메모할 수 있다.

부동산 현장답사를 가면 확인한 매물 사진과 현장 브리핑, 특징들을 빼곡히 기록해둔다.

의미 있게 산다는 것 존재만으로도 빛나는 당신

같은 기차를 탄 1,500명의 승객들은 누구도 자신들이 어디로 가고 있는지 알지 못했다. 기차 안은 몹시 붐볐고, 사람들은 들고 있던 가방에 엎드려 잠을 자야 했다. 며칠이 지났다. 밤낮으로 달려 여러 도시를 지났고, 그렇게 멈추지 않고 마냥 끝까지 달려갈 것 같았던 기차는 어느 날 이른 아침 어떤 역에 닿았다. 잠에서 덜 깬 사람들은 눈을 부비며 일어나 창밖 풍경을 보았고, 그 순간 아무도 입을 열 수가 없었다. 그곳은 바로 죽음의 수용소, 아우슈비츠였다.

시간이 흘러 저녁이 되자 함께 온 친구의 안부가 궁금해서 옆에 있는 사람에게 물었다. 그 사람이 가리킨 곳은 시커먼 연기를 내뿜고 있는 굴뚝이었다. 함께 왔던 승객들 가운데 1,300명은 기차에서 하차할 때 왼편에 서 있던 사람들로 이미 가스실에서 처형을 당했던 것이다. 오른편에 서 있어 살아남은 사람은 지옥 같은 일상의 연속이었다. 사는 게 아니라 무조건 견뎌야만 했던 시간들, 고문과 핍박, 굶주림과 잔혹함이 넘치고 죽음만이 유일한 도피처인 생지옥 그 자체였다. 그는 무려 3년을 살아남았다.

로고테라피(logotherapy), 의미치료의 창시자 빅터 프랭클(Viktor Emil Frankl)은 오스트리아에서 태어난 유대인으로 신경·심리학자였다. 홀로코스트의 생존자였으며, 테레지엔슈타트, 아우슈비츠, 카우퍼링과 투르크맨 수용소에서 끝까지 살아남았다. 그는 "인간이 살아가는 데 문제가 되는 것은 자신을 기다리는 운명이 아니라 그 운명을 받아들이는 방법"이라고 생각했다. 죽음을 포함한 고통과 모든 상황에서 의미를 찾을 수 있다는 것이다. 산다는 것은 고통이지만 고통 속에서 의미를 찾는 것이야말로 곧 살아 있다는 것을 의미한다. 하루하루 목을 조여오는 수용소의 지독한 공포와 극한의 고통 속에서 그는 살아야만 하는 의미를 찾았다. 그리고 이 의미는 독자적인 학문으로 자리매김했다.

그 끔찍한 세월을 보냈던 죽음의 수용소 아우슈비츠에서의 경험을 바탕으로 빅터 프랭클은 빈 대학교 신경정신과 교수로 임용되어 인간이 존재하기 위해서는 의미를 갖는 것이 중요하다는 연구를 시작해 로고테라피, 의미치료라는 이론체계를 세웠다. 로고테라피는 로고스(말씀 또는 의미)와 테라피(치료)의 합성어이다. 즉, 의미로 치료한다는 뜻이다. 이 이론에 따르면 인간이 자신의 삶에서 어떤 의미를 찾고자 하는 노력을 인간의 원초적 동력으로 보고 있다.

미래를 보아야 살 수 있는 것이 인간의 특성이다.

– 빅터 에밀 프랭클

프랭클은 아우슈비츠에서 죽어가는 수많은 사람들을 보았다. 그들은 미래도, 어떤 목표도 모두 포기한 사람들이었다. 미래에 대한 믿음의 상실은 죽음을 부른다. 삶에 대한 신념이 없는 사람은 삶을 붙들지 못하고, 몸과 마음이 극도로 쇠약해져서 하루하루 살아 있지만 죽어 있다. 그는 사람이 살아가는 이유가 '삶의 의미'라는 사실을 깨달았다.

그가 극심한 신체적 고통과 추위, 배고픔의 공포에 떨고 있을 때였다. 더 이상 아무런 희망이 없을 것 같던 바로 그 순간, 그는 억지로 다른 생각을 하기 시작했다. 자신이 따뜻하고 편안한 강의실에서 포로수용소에 대한 심리학 강의를 하는 상상이었다. 그는 삶의 의미로 미래를 보았고, 그 덕분에 살아남을 수 있었다. 제2차세계대전이 끝나자 그는 자신이 그렸던 미래의 이미지대로 생활할 수 있었다. 미래에 대한 기대가 삶의 의지를 불러일으킨다. 니체는 "왜 사는지 그 이유를 아는 사람은 어떻게 살아야 하는지를 거의 모두 알 수 있다"고 말했다. 마음으로 생각하는 것은 누구도 뺏을 수 없으며, 스스로 이것을 포기했을 때 삶의 끈을 놓게 된다.

사리사욕에 눈이 멀어 20대에 잘못된 판단으로 생전의 어머니가 피와 눈물로 모았던 재산을 날리고 그것도 모자라 수억 원의 채무를 짊어졌을 당시, 내가 이 세상에서 살아야 할 이유를 전혀 찾지 못했다. 한강에 몸을 던지려고 했지만 그러지도 못한 나약한 자신을 바라보게 되었다. 정신을 차리고 우연히 접하게 된 빅터 프랭클의 《죽음의 수용소에서(Man's Search for Meaning)》라는 책 한 권. 내 삶의 의미를 성찰하게 해준 소중한 책이다. 잘못된 판단으로 고통스러운 나날을 보내며 왜 살아야 하는지 의미를 몰랐던 그때, 하루를 사는 게 아니라 그저 버티는 것이었다. 고통의 연속이었지만 그 속에서 꿋꿋하게 살아가는 것이 곧 '삶의 의미'라고 생각했다. 고통의 순간에도 버티고 미래를 꿈꾼다면 '이 또한 지나가리라.' 그 미래가 간절하고 포기하지 않는다면 꿈은 이내 현실이 된다는 것을 깨달았다. 내 일상은 아우슈비츠의 빅터 프랭클보다 훨씬 나았다. 그런 깨달음에 악착같이 살아서 힘들어도 꿈꾸고, 부질없어 보여도 지금보다 더 나은 미래를 그리려고 발버둥쳤다.

"믿음을 상실하면 삶을 향한 의미도 상실한다"는 문장이 가슴속에 꽂혔다. 좋은 미래가 반드시 올 거라는 믿음을 굳게 붙잡았다. 그리고 나 자신을 송두리째 바꾸려고 내가 꿈꾸는 세계로 몸을 던져 뛰어들었다. 열렬하게 꿈꾸고, 변화하려고 악착같이 나 스스로를 몰아붙였다. 그리고 지금, 끝도 없을 것만 같았던 어두운 터널을 벗어나 어느덧 재정적 자유에 다다랐고, 꿈꾸고 있는 여러분을 만나고 있다. 너무나 감사한 인생이다.

당신이 살아 있다는 것, 그 자체만으로도 의미가 있다. 지금 힘들고 절망 가운데 좌절할지라도 이 고민을 하고 있는 것만으로도 살아가는 의미가 있다. 당신은 이미 기적이다. 내 삶에서 의미를 찾고 미래를 보아야 한다. 이것이 더 나은 삶으로 이끄는 길이다.

나는 왜 사는가?

나는 왜 여유 있는 삶을 꿈꾸는가?

나는 왜 부자가 되고 싶은가?

이 질문에 대한 처절한 고민을 통해 나의 이전 삶은 껍데기로 내버려졌고, 지금 인생은 덤으로 살고 있다. 내가 가지고 있는 지식과 재능을 나누고 경험을 공유하고, 주변에 기여하고 공헌해서 함께하는 모두가 재정적 자유를 누리기를 희망한다. 나의 이런 조그마한 깨달음을 통해 주변이 더 행복하고 가슴 뛰는 삶을 살기를 바란다. 이것이 의미 있는 삶이라고 나는 믿는다. 자초한 시련 속에서 저 흔한 질문을 통해 삶의 의미와 가치를 찾았다.

우리의 인생은 참으로 값지다. 이런 아름다운 인생을 그저 몇 억짜리 서울 아파트에만 올인하기에는 너무나도 아깝다. 나를 부유하게 만드는 최고의 도구는 부동산이지만, 지금 많은 사람들이 이 부동산으로 가슴 아파하고, 후회하고, 남들과 비교한다. 치솟은 집값에 많은 이들의 가슴속에 응어리가 져 있다. 자본주의 사회를 살아가는데 돈은 꼭 필요한 것이지만 지금은 돈이 전부인 세상에 살고 있다. 욕망의 바다에서 허우적거리면서 진정한 삶의 의미와 근본적인 투자의 목적 없이 좇다 보니 삶의 무게중심 없이 이리저리 치인다. 열심히 살지만 성취가 없다. 방향성이 없기 때문이다. 돈이 좇아오게 하려면 역설적으로 돈에 무관심해야 한다. 돈, 돈 하면 돈은 오히려 저 멀리 떠나간다. 우리가 잃어버린 돈은 우연이 아니다. 그러나 돈보다 더 중요한 것이 있다. 어려울수록 돈을 좇지 말고 꿈을 좇고, 미래를 바라봐야 한다.

우리가 사는 자본주의 세상은 치열한 생존 경쟁의 각축장이다. 하지만 우리의 삶은 일시적이지 않다. 멀리 돌아가는 것 같지만 언제나 꿈꾸고 어떻게 나의 선한 영향력을 주변에 미칠 것인지를 늘 고민하고 생각하면 좋겠다. 정체성을 가지고 내가 좋아하는 일을 하며, 내가 하는 일에서 사명을 찾고, 가슴 뛰는 삶을 살면서 긍정과 행복으로 하루하루를 살면 좋겠다. 여러분은 충분히 그럴 가치가 있다. 포기하지 않으면, 끝까지 놓지 않으면 무조건 된다는 믿음이 가슴 한편에 자리 잡기를 원한다.

그렇게도 작은 한 올의 민들레 홀씨가 바람에 흩날려 이름 모를 곳에서 노오란 꽃송이를 피우듯 이 책이 여러분의 마음속으로 전달되어 작은 여운이 남기를.

여러분의 꿈과 행복을 늘 응원합니다.

감사합니다. 고맙습니다.

부동탁 Dream.

같은 꿈을 보고 늘 함께한 최종민(최코치), 이진형(부동이),

닥터홈즈 김민기 중개사와

내집마련아카데미와 꿈꾸고 도전하는 가족들에게 진심으로

감사의 인사를 전합니다.

그리고

저에게 선한 영향력을 미치고자 아낌없는 사랑을 주신

故 하승자 마리아께 이 책을 바칩니다.

행복한 나를 위한 도서 리스트 80

세상은 생각의 크기만큼 보인다. 내 생각의 크기가 곧 성취의 크기다. 내가 더 크게 생각하고 그릇의 크기를 키울수록 얻는 것이 더 많음을 알게 되었다. '이대로는 안 되겠다. 내 삶을 통째로 바꿔야겠다'는 생각에 자기계발과 잠재의식, 부와 돈, 부동산 투자 관련 책을 닥치는 대로 읽었다. 책을 읽으면서 저자의 생각과 마인드를 교감할 수 있었다. 나는 머릿속이 복잡해서 무언가를 정리하고 싶으면 일단 새벽에 일어난다. 아무런 방해도 받지 않는 시간, 에너지가 최고로 충만할 때 맑은 정신으로 책을 무작정 읽기 시작한다. 밑줄을 그어가며 읽다 보면 책 속에서 무궁무진한 아이디어를 얻는다. 온전히 내 시간 속에서 상상할 수 있기 때문이다.

자기계발, 인문, 부동산, 경제·경영 네 가지 주제를 정해 내 삶의 긍정과 희망을 선물해준 도서를 주제별로 20권씩 추려보았다. 지금 내 삶의 변화를 꿈꾸고 성장하길 바란다면 여기 있는 80권을 완독해보자. 엄청 성장해 있는 나 자신을 만나볼 수 있다. 가급적 새벽 시간이 좋다. 방해받지 않고 고요하고 나의 정신이 가장 영롱한 시간이기 때문이다.

나의 성장을 바란다면, 지금의 삶을 변화하고 싶다면 자기계발서를 아무런 방해받지 않는 시간에 30분만 읽어보자. 부동산 투자에 성공하고 싶다면 고요한 나만의 시간을 갖고 30분만 읽어보자. 투자 아이디어와 도전 정신을 얻게 된다. 세상을 어떻게 살아가야 할지 고민이라면 경제·경영 관련 도서를 당장 펴보자. 혜안을 얻게 되고 어느새 그 길을 걷고 있을 것이다. 행복한 나를 위한 위대한 도전을 언제나 응원한다.

자기계발 도서 20 | 나를 변화하게 해준 지침서

1. 《나는 왜 이 일을 하는가》, 사이먼 사이넥
2. 《도널드 트럼프, 억만장자 마인드》, 도널드 트럼프
3. 《목표 그 성취의 기술》, 브라이언 트레이시
4. 《사람은 무엇으로 성장하는가》, 존 맥스웰
5. 《원씽 THE ONE THING》, 게리 켈러, 제이 파파산
6. 《부자의 생각 빈자의 생각》, 공병호
7. 《커피 한 잔의 명상으로 10억을 버는 사람들》, 오시마 준이치
8. 《조셉 머피 잠재의식의 힘》, 조셉 머피
9. 《네 안에 잠든 거인을 깨워라》, 앤서니 라빈스
10. 《확신의 힘》, 웨인 다이어
11. 《무엇이 당신을 부자로 만드는가》, 라이너 지델만
12. 《놓치고 싶지 않은 나의 꿈 나의 인생》, 나폴레온 힐
13. 《백만장자 시크릿》, 하브 에커
14. 《성공하는 사람들의 7가지 습관》, 스티븐 코비
15. 《보물지도》, 모치즈키 도시타카
16. 《나는 왜 이 일을 하는가?》, 사이먼 사이넥
17. 《티핑포인트》, 말콤 글래드웰
18. 《더 딥 The Dip》, 세스 고딘
19. 《꿈꾸는 다락방》, 이지성
20. 《김미경의 드림 온 Dream on》, 김미경

인문 도서 20 | 삶과 인생, 돈에 대해 진지한 고민을 하게 해준 계기

1. 《죽음의 수용소에서》, 빅터 프랭클
2. 《의식혁명》, 데이비드 호킨스

3. 《돈, 뜨겁게 사랑하고 차갑게 다루어라》, 앙드레 코스톨라니
4. 《돈과 인생의 비밀》, 혼다 켄
5. 《마흔에 읽는 손자병법》, 강상구
6. 《끌리는 사람은 1%가 다르다》, 이민규
7. 《위대한 나의 발견 강점혁명》, 도널드 클리프턴, 마커스 버킹엄
8. 《빌 게이츠 @ 생각의 속도》, 빌 게이츠
9. 《몰입의 즐거움》, 미하이 칙센트미하이
10. 《소비의 심리학》, 로버트 세틀, 패멀라 알렉
11. 《굿 라이프》, 최인철
12. 《우체부 프레드》, 마크 샌번
13. 《지도 밖으로 행군하라》, 한비야
14. 《보도 섀퍼의 돈》, 보도 섀퍼
15. 《생각의 비밀》, 김승호
16. 《물질문명과 자본주의 읽기》, 페르낭 브로델
17. 《공감의 시대》, 제러미 리프킨
18. 《사피엔스》, 유발 하라리
19. 《인간을 탐구하는 수업》, 사토 지에
20. 《메모의 마법》, 마에다 유지

부동산 도서 20 | 부동산 투자 안목을 높여준 나침반

1. 《7일 만에 끝내는 부동산 지식》, 김인만
2. 《부동산 투자의 정석》, 김원철
3. 《부동산 소액 투자의 정석》, 김원철
4. 《교통망도 모르면서 부동산 투자를 한다고?》, IGO빡시다
5. 《서울 부동산의 미래》, 김학렬
6. 《흔들리지 않는 부동산 투자의 법칙》, 이광수
7. 《오를 지역만 짚어주는 부동산 투자 전략》, 채상욱
8. 《35세 인서울 청약의 법칙》, 박지민
9. 《대한민국 아파트 부의 지도》, 이상우
10. 《단숨에 읽는 부동산 시장 독법》, 최진기
11. 《부동산 투자, 흐름이 정답이다》, 김수현
12. 《송사무장의 부동산 경매의 기술》, 송희창

13. 《아기곰의 재테크 불변의 법칙》, 아기곰
14. 《3시간 공부하고 30년 써먹는 부동산 시장 분석 기법》, 구만수
15. 《부동산 투자 사이클》, 김영기, 이재범
16. 《부동산 상식 사전》, 백영록
17. 《나는 오늘도 경제적 자유를 꿈꾼다》, 청울림
18. 《나는 부동산과 맞벌이한다》, 너바나
19. 《쏘쿨의 수도권 꼬마 아파트 천기누설》, 쏘쿨
20. 《나는 부동산 투자로 인생을 아웃소싱했다》, 이나금

경제·경영 도서 20 | 세상을 어떻게 살아가야 할지에 대한 해답

1. 《관계우선의 법칙》, 빌 비숍
2. 《자본주의》, EBS
3. 《왕의 재정》, 김미진
4. 《부의 추월차선》, 엠제이 드마코
5. 《부자 아빠 가난한 아빠》, 로버트 기요사키
6. 《부의 미래》, 엘빈 토플러
7. 《성과를 향한 도전》, 피터 드러커
8. 《도쿠가와 이에야스의 인간경영》, 도몬 후유지
9. 《현명한 투자자》, 벤저민 그레이엄
10. 《아메바 경영》, 이나모리 가즈오
11. 《카테고리 킹》, 앨 라마단 外 3명
12. 《히든 챔피언》, 헤르만 지몬
13. 《아마존은 왜? 최고가에 자포스를 인수했나》, 이시즈카 시노부
14. 《초격차》, 권오현
15. 《인플레이션》, 하노 벡, 우르반 바허, 마르코 헤르만
16. 《부자들의 개인 도서관》, 이상건
17. 《레버리지》, 롭 무어
18. 《자동으로 부자되기》, 데이비드 바크
19. 《100달러로 세상에 뛰어들어라》, 크리스 길아보
20. 《캐즘마케팅》, 제프리 무어

“내 집 마련과 부동산에 관한 상담을 무료로 해드립니다”

(중복 사용 불가)

상담 예약 시 추후 자세한 일정과 서비스에 대해 개별 안내를 드립니다.
상담 당일 본 상담권을 제출해주세요.

성함: ____________ 연락처: ____________

상담 신청

문의전화: 0507-1304-3043
카카오톡: 내집마련아카데미

난생처음 아파트 투자

권태희 지음 | 18,000원

부동산 왕초보 직장인,
소형 아파트 투자로 2년 만에 60억 벌다!

정해진 월급의 일부를 떼어 은행에 착실하게 적금을 부어서는 큰 부자가 되기 힘들다. 평범한 직장인일수록 부동산 투자에 유리하다. 이 책에는 소형 아파트 투자를 중심으로 종잣돈 모으는 요령부터 청약 제도 활용법, 재개발 예정 지역 등 저자가 직접 체득한 노하우가 담겨 있다. 아파트 투자를 시작하고 싶은 사람, 특히 무주택자에게 도움이 될 것이다. 지극히 평범한 가정에서 태어나 대학에 입학하고 회사에 취업해서 그럭저럭 살아가고 있지만, 벌이가 한정된 직장인들, 미래를 위한 준비가 부족한 사람들을 위한 책이다.

난생처음 10배 경매

임경민 지음 | 18,000원

안전하고 확실한 '10배 경매 6단계 매직 사이클'
과장된 무용담이 아닌 100% 리얼 성공 사례 수록!

경매가 무엇인지 개념 정리부터 경매의 6단계 사이클을 토대로 경매 물건 보는 법, 10초 만에 권리 분석하는 법 등 경매 고수가 알아야 할 기술을 알려준다. 특히 실제로 경매를 통해 수익을 올린 사례를 실투자금, 예상 수익, 등기부등본과 함께 실어서 경매가 얼마나 확실하고 안전한 수익을 올릴 수 있는지 증명했다. 경매는 결코 어렵고 위험하지 않다. 큰돈이 있어야만 할 수 있는 것도 아니다. 투자금액의 몇 배를 빠른 기간에 회수할 수 있는 훌륭한 재테크 수단이다. 경매는 부자로 태어나지 못한 사람이 부자가 되는 가장 빠르고 확실한 방법이다.